U0928935

程桂芬、程兰芬自述

人民出版社

目 录

第一部分 程桂芬自述

第二部分　程兰芬自述

第一部分　程桂芬自述

1973 年 3 月程桂芬在江西进贤中央办公厅五七干校

序

菡　子

程桂芬是我六十年来的同学战友。1936年在无锡竞志女校，我们是学生会的一二把手。两个从苏州省立学校因抗日被开除的难友，联合学校的进步同学，在无锡学社的领导下，使学校成了抗日堡垒。抗战开始，我们同学十余人，一起投奔了新四军。她比我高一班，年纪大些，可她总给人亲切纯真的印象，大家始终都叫她小程。

数十年来，我们并不在一起工作，她生大米小米的时候，我们同在山东；在北京，我们会面不多。不管相聚还是分离，我们都亲密无间。在革命生涯中，免不了要经受各种考验，入党、上前线、生死关、婚姻关、整风审干等等。我们不通音讯，但我从不怀疑她会丧失立场、违背真理、放弃原则。我对她的信任是有根据的。入伍之前，我们认真学过《大众哲学》，苏联小说《士敏土》成了我们的生活指南，书中女主角黛莎，倔强的小程亦步亦趋地追随着她。在我接受考验的关键时刻，小程就在我的面前，我要与她携手并进，不能成为这支队伍的落伍者。

十年浩劫，大难幸存。我们书信往返络绎不绝，一吐我们心中多年的思虑，中心话题却是想拾起我们同学时的爱好：写点东西。她的文字表现力强，足以描述她丰富的阅历。她做什么都很投入。年过六旬，更觉得时间的紧迫。十年之中，她视力微弱，病痛缠身，正常生活已很困难，可她不顾一切，愚公移山挖掘不止。从她每月寄来蝇头小楷的长信中，文笔优美，叙事翔实，从中也可见她的自传的风采。先寄来一厚册，写的是她的童年和学校生活。浓郁的乡村风味，激扬的校园生活，使我有如喝了家酿的醇酒；回顾沸腾的学潮，我的心也跳跃起来。后来写战争年代，气势磅礴一泻千里。共计四厚册一百多万字，我真叹为观止。几次三番地倒下来，爬起来又写，她真是拚命了呵。

她性子直爽，待人真诚，爱憎分明，心中的话无不以一吐为快。这册大书她写到十年大乱为止，事无巨细，历历在目。她的弟弟中原和我，不仅是她忠实的读者，我们跟作者一个心愿：把毕生耕耘的收获，这本《人生不是梦》尽快送到人们手中。小程的身体一天不如一天，她渴望出书是她最大的安慰，更是她想留给世人一个是梦而又不是梦的悲壮的现实，一个女兵的战斗历程，供人探索和回味。

我特别看她坚持苏南敌后的生活，时时冒着危险，在犬牙交错的梅花桩中穿梭。有次在田里干活，鬼子进村了，群众指示她快逃，她在田野里遭敌人扫射，跑到河边她跳上小船终于突围。不幸在她以当中学教师为掩护的学校里被捕。经过日寇黑牢两年的磨炼，她更显出是一个铁铮铮的女兵。我为她校这篇惊心动魄的史诗时，读出了中华儿女不屈的灵魂。

回忆录解放前的部分，经过无锡党史工委杜松同志无私的帮助，中国妇女出版社的大力支持，终于要面世了。这比我自己出书高兴十分。我为小程的身心健康，深深的祝福。以她的心愿来说，请孩子们能接受她珍贵的礼物，代代相传。

一九九六年五月十七日早晨

代　序

李坚真

在东南局妇女部工作的同志，我记得的有章蕴、邓六金、严永洁、谢志诚、程桂芬、曾之平等。章蕴、邓六金和我年纪大些，被同志们尊称为"新四军三大姐"。

记得1940年初，日寇在溧阳、郎溪、广德一带频繁扫荡，使这一地区成为敌、伪、顽、我四股力量同时并存的游击区。妇女部为了更好地掌握这一地区情况，以利开展妇女工作，派秘书程桂芬到该地区作一次详细的调查。小程冒着生命危险，到该地区紧张地工作了一个多月，出色地完成了任务，为妇女部提供了大量的具体材料。小程得到了同志们的赞扬，我们提拔她为东南局妇委委员。

小程是1943年下半年在金坛被捕的。被捕后由于没有暴露党员身份，经过组织营救，关押一年后于1944年年底被释放出狱。对小程我是了解的，她在我身边工作的时间较长，是一个好同志。记得1941年初皖南事变后，日本鬼子乘机扫荡茅山地区的新四军。一次，我因有任务要从茅山地区到东路新四军六师十八旅（当时旅长是江渭清）旅部，东路特委派小程来接我。到了无锡，只见鬼子在四个城门都设了岗哨，我们一时进不了无锡城。见此情景，她想了一下，把我带到离城不远的一个同志家里住下，商量进城的办法，最后决定还是化装一下。第二天，我和她到理发店烫了个时髦的发型，我还穿了一件考究的毛料子旗袍。从外表看，我倒像是一个有钱、有地位的阔太太，小程则变成了一个颇有几分洋气的小姐。

她还找来了两个当地的女同志作为掩护，一个是十六七岁的小姑娘（即朱循又名凤娟），梳着披肩发，甜滋滋的面孔，天真活泼，让她走在前面。另一个是徐雪映，她脸上架着一副银丝眼镜，一口漂亮的“锡白”（无锡话），刮辣爽脆，万一盘问，就由她出面周旋。午饭之后，我们打点停当，混在熙熙攘攘的人群里进城。我们说说笑笑，旁若无人地向城门走去，检查的敌人见到我们那神态自若的样子，一点也没有引起疑心，没有多加盘问，就让我们进城了。进了城，新的问题又出现了，十八旅旅部和东路特委机关已经从原地转移，不知去向。我们两人在无锡城不敢久留。小程建议先出城到严家桥她家里暂时安顿下来，再寻找十八旅。我向她问了一些情况，觉得很好。当天就坐上小火轮离开了无锡，傍黑到了她家。我就在她家里住下了。

小程家里的人很热情，十分支持她参加革命工作，特别是她妈妈对我们的工作很支持，还帮助我们送信。以后，小程就每天四处寻找十八旅的踪迹。一天，她回来高兴地告诉我，已经找到了十八旅的驻地了。在她的陪伴下，我们到了太湖边十八旅旅部，和江渭清同志见了面。随后，我到了上海，她还不时与我联系。被捕后，她在狱中通过地下关系给我写了一封信，向我谈了被捕和在狱中的情况。出狱后，她积极寻找党组织，可以说明她的组织观念是比较强的。在审查中，区党委组织部又向金坛、溧阳县委作了调查了解，证明她被捕后对党是忠诚的。同时，又指出了她的某些缺点，经组织同意，便恢复了她的党籍。

（节录自《李坚真回忆录》，中共党史出版社 1991 年版，第 150、169 页）

折磨人的童年

1918 年 7 月 1 日，我出生在江苏无锡东北部的一个小镇严家桥。这里地处无锡、常熟、江阴三县边界。离我家五里羊尖镇就分属两县，桥西是无锡县，桥东就属于常熟县，向北走十里到顾山，那就是江阴地界了。

我的父亲叫程云路，学徒出身，满师后当了一家布店店员，店主是

古镇严家桥（无锡市羊尖镇严家桥古镇保护开发办公室　浦明星摄于 2014 年秋）

父亲和小弟。日本无条件投降后，1945 年 9 月，父亲程云路带着小弟中原进无锡城，庆祝抗日战争胜利，看投降后的日本兵。这是当时父子俩的留影

亲戚。所谓布店也不单卖布匹绸缎，如针头线脑啊，做鞋用的硬衬蒲包啊，姑娘头上插的绒花啊，甚至于农村小孩用的《三字经》、《百家姓》、石板、石笔等都有。后来店主死了，我父亲借了本镇地主程元熙家一千多元钱，盘了这个字号叫“瑞新”的布店。程元熙是个中等地主，他母亲是我母亲的姨母。可就是欠了这一笔钱，本钱、利钱、利钱加利钱，自我有记忆开始，就是还不完的债。

严家桥有东南西北四条街。每条街不过百米左右，西街在河西，都是住家。东南北三条街中间一段称为中市，都是商店。我家这个布店坐落在中市的北头。店的左隔壁是同德药店，右隔壁是汪泰和南货店，经营山货、土特产。对面两个茶馆，经常坐得满满的，在那里喝茶抽旱烟的一般都是农村来的小地主、富农、中农及一些游手好闲的人。坐到落市，拎着一篮菜回去。茶馆隔壁是李恒盛酒店，跟孔乙己喝酒的咸亨酒店相仿。对街是一个曲尺形的柜台，有两张小桌子，柜台里面有个酒炉子，炉子中间有个铁烟囱，生着火，四周有热水，上面盖一个木圈，有十几个洞。喝热酒的人的酒，都在这个圈子热过。酒用一种铅皮做的筒叫“铅筒”盛着，放在炉子里隔水热。柜台上有五香蚕豆、咸牛肉、豆腐干之类的下酒菜卖。两个茶馆前面夹一个卖豆腐的小摊，一个茶馆的边上还有爿肉铺，酒店前面上市时有卖鱼虾蔬菜的摊子。春天来了，荠菜、竹笋、金花菜、麦里菜、马兰头一大排，占了小半个路面。卖菜的都是些十三四岁的小姑娘，一早从农村来，

把菜放在鱼筐前面等主顾挑。卖掉后秤斤盐、撩块豆腐、买条肥皂回家。菜篮后面是鱼虾，鲫鱼、鲢鱼、青鱼分开摆在大竹匾里，活蹦乱跳。冬天还有河蚌，夏天有螺蛳，还有一串串的青蛙，一缸缸鳝鱼。旧中国这种自给自足的自然经济为基础的小城镇就是这个模样。我在这里出世，在这里长大。

这是江南市镇的部分情况。实际上随着帝国主义侵入、封建社会崩溃，半封建半殖民地旧中国的经济命脉，都操纵在地主、资本家手里。掌握严家桥命运的是唐家。唐家在无锡城里拥有上千工人的纱厂、丝厂、面粉厂，在严家桥四周有上万亩土地。严家桥南街梢河边上盖了3座大仓厅，养着一批“先生”（雇员）。秋冬为其收租，春天开茧行收购蚕茧，送往城市丝厂缫丝，再运往国外。其次是李家，良田数百亩，在严家桥北街外黄石坝，有一座四进的大房子。每进十多间一排，楼上楼下，漆得红彤彤的，还有后花园。再次是程家了。程姓在严家桥数得清的有二三十家。以程元熙为首的宗族势力很大。出东街有程姓大祠堂。元熙家比不上李家，更比不上唐家，但也有很多土地。至于几十亩地的中小地主都聚居在西街。自然，在江南贫富悬殊，随着土地的两极分化，贫穷要饭的也不乏其人。就在北街黄石坝李家大院附近就住着有名的老叫化子，带着儿子小叫化子，天天上街，以要饭为“职业”。

我的母亲出生在严家桥北面三里多路的胡家巷。13岁到程家做童养媳。她生了十个孩子，活了五个，三女两男。我是活着的第二个女孩，姐姐银娥比我大六岁；妹妹小兰比我小四岁，下面两个弟弟中民、中孚。

生活难，母亲又过分刻苦，日子不好过。“瑞新”既然是爿店，有一个伙计，一个学徒，吃饭总得像个样。我母亲每天忙着做三顿饭，往往一只手抱着中孚弟，一只手炒菜，脚边中民弟抱着她的大腿，哭的哭，闹的闹。我母亲对外人宽厚，常说：“不能亏待伙计，人家一天到晚站着做生意，家又不在这里。亏待人家是作孽的。”因此，吃饭照例是店里吃了家里吃；家里又分先小的再大的，先男的再女的。如果店里剩下几块肉或一个鱼尾巴回来的话，弟弟吃了小兰吃，小兰吃了我吃。到我妈妈那里，不仅剩汤剩水喝完，连汤脚也没有了。她就到碗柜里拿黑乌乌的咸菜，几条萝卜干，饭里浇点开水稀里哗啦扒几口算完了。

母亲除买菜做饭洗刷之外，一有空还得结鱼网，叫我也帮着结。夜里纺纱经常到深夜。纺车放在大床前“哜噜，哜噜”响着，油灯昏晦。窗外河里常有船摇过，“哗哗”的响着。我打瞌睡但还不愿上床，拿张小板凳坐在她对面。母亲纺啊纺啊，我也不知道什么时候睡着了，被抱到了床上。

我小时候，正是军阀混战，兵荒马乱的岁月。记得有年刚过年，下了大雪，败兵真的要来了。满街的人乱了，老人、孩子、妇女都往农村搬。我父亲带着伙计把布匹账本藏在店后两家分界的隔墙里，店里排门上起来，用铁条做的横闩闩住。让店里帮着跑账的康大，先领着我们母女到胡家巷外婆家。最危险的时候，父亲也来了，母亲急得团团转。后来听人说街上住满了败兵，抓丁、打店门。过了几天，败兵退了，回到严家桥。大街上乱糟糟，到处是垃圾。每条排门上都有像脸盆大小的坑，一个挨一个，一条也没漏掉。

程元熙的老婆姓周，陈墅镇上人，是苏州女子师范学校毕业生。他们用家里西厢房办了个学校叫“威华”，收十几个小学生。那时我大概五岁。由于我母亲帮他家做过饭，又是亲戚，我也在这个学校里上学。后来，可能是程元熙母亲不愿大门口来十几个小孩吵吵闹闹，程元熙夫人周先生也吃不消这么累，于是威华小学就由东街搬到西街程颂亚家办了。房子也简陋，只是在程家的旧房子隔上一个教室而已。我的印象也只有几个月的工夫，这个学校也停了。

威华夭折后，我进了严家桥小学。我七八岁时，大革命起来了，小学里组织了童子团。老师给我们讲土豪地主压迫农民，农民受苦要斗争的道理。还唱暴动歌：“工农兵，联合起来，向前进，万众一心。工农兵，联合起来，向前进，杀尽敌人。我们前进，我们团结，我们牺牲，我们暴动，杀尽那国际帝国主义，阶级斗争，最后胜利一定属于我们工农兵。”唱起来慷慨激越，热血沸腾。

一天晚上，老师组织我们童子团下乡去包围地主家。记得那天月亮很亮，我们几十个小学生由老师带着走好几里路到一个村庄。在一家有大晒场的地主家门口，老师带我们呼口号："打倒土豪劣绅。"门关得紧紧的，奇怪，连狗叫的声音都没有。可能地主早有准备，或是逃跑了。半夜以后，天冷了，老师只得带我们回来。回到家，父亲问我们上哪儿去了。我告诉他，童子团抓地主，没有抓到。

大概快到我三年级的时候，学校来了一批城里来的女教师，都是无锡县女中毕业的。校长叫荣元瑾，女教师有唐翠英、沈慧英、徐企华。这时，我开始正正经经学习了，大概是开窍了吧，功课好，名列前茅。荣先生特别喜欢我，但她并不经常表扬我，而是常指出我的不足之处。我差不多一天到晚在学校，觉得比家温暖。最高兴的是开展文娱活动，这在严家桥小学是第一次。学校排练儿童剧《葡萄仙子》，我扮演主角葡萄仙子，一、二年级的学生扮小兔子、硬壳虫。老师去城里借了几件舞衣，但我长得矮小，穿不得，于是单为我缝做了一件。开演那天，学校礼堂人头簇拥，挂了大汽油灯，轰动了全镇。我可能由于扮演仙子之故在小小的市镇上出了名，大家都说程云路家的阿桂跳得最好。

我对荣先生很敬重、很佩服，她也很喜欢我。有时我就住在先生宿舍里，晚上看她们改卷子，说笑话。有一次暑假，我跟着荣先生坐小汽船到无锡城里去。当时严家桥才兴小汽船，天一亮开，马达响起来，就开船了。中途经过东湖塘、张泾桥等几个市镇，经过宽阔的河荡洋婆圩，大约上午十一点至无锡城。第一次看到大码头、大商店、大洋楼，看得我眼花缭乱。我在棉花巷荣先生家住几天，又去唐先生家住几天。唐家是大财主，深宅大院，高楼房，红漆地板。唐先生的父亲，瘦老头一个，横在精致的大床上抽大烟，刷亮的大烟筒。我看到他不知怎么直害怕，挺拘束。他们家到晚上九点钟才吃晚饭。一张圆桌十几个人，一大桌的菜，见也没见过。这时已快十点了，我困得直打盹，什么也吃不下。唐先生还带着我去惠山、梅园玩，在太湖饭店吃饭。那么多好的菜，唐先生和她妹妹还来回挑剔，说这不好吃那没有味，这太腻那太咸。这次进城给我的印象是，世界上富的人家太富了，穷人却真穷。我第一次跟着先生坐黄包车，拉车的衣服补了又补。我们两个坐在上面，真担心他如何受得了，拉得动？

比我年长6岁的大姐程银娥，是影响我一辈子的人物。似乎老天爷把天地之灵秀都独钟于她。她长得漂亮，又特别聪明。12岁那年，父亲叫她考了苏州女子师范学校的附小。这样，她就成了严镇唯一去外地读书的女学生。由高小到初中，由初中到师范。父母盼着她将来当个体面的教员。但是就在这个时候，发生这么一件事，我的妹妹小兰三岁那年寄养在黄土塘大阿姨家，黄土塘还有母亲的寄母（干妈），我们的“寄外婆”。一次我和银娥姐到姨妈家后，姨妈就领我们到寄外婆家作客。寄外婆家有好几个表哥、表嫂、表姐妹，其中一个表哥名叫吴士英，在上海劳动大学（原上海大学）念书。我姐接触了这样的大学生，听到劳动大学的情况，眼界开阔了，像大水决了堤，把思想的围墙冲倒了。那时，大姐已十八九岁了。他们谈了不少关于世界、中国、社会、家庭、个人、农民、工人、城市、乡村等情况。我是似懂非懂。他们念小说，记得有歌德的《少年维特之烦恼》。还读各种杂志。对婚姻问题大发议论，主张婚姻自由。吴士英提醒我姐姐，现在的婚姻是不合理的，一辈子不会幸福的。

我姐姐受到吴士英的影响，苏女师的文凭也不要了，向严家桥镇一个高中毕业生顾钟英借了张文凭（当时借文凭是正常而公开的），去投考劳动大学。我姐姐功课一贯拔尖，语文底子好，她考取了劳大农学院。那时女的念农科的还真少呢。

我银娥姐进入劳动大学后，确实与前不大相同。回家穿了斜纹黑布的旗袍，戴着大红的呢帽子，呢帽子上还有个“小辫”。桌上放的是克鲁泡特金的像片，与我讲“无政府主义”等新名词。给我印象最深的是，有一次她告诉我，她的同学与其他大学不同，不是公子哥儿，生活艰苦朴素，又随便，听她说大学生还有穿了木屐上课的。最让我吃惊的是，蒋介石不满意，把他们逮捕了，其中有一个高个儿。过了一个假期，她回来时告诉我，几个同学给杀了。我问她那个高个儿呢？她惋惜地说：“给蒋介石杀了。”不久，劳动大学被蒋介石勒令停办，我姐姐只得离开该校。

我们家真是祸不单行。我虚年龄13岁那年，我母亲42岁，又生孩子，是个女的。我母亲与大阿姨商量，不要她了。说孩子多了，又是个女孩，是个“讨债鬼”。小孩哭了一夜，第二天放在窗口板凳上。又一夜，小孩没有哭声了，我母亲说死了。我坐在破烂的大床上哭着，我母亲也哭。她说这是没办法的，这么一大群孩子养不了。我最后一个妹妹装在肥皂箱里送到野地里埋了。母亲生孩子没有人侍候，没有几天，发高烧，是致命的产后褥。没有西医，中药吃了不顶事。临死前几天，有一次她要我把靠窗挂的“饭篮梢箕”里过年吃的咸肚子切两片给她吃。钩子高，我人矮拿不到。端了张方凳，站上去踮起脚，总算把“梢箕”拿到手。可是一摇晃，就翻在地上了。地上有一堆砻糠，竹篮里面的一碗咸肚子全都翻到砻糠里。我又急又舍不得，推进门去告诉躺在床上的母亲。母亲叹了口气说：“吃不成了。”母亲好了两天，又高烧了，想吃西瓜。但冬天哪来西瓜？她后来对我说，到外面去捡块冰凌给她吃，我又不敢。我母亲就这么发烧烧死了。当时是 1930 年正月。

第二年初，在众人劝说下，我父亲娶了续弦，就是我的继母沈宝琪。那年她二十八岁，我们喊她“娘娘”。

要做命运的主宰

娘娘刚来我家时，四面八方的矛盾缓和了一下。我父亲经过一场丧事，一场婚事，一切空了。我娘娘嫁来不久，发现父亲负债累累。在这种复杂情况的交织下，就在我娘娘来我家半年后，父亲与我大姐发生了一场大“论战”。我父亲说家庭景况不好，“死了一个，娶了一个”，家底空了，孩子们无法继续上学。我大姐的中心意思是，各方面紧缩一下，佣人可以不用，吃穿可以省一点，孩子还是可以继续上学。我大姐说，你的结婚“演讲”，全镇尽人皆知，如今时过境迁，你反悔了。他们从平心静气的谈判到争执，到父亲大发雷霆。我姐姐坚持说：如果不让弟弟妹妹上学，她离开这个家。

1931 年，我姐姐当真从家里出走了。在“劳大”原来的一些同学帮助下继续上学。先在中央大学借读，以后考入了北平大学。姐姐出走了，她倒自由了，可是，我的日子难熬了，我成了父母的出气筒。上高小的最后半年，父亲不让我上学了。我去苏州考了教会学校振华女中，半年费用要 60 来元。父亲摇摇头，商量的结果还是继续在严家桥高小再上一年。

我姐姐出走后的一年，寒暑假我就去好叔（姑妈）家过，偶尔回家看看。我功课很出色。程氏家族在严家桥人很多，有田地、有祠堂。族里有规矩，凡是小学生考试成绩在多少分以上的，学费由祠堂公账出，中学多少分以上的也有奖励，鼓励小辈用功。这时开通一些了，清明节女的也能去祠堂跪拜，照样给钱。几个掌权的叔叔、叔公，都夸我是同一辈里功课最好的。

1932年，姐姐出走后的第二年，姐姐一次次来信要我准备考初中。学校老师也鼓励我、帮助我。毕业考试一过，各中学入学考试的日期快到了，可是姐姐连信也没有。我干着急，心如火烧。可是我父亲、娘娘照样不动声色，不提我毕业后的问题。

有一天正在家发愁，忽然祖母来我家说好叔要我去住一阵，我跟着去好叔家。一进门看见银娥姐，她说给我信也不见回信，寄了钱，也不见回音，什么消息也得不到。于是大家议论父亲与娘娘，大概信是没收了，钱是他们花了。后来我与银娥姐进无锡城，在她的苏女师的同学章映芬家住下来。章映芬教我复习功课，她妹妹章周芬，也帮我复习。在小楼上住了几天后，就去参加考试。考生来自无锡城内及市镇乡村，真不少。从中录取150名。作文考题是“写给失学同学的一封信”。我面临着失学的危险，家庭阻挠，父母冷待，正是满腹牢骚，很有些话要说，所以这篇文章写得洋洋洒洒，一泻千里。其他常识之类又经过这年复习比前一年知识丰富多了。考完了，总不能老在人家家里，还是硬着头皮回严家桥。不久，学校正式录取的通知来了。银娥姐来信与父亲商量，一定要让我上学，学费饭钱由她负责筹划，家庭只要负责衣着之类就行了。我祖母拿了信，领了我从姑妈家到我家与父亲谈。父亲听说学膳费有着落，也就同意了。我的学费究竟是何人负担的呢？是刘端生负担的。他是我姐姐在“劳大”时的同学，毕业后进了中央研究院，研究生毕业后在农村经济研究会与冯和法等人做农村经济调查，以后在广西良丰师范专科学校、在河南南阳等地区工作，后来在安庆安徽大学当助教，再后来在浙江大学当讲师。我银娥姐进北平大学也由他帮助。1934年，他俩结婚，那时我已上初二了。

我初中最后一年过得像个学生的样子。尽管父亲有时把姐姐寄来的上学费用挪用了，或是给学校会计室一张欠钱的期票，到期父亲又付不出钱来的事还有，但我在家里地位不同了。不是出气筒而是较平等了。娘娘对我也和气了。

不愿做亡国奴

1935 年夏天，我在江苏无锡县女中初中毕业。毕业前忙了一阵，又是毕业考，又是全县各中学毕业会考，我都应付自如，得了第九名。考高中，我考上了省立苏州中学。小小的严家桥又轰动了一阵。这时一般人家都望子女成龙，严家桥有几名男生考苏州中学，都名落孙山。我考上了，父亲特别高兴。得到录取通知书的第二天早晨，还特为我买了一碗汤团，作为犒赏。这是给我一个人吃的，我当然也给弟妹们每人一个分享快乐。

如果说十三四岁的初中小姑娘只埋头在书本里的话，十六七岁的大姑娘要看看书本以外的事物了。1935 年秋天，我进入省立苏州中学，正是抗日救亡运动高涨的时候，学校生活同无锡县女中完全不同。

“停止内战，一致抗日”，打倒日本帝国主义，反对蒋介石不抵抗，这股思潮在学生里像海浪滚滚。学生一写作文就是满篇的：“连年内战，民穷财尽”、“民不聊生”、“中国是在水深火热之中”等等。但国家的说法是老一套，什么“一个政府，一个主义，一个领袖”啊，什么“攘外必先安内”啊，引起学生极大的不满和反感。这个矛盾一天天深化，这股热气一天天膨胀，逐步走到顶点，爆发了“一二九”学生运动。我们省立苏州中学的学生也卷入了这个救亡运动的浪潮。

我们学生的队伍浩浩荡荡从三元坊出发游行。男生在前，女生在后，一路上呼口号。开始秩序正常，但到日本租界青旸地时，警察出来干涉，把租界门关起来，不让学生经过。学生说这是中国的土地，坚持要过。警察不许，殴斗起来，男同学被打伤好几个。我们对军警不满，对校方帮助军警镇压学生也十分愤慨。

这一个时期，社会上紧张，学校紧张，师生之间紧张，舍监女先生天天查女生宿舍。一天，舍监又到我们宿舍东张西望。查不到什么，就对我说：你的裙子放得不整齐（女同学都在蚊帐中间横一根小竹竿，裙子挂在竹竿上面）。我就把裙子拿下褶好再挂上。她还唠唠叨叨说个没完。还说你们还冲青旸地日本租界，找麻烦。我一听火了，就同她辩论。我说学生游行没错，日本租界原本是中国的，为什么中国人不能过？说得她没法驳，最后她说你等着瞧。

第二天，校长邵鹤亭叫我到办公室去，近视眼镜里两只眼睛恶狠狠地瞪着我，斥责说，你们游行错了。我说不错。最后邵鹤亭说，你停课一星期，回家反省一星期再回校检讨。我去了杭州，当时我姐夫刘端生在浙江大学当讲师，我姐姐也在。一星期后回苏州，校长叫去，问我这一星期在何处，问我写了检查没有？我说我没有什么好检查。校长说，你看到没有，学生会主席开除了，我怜惜你考入这个学校不容易，看你检查如何再处理。我说我不检查，我没错，有错可能对 ×× 老师礼貌不够好，领导游行喊口号过青旸地不检查。他要我向 ×× 道歉，我说我无歉可道。他说，那末你没有好结果，我们不可惜你。他还说，你这么大嗓门对校长，你是个乡下人，你一点“教养”都没有。我说，乡下人也是人，没有农民种田吃什么？他还问，你去杭州在何处？我说在“浙大”。他说，“浙大”也“闹”。他并说我知道你姐姐程银娥也是个危险的人物，你要在她教养下成不了好人。我说，你无权批评我姐姐。他十分气愤地说：你给我走。我说走就走。说着，我昂着头大踏步走出去。他还说：你看你，这么骄傲，脚步这么响。他恼羞成怒了，拍着桌子。我不管他，“砰”的一声把他办公室的门关上。

这时，邵鹤亭的反动面目更露骨，在纪念周大会上说学生不要受共产党欺骗，说校园里道山亭下面发现共产党的传单。还说，不要信什么《大众生活》的宣传。说明他是一个不抵抗主义者，同学们把他看透了。我给家里写信，写抗日的道理，写学生运动排山倒海之势。父亲很支持我，父亲说，国土沦丧，不抗日不能救国。寒假回家，讲起一二九运动中的一切，家里人都没有责备我。

寒假里，我接到苏州中学的通知，说：学生程桂芬侮辱师长，不守校规，勒令退学。想不到初中三年品学兼优的学生到高中落了个“不守校规”。游行叫“不守校规”？真是荒唐。这时全家全镇的人，亲朋好友都支持我。但也都为我着急，今后怎么办？

无锡县女中初中同学中有不少在无锡私立竞志女校上高中的，其中有宋品珍，王庄人，离我家只有几里路。初中时同我住一个宿舍，我们关系好。她引荐我去竞志女校上高中。竞志女校校长侯保三，是辛亥革命时期的积极人物。就这样，1936 年春天我去了竞志女校高中插班。

进竞志女校不久，选举学生会主席，大家都推选我。我估计：县女中同学觉得我功课好，为人正直；苏女师转来的同学希望我继续领导学生运动；竞志的同学可能觉得我是从省立学校来的，基础好。可是我这时思想上有点顾虑，开除的压力也是不小的，再开除往何处去？但又想到学生就应该有个组织，学生不能光埋头死读书，要关心国家大事。在这样复杂的心情下，我接受了学生会主席的工作。

我还是努力学习，老师也喜欢我。舍监先生是个老太太，只要安分守己，不严厉的干涉我们行动。校长也找我谈话，好像很器重我。但学生这一方面与学校那一方面的矛盾还是有的。首先，是学生所交经费昂贵。在无锡县女中只收伙食费 40 多元，省立苏州中学更少，而竞志收伙食费 60 多元。无锡各学校伙食比竞志女校好，学生要求伙食费要有收支账目，要公布于学生。其次，是校长领导学生走的方向与学生的思想倾向不同，这是政治上的不同。竞志女校的三民主义老师李康复上课时，公开提出中国要走德国的道路，中国要走法西斯的道路。考试时出的题目是中国为什么要走法西斯的道路？我解答：法西斯不适合中国的国情，中国不能走德国的道路。于是这位老师在我答卷上打了个大叉。这样一来，有些教员又对我另眼相看了。可是语文老师很喜欢我。他是个老学究，只会文言，不少同学的作文是白话文，他经常要我去帮他看看，提提意见。

在竞志的两三个年头里，遇事不少。遇到鲁迅逝世，我从同学那里见到不少鲁迅出殡的照片。我沉思，一个作家去世为什么震动那么大，有这么多人送殡？联想到鲁迅的《呐喊》、《彷徨》等等作品，旧中国的知识分子《孔乙己》、《在酒楼上》的出路、前途，感到鲁迅是同情青年的，关心青年出路的。尤其惊天动地的事是：西安事变蒋介石被扣，东北军、西北军要抗战，共产党主张共同抗日。这些国家大事，在学生中立刻形成两种意见，两种主张，两派。那些千金小姐们，父母是国民党的什么委员啊，或在南京、镇江（国民党江苏省党部所在地）做事的官员，几个同学在一起，甚至掉眼泪。我和苏女师来的罗涵之等，及县女中同学宋品珍、原竞志女校严永洁等人，是另一种主张。看了她们这样表情，罗涵之冷笑说，你们别着急，你们的领袖死不了，就是死了，还有别人呢！蒋介石被放回南京，有的同学要放鞭炮，我们不主张，不同意。

我到竞志女中后，不光是死读书了，星期日到崇安寺走走。书店里从《大众生活》到《新生》到《永生》，对我很有启发、教育。这是反对蒋介石压制抗日、压制救亡的呼声。看到邹韬奋、金仲华先生等办杂志，真是奋不顾身。停了，换个名再出；又停，又出。人民的抗日呼声如火如荼，抗日的气氛正如“山雨欲来风满楼”。

有一次，看到崇安寺贴了张广告：内容是骆耕漠先生作报告。我并不认识骆耕漠，只是从中国农村经济研究会的调查及杂志文章中知道他。我想听听他讲什么。那一天，我一个人去那个学校，进去一看发现有同学，还有初中时的地理老师陈友梅也在座。他们看到我去很奇怪。我以后才明白，这是党领导下的外围组织的半公开的活动。当时骆先生讲的是“统一战线”等问题，我第一次听到。我当时只知法国有人民阵线，对中国的统一战线不懂。他讲完后大家讨论，实际上他们都是会员。我这个人有时胆大冒失，我起来发了言，大意是学校应该团结同学及老师，推动他们一起来做救亡工作，但这些人的脑子像石头一样，摇不动。大家看看我，觉得我很胆大直率。

会后没有几天，会客室就有一位客人来访，这个青年叫薛葆良。他说，他听了我在会上的发言，他们大家希望我也积极作抗日宣传工作，如愿意，可以加入他们的读书会。我一口答应。他带来不少杂志书报。他还领我到一个小学楼上与读书会的负责人接头，女的叫孙顺，男的名舒仁岳。我们竞志女校有几个女同学参加，如罗涵之、严永洁、宋品珍。于是我跟着这些青年人学《大众哲学》，讨论“雷峰塔为什么会倒”，讨论三大定律（讨论到“否定之否定”就抗战了）。薛葆良有时忙，由张士英同志来联系，他大概是省锡中高中的学生。他既聪明又老实。我们很谈得来。我们讨论了不少当前的社会问题。

1937年上半年，许多课外读物吸引着我。我如饥似渴地看了不少进步作品。我从谢冰心、叶圣陶、朱自清、夏丏尊、巴金、茅盾、郁达夫、郭沫若等的作品里解脱出来，看了张天翼的不少讽刺小说，看了丁玲的《沙菲女士的日记》，萧军的《八月的乡村》，以及斯诺的《西行漫记》。这时，除看进步革命书籍外，我们几个人还开展了各种救亡活动，经常向同学们讲时事政策，把一部分中间人物团结争取来要求抗战。当时，无锡有一批进步青年到绥远前线去打仗。我们在学校发动做棉手套，做棉背心，送到前方去。这时学校方面也有转变，同意做些抗日救亡准备工作。我们每周上救护课两堂，请医院护士小姐上课。我们都学会了包扎、消毒及一般的急救护理工作。我们还通过家长会、文艺活动会宣传抗战。我们演出了《放下你的鞭子》，宋品珍演老头，我演小伙子，另一位同学演香姐。演出轰动了全校，本来只有语文老师较喜欢我们，后来连教生物的、平时不大来往的老师也喜欢我们这一群学生了。

1937年暑假，我在家大病一场，发烧了好多天。查不出病根，中医说可能是伤寒，但又不像。我一病全家慌张。事有凑巧，严家桥不知哪家财主家有个人病危，雇了船到张泾桥请了个西医。于是我家乘便请这位西医来给我治一治。一化验是恶性疟疾，打了几针，很快退烧。不久，银娥姐来信，要我积极参加救亡运动，参加团体，有组织地去进行工作。我立刻带了行李进城，先去竞志女校。这时，罗涵之已在城里租了一间房子，要我与她一起住，把这个地方作为活动的基地。我们觉得学校开不了学了。于是竞志女校原有“读书会”的女同学统统加入了无锡青年界抗敌后援会，开展救亡活动。

1937年卢沟桥事变后，又有八一三上海抗战。“停止内战”、“一致抗日”的目的达到了，全民抗日了，内部矛盾暂时缓和了。我们全力以赴投入救亡工作。我从城里赶回家去，又动员了我妹妹小兰跟我走。还去西街动员小学时的同学殷梅倩（后改名为殷曼倩，又名殷倩），说服了她妈妈，小殷也跟我们一起走。

到无锡城里立刻投入工作。我们听了一些关于抗战形势的报告。记得薛葆鼎作过一次有关抗日救亡运动的报告。无锡各界成立了抗敌后援会。工人、农民、商人、青年、学生都纷纷组织起来了，组织了不少个队下乡去宣传抗战。我们拿着写上“打倒日本帝国主义”口号的旗帜，带着战争形势地图，唱着抗日歌曲，浩浩荡荡地到乡下去宣传。到一个村庄，在墙上刷标语，地图一挂，唱起歌来。村里的男女老幼都出来了，围成一个圈子。我们就借个板凳站在上面讲打仗的事，老百姓都静静的听着，不断喊“打倒日本帝国主义”的口号。

孙顺家还有张士英家，都是我们落脚的地方。教我们唱歌的是王祜昭同志，他是个工人，为人直爽、痛快，大家叫他“夏伯阳”。孙顺同志也是受人欢迎的女同志，她大大方方、泼泼辣辣，不像一般女同志那样拘束腼腆。

那时，我们被分配到东绛（即周新镇）伤兵医院工作。周新镇是离无锡不到十公里的一个市镇，附近前线下来的伤兵不少，大夫不够，也无人做思想政治工作。有一批医学院刚毕业的实习大夫。我们去，医院是很欢迎的。我们是无锡青年界、学生界抗敌后援会派去的，来自无锡四面八方，约有二十多人。有徐福康、施力仁、邵忠、傅一夫、龚彭祖、华仁义、蒋士良、严永洁、罗涵之、我、小殷、小兰等等。我们看到了许多前方下来的伤兵，有的缺胳臂断手，有的胸部呼吸透气出脓，有的大腿削掉一大片。各种各样伤势很重的伤员从火车上抬下来，呻吟着、呜咽着。我们帮着大夫拿药盘，递医疗器械。空下来我们为伤兵写信。在同伤兵的接触中，了解到日本鬼子的凶残，法西斯的横行，激起我们无比愤慨。

我们有时进城开会，请上面指示，也参加一些城区的工作。10月6日，我们正在张士英家集合（张这次不在），来了飞机轰炸。飞机在城市上空来回转，转一圈，扔一枚炸弹，声音巨大，房屋玻璃都震破了。事后听说炸了无锡火车站。这以后各机关、学校、居民挖防空壕。我们不怕敌人轰炸，还是在伤兵医院及城里两边忙着。11 月 12 日，我们各队集合在学前街县初中（男中）礼堂，准备出发到各地去做宣传工作。这天是孙中山先生的生日，所以想先开个纪念会再下乡做宣传工作。刚集中，敌机（是意大利飞机）来了，对着这个城市狂轰滥炸。我们急忙进入礼堂下面的防空壕，这是自 10 月 6 日初次袭击以来最厉害的一次，差不多是毁灭性的轰炸。我们在防空洞里面，上面灰土纷纷下落，防空洞两边紧压，十分危险。出洞时，我看小兰满脸是灰尘，她说耳朵嗡嗡作响，听不见声音（好几天以后才恢复听觉）。出大门，我见到一个卖菜的人倒在血泊里，头歪着，肩上还有扁担，两个菜筐跌在两边，令人目不忍睹。

这次大轰炸后，无锡市里居民搬空了，伤兵医院也要搬走了。无锡各界抗敌后援会的负责人商量各界抗敌后援会的上千会员往何处去？

“锡流”

1937 年 11 月无锡大轰炸后，城区居民纷纷逃难。蒋介石的军队在京沪线全线溃退。无锡各界抗敌后援会决定，改组成无锡抗日青年流亡服务团，简称“锡流”，一面撤退，一面继续做救亡工作。当时京沪线青年服务团不少，但以无锡最为集中，因此，几个服务团包括上海服务团，都参加了无锡青年流亡服务团，名字都简称为“锡流”。

在“锡流”的名下，我们一起撤退的有一百多人，分几个队。我们队有几十人，其中有学生、老师、店员、职员、家属及各方面的青年人。

撤退前，我们十几个人，先在孙顺家集中、轻装，我把娘娘最后给我的一只手提箱忍痛丢下了。孙顺的妈妈开明、进步、能干。我们都像她女儿一样。出发前，她给我们烧了一大锅饭，还做了葱炒芋头。我们吃得很香，心里很激动，不知何时再回无锡。老人家送我们出门，她很乐观，要我们打退日本鬼子后回来。

我们在周新镇集中后，分队步行出发。只知先向溧阳方向走，各人背了一些简单的行李。第一天夜里住在乡间，老百姓跑光了，屋里堆满了稻子，我们就在稻草堆上睡觉。天已冷，又潮湿，不过大家心里热乎乎的。

一路走，敌人飞机一路轰炸，路上行人千千万。一路上的市镇、乡村人都走空了，房子里还有粮食和盛满鸭蛋的罐子。我们到了溧阳，在一个老同志黄金淦的家里小歇。几十人都在他家吃饭。领导在讨论行动方向问题。听说当时有两种意见，一种是继续撤退到安徽，还有一种意见是回无锡去，在无锡农村打游击。最后决定还是往安徽撤退。

我们走的路线是东坝、高淳、芜湖。每天走几十里路。由于从未出过远门，也没走过这么多路，晚上脚肿得像馒头，又胀又痛，睡不着觉。我们有先遣部队“打尖”，先到目的地找宿营地，搞稻草，烧水煮饭，大队到后休息吃饭宿营。敌人的飞机一路追赶我们，对市镇、乡村狂轰滥炸。我们慢慢地也摸到一些规律，敌机往往是八点钟来袭击轰炸，天黑后离去。于是我们天蒙蒙亮就赶路，八点以后避开市镇，天晚再赶一阵路。可是有时经过一个市镇，也没有那么凑巧。记得我们过鲁港时，前面一批人正赶上鲁港大轰炸。幸亏轰炸时我们还未进镇。我们经过时见到不少炸死的同胞的尸体，血肉模糊，还看到炸碎的片片衣服及妇女的鞋挂在树梢，真是惨不忍睹。

整个流亡中最危险的一段是遇到芜湖大轰炸。我们快到芜湖的时候，准备从芜湖坐轮船到安庆，再到九江，到江西去工作。江西是红军的老根据地，中央苏区所在地，三年游击战的根据地，目前部分红军正在改编为新四军。

我们各队到达芜湖轮船码头时天已大亮。江上停着几艘大小不一的轮船、汽船。靠着码头的一艘最大，有好几层。有有组织的团体，有居民，争先恐后地纷纷上船。还没有轮到我们上船，突然，警报一响，敌机来了。大家立即分散、卧倒。来的敌机还是意大利的转圈的轰炸机。在上空转了个圈观察一番，接着重磅炸弹下来了，天崩地裂似的，码头上尘埃四起，人像在雾里。我们看到不远处，陈仇同志伏在地上。一震，发现他的下颚下垂，嘴巴张开，咧着大嘴合不拢。小兰指给我看。我们几个又紧张又没法去给他接上。正着急，又是轰的一声巨响，天崩地裂，这一响这一震，陈仇同志张着的嘴又合上，下颚震上去了，嘴闭了。这一炸，轮船起火冒烟，轮船及码头上大乱。已经上船或正在上船的不少人掉进江里，有的是船着火人往江里跳，有的正在上船，轰炸时给挤到江里。船上岸上乱成一片。当天晚上，我们还是到芜湖码头集中，准备坐船，长江里白天被轰炸的大轮船还燃烧着熊熊烈火。火光与烟柱冲向黑色的夜空，白天掉在水里的人群的呼喊声犹响在耳边。夜色中滚滚江水映得通红，看不清是燃烧着的船的反照，还是炸死的中国老百姓的鲜血。

我们没有船可坐，还是走啊，走！背着背包，沿着长江，在江南岸一天几十里，一天几十里地走，从芜湖经过荻港、大通、贯池……，天上，敌机还是恶狠狠地跟随着，地上，是大群大群的人流。到了安庆，才坐上了轮船到九江。当时，无论大、小城镇都空空荡荡，没有店铺，没有买卖，只有逃难的人流。

我们终究还是找到了几条大木船，按队上船。领队的大哥、大姐们亲自撑篙摇橹。他们吃苦在前，给我留下很深的印象。像李伯敏同志，不多说话，经常为我们这群青少年的安全问题、生活问题思虑，划船的也经常是他。还有孙克定同志，他是个学者，也是个长者。我们大家尊敬他，他也爱护我们小字辈。有时敌机在头上盘旋，轰炸又要开始时，他好像没有事似的说，根据数学的计算，飞机炸弹的命中率不是很高的。飞机在飞，船在航行，要命中这条船的话，低空都困难，何况高空。孙克定这么讲，稳定了大家的情绪。飞机往下丢炸弹我们也不害怕了，船还是前进。

由南昌到铅山

不管是上海来的、无锡来的、丹阳来的、溧阳来的各种救亡服务团，也不论是坐轮船、坐帆船、走路的、坐车的，各种救亡团体都到南昌集中。南昌有党的领导机构，有新四军办事处，这是我们的希望。

我们“锡流”几百人到南昌后，一些著名人士都来探望慰问我们。薛暮桥、罗琼同志从长沙来，带给我姐姐、姐夫寄来的一大包衣服及钱，内中有咖啡色的毛衣、蓝布黑边的旗袍。我们原有的衣服差不多丢光了，于是小严、小杨、小兰、小殷、我大家分配，钱交给领导。在敌人的残酷轰炸下，我们是有福共享、有难同当，不分你的我的，有衣大家穿，有饭一块吃。

领导上召集大家开会，讨论今后行动方向，决定先到上饶，再分三批出发。第一批去浙江丽水、云和、龙泉一带工作，这批人要求年龄大一些，最好是已从事过工作的职员、老师等。第二批人去铅山、河口、玉山等地从事救亡工作，最好是中学生、青年人。第三批人员是青少年或没有参加过工作的人，准备去红军老根据地石塘学习。至于小兰、小杨（两个小杨）、小殷、冯大兴等等都是刚从蛋壳里孵出的小鸡，高小毕业没有见过世面，领导上经多方考虑研究，决定他们到老苏区学习。

我究竟是去浙江、还是去铅山，或者是去石塘学习没有确定。张士英希望我与他一起去浙江。我觉得去铅山较合适，我一个队里的人都动员我同他们一起去铅山。因此，我没有与张士英同去浙江。不管是去浙江的还是去赣东北的，都坐浙赣铁路火车往上饶集中。上饶当时是国民党第三战区长官司令顾祝同统治的中心。

在南昌上火车也不容易，乘车的人如洪水一般，军队、伤兵、逃难的百姓，各种团体，都争着要上车。我们几经交涉，才坐上了几节货车，大家把行李包往铁皮车厢的地上一放，坐下来，唱开了救亡歌曲。孙克定同志还教大家学拉丁语新文字，他拿起粉笔，往铁皮上写拉丁文，要大家念字。还叫几个人起来念，大一点的不好意思，最积极站起来哇啦哇啦大声念的是小兰，还有杨荫农的弟弟小杨。

火车走走停停，停停走走，还要换车，大概到了东乡附近，又换。我们已经在一辆客车车厢里安顿下来了，又把我们哄下来，换到靠前面的两节车厢里。火车开了，正走着，忽然一声巨响，天崩地裂，又是飞机扔炸弹，车厢内一阵大乱，有人急忙从车窗里跳出去。火车停了下来，下车一看，几节车厢后的一节客车给前后两节车厢挤轧得竖了起来。车厢轧的粉碎，玻璃碎片与人的尸体混在一起。血流在铁轨上，再流到轨道的两旁。也有的木板梢刺在人的胸腔里，血流如注。有人在喘气，也有人在喊叫、呻吟、咒骂。那轧扁的车厢就是我们坐上又被哄下的那一节。我们并不因为避免了锡流服务团全体人员的死亡而庆幸，我们因这节车厢里的无辜同胞全体死亡而痛恨日寇。

一路上，敌机不断轰炸、扫射。“锡流”队伍中有一个小同学叫冯大兴，才十五六岁，当敌机来轰炸时就蹲在地上，右手在胸前左右比划，祈求上帝保佑。大家都笑他，说他，他也不恼火。也许他真的相信上帝，也许在死神的威胁面前求得安慰吧。

到上饶后我们耽了一阵，主要任务是到国民党部队里去讲解抗日战争的形势，开展救亡运动。我们还建立了几个救亡室，画了许多招贴画。但工作不容易开展。不久，我们就分散去铅山、石塘等地，准备扎下根来工作。

铅山名义上是个城，实际还不如江、浙各省的一个市镇。这时南京、上海已经沦陷，可是这里却没有一点抗日救国的气氛。在国民党五次“围剿”中，赣东北老根据地遭到摧残，变得默无声息。我们“锡流”的十几人到铅山后，先与国民党上层联系，取得合法地位，安顿下来。我们唱起救亡歌曲，开展抗日宣传，演出《三江好》、《放下你的鞭子》等戏剧，还在全城大街小巷刷满了打倒日本帝国主义的标语。我们建立了救亡室，每天晚上救亡室里一屋子的群众，我们与他们交谈，讲日本帝国主义的残暴。我们还准备组织地方青年，想把他们培养成为地方工作骨干。可是国民党县政府与我们争夺青年。铅山的中学生本来就少，在国民党反宣传下也不敢与我们接近。我们要求县政府选几个女青年来参加我们的队伍，结果来了四个女青年，但开始比较靠近我们的只有一个。最大的困难是说话互相不懂，他们不讲普通话，我们的“无锡官话”人家也不懂。不过不管怎样，我们还是用最大努力激发她们的抗战热情，使她们逐渐与我们接近，直至与我们一起下乡宣传、演戏。

离铅山不远是石塘镇，是红军改编为新四军的地方。小兰、小杨他们在这里学习，我们曾去探望他们。在这里，我第一次看到毛主席戴着有红星的八角帽的相片。在这里学习的小兰、小杨、冯大兴、沙氏兄弟等，穿上了崭新的灰布棉军装，打了绑腿，很神气。小兰等告诉我们这儿的领导陈少敏是个女同志，是坚持三年游击战，领导红军与国民党展开搏斗的老大姐。我们都肃然起敬。小兰他们情绪很高，说到了这儿似乎到了另一个世界，官兵平等。上级与他们一起吃饭，都是一大脸盆大白菜烧猪肉，真香。上级没有架子，老同志像大哥、大姐一样爱护他们。我还听说，在工农红军改编为陆军新编第四军的时候，红小鬼们把红星帽徽摘下来的时候有的哭了，有的不肯交出，把它包着珍藏起来。这些孩子都是老红军的后代，许多是烈属。在那儿，我还看到了苏区的报纸，上面有洛甫（张闻天）、博古（秦邦宪）的文章。我看到了红军时代留下来的石印的歌本。像《三大纪律　八项注意》、《送郎当红军》等等。《三大纪律　八项注意》歌，其中有一条是“洗澡避女人”。我当时一点也不理解，为什么有这么一条。后来我在江西耽了一、二个月以后，才有领悟。江西夏天热，热得汗淋淋的，非在水塘里泡泡不行。可是小河、小塘、山溪边到处有妇女们淘米、洗菜、洗衣服，天气又热，如稍不注意，男孩子赤条条跳下去，很不礼貌，所以红军有这条规定。在这里遇到冯大兴，就想到芜湖大轰炸，他“祈祷”上帝的那一幕。现在他灰军装、皮带、绑腿，俨然像个军人。

问他还信上帝吗？还叫“阿门”吗？他做了个鬼脸，不愿人家挖他的疮疤，装着大人的样子说：“我相信共产党、毛主席，我相信革命的理论。上帝不能救中国。”这个可爱的青年人后来在战斗中牺牲了。

小兰、小杨（兰珍）学习期满后，也到铅山与我们一起工作。在这小小的城里，设立了两个小学。我与小兰、小杨三人负责教几十个小孩唱歌认字。我们把两个小学作为工作基地，团结一些周围的群众，同时培养服务团里的几个本地女青年，逐步由她们负责这两个学校。

在方志敏的家乡

铅山地方小，开展工作影响不大，我们决定转移到弋阳去。在 1938 年春夏之交，我们“锡流”这个小队的十几个同志背上背包，在陈野萍同志带领下进了弋阳县城。弋阳是浙赣路的一个大站，早先就是赣东北的革命老根据地。我们“锡流”的同志很快与原在弋阳的东北流亡学生取得联系，统一步调，共同开展工作。东北流亡学生的负责人是王仲实同志，原是东北大学学生。他不过二十出头，但老成持重，敦厚朴实，分析形势精辟，考虑问题周到，待人诚恳，有才华而不外冒，大家很尊重他。他也很随和，容易与人合作。我们那时主要做统一战线工作，提出到国民党政府机关去“当官”，做县政府的工作。再就是进入中学，团结青年学生。还深入基层，到过去红军的根据地去开展救亡工作。我被分配做妇女工作。

在十年内战中，江西省是“围剿”和反“围剿”的主要战场。南昌有蒋介石的行营，他还曾在江西搞过新生活运动。宋美龄曾搞过妇女生活促进会。抗战爆发，在抗日统一战线的策略下，我们把妇女生活促进会接过来，在党的领导下成为江西省妇女生活指导处。从黄色变为表面上灰色的组织。组织上决定由严永洁和我到妇女生活指导处去做基层妇女工作。

妇女生活指导处从省到县、区、乡、保都有组织。省妇女生活指导处由熊芷、雷洁琼等同志为领导人。弋阳县妇女生活指导处的负责人有水世琤、柯咏仙。全省各区设有区队长、区队副，乡有乡队长及乡队副，保也有妇女工作的负责人。行政上以国民党的政府机关负责人为县、区、乡负责人，副职是妇女生活指导处派人担任。我被派到弋阳县四区任区队副。

四区较大的集镇有漆工镇和葛源。

妇女工作在每个乡、保还分卫生、宣传、组织几方面，国民党政府从上到下下命令要壮丁、要鞋、要米果，我们妇女生活指导处到基层宣传动员，完成任务，并开展妇女工作，帮助群众解决困难。

我们办了妇女卫生训练班，每乡各村派卫生员集中受训学习。黎玉娟同志是妇女生活指导处的大姐，她原是个妇科大夫。由她作业务训练，主要培训的内容是助产。当时规定，老的接生婆不受训不能在村中接生小孩。同时大批吸收青年妇女学习接生，当卫生员。有的还未结婚或尚未生过孩子的妇女有顾虑，我们做说服教育工作。训练完毕时每人发十样药品，有红药水、灰锰氧、酒精、阿斯匹灵……等等，做到接小孩子剪子要消毒，防止脐带感染，大人不患产后褥。在穷乡僻壤能做到接生孩子消毒已经很不容易了。记得受过训练的卫生员中有个十七岁的小姑娘，聪明伶俐。她到县里向黎玉娟同志汇报，说她第一次接生，接了个难产，婴孩先出来一只手；第二次接生，又是一个难产，婴孩先出来一只脚。黎玉娟听到这里脸都黄了，忙说，后来怎么样？这个十七岁的小姑娘说，我开始有点慌，后来记着老师的话，要沉着不要慌张，按教的办法处理，两个孩子都平安出世，产妇也太平无事。黎玉娟夸她“你真行啊！”十几年后上海解放，我调华东局工作。一次在外滩遇到黎玉娟同志，大家很高兴。她说她在华东局卫生部工作，想当初在江西弋阳共事我们都还不是党员呢。她是我们山窝窝里的唯一的“林巧稚”，她高度的负责精神挽救了多少弋阳农村妇女的命。

国民党政府与我们争夺妇女、青年还是很激烈的。各县的妇女卫生训练班只让我们训练专业，不让我们讲政治理论。弋阳县县长姓张，他所以让我们在他县里工作，一方面想争取进步的政治资本，一方面几十年的经验也告诉他，不讲民主，不改善人民生活，不发动群众，死气沉沉，抗战中许多要粮、要税、要兵的任务也完不成。所以他要利用我们“锡流”和妇女生活指导处，同时他又监视我们，甚至想对我们团体钻空子。

有一次在办乡级女干部训练班时，张县长找我谈话，迂回了半天才到正题。他问我：“你们团体里有共产党员吧？有党组织吧？他们开会吗？”“你是否是党员？你们看些什么书籍?”我向他讲了我对抗战的看法，说明国共要合作，共产党统一战线主张正确，人民要民主，生活要改善。我批评说弋阳抓壮丁的做法不好，说明对壮丁要深入教育，对抗属要优待。我也告诉他，我不是党员，不是不想而是不够。全国青年都向往共产党，但我还不是，所以也不知道共产党在哪里。张县长在我这里碰了个软钉子。

说心里话，我早就想当个光荣的共产党员了，因条件不够，还没有加入，但国民党却在估量我们是不是共产党员了。这事引起我们这群青年人的震动。有一天，大哥大姐们都说有事到南昌去了，我、小兰、小杨坐在粮站门槛上议论，谈着谈着都有点泄气。

正在这时，团体里的赵勇与徐明同志走过来。赵勇是上海工人，胖乎乎的。徐明是他爱人，也是工人，正怀孕。他们问我们，陈野萍、朱承熙等到哪里去了，去干什么。我们说他们入党去了。赵勇同志问：你们为什么不去？有什么想法？我们说：我们太小，幼稚，人家准不要，我们不敢去。其实赵勇、徐明同志是老党员了，他们是试我们的。这时他们俩跟我们讲党员的标准、条件，要我们努力争取。他们告诉我们：去南昌新四军办事处要求参加党是不可能的。每个团体、机关、基层都有党组织。党员都关怀着群众，够条件后在本单位加入党组织。同时还告诉我们，不去的人也是有希望有条件的，要我们努力奋斗成为一个够条件的共产党员。

赵勇、徐明同志与我们谈话后，我更加自觉了。一次，县妇女生活指导处的水世琤、柯咏仙等领导同志给我们区队副开会，布置抗战工作任务(如完成布鞋多少双，米果多少担，动员参军多少士兵，做棉衣、棉手套多少套)。一散会，我不等吃晚饭就回区里去了。一路上红岩红石构成的小丘陵、小山坡，崎岖不平，树木不多，荒僻得很。隔几里地偶然有几户人家，房子不用青砖红瓦，都是竹子编的简陋的小竹屋。间或有些泉水流向村庄，居民们用竹筒接水入户。我不愿在区政府耽着，等群众把慰劳品送来。我要到基层去，到原来的老苏区去。我摆脱了区政府的监视，设法去了几个地方，找乡妇女干部，住进她们的竹屋。这些乡妇女干部过去大多是列宁小学的学生，儿童团的团员，识字班的妇女，或剧团的团员。她们给我看珍藏着的歌本，有《送郎当红军》、《三大纪律八项注意》歌等等。

她们告诉我为什么村里人如此少，房屋如此简陋，连砖瓦房都没有，原来都给国民党烧光了。许多红军家属被逼得离乡背井。我从侧面了解到几家是红军家属。我见到一位老妈妈，破桌子正中恭恭敬敬地放着方志敏同志牺牲前披着军大衣的照片，昂然挺立，像大山里的苍松，使人肃然起敬。我一连走了好几家，都在房里桌上供着这张像片。老百姓与我们谈方志敏同志，谈邵式平同志，这两位是江西苏区老百姓尊敬的领导，他们怀念方志敏，也惦念邵式平。我尚未入党，而且组织告诉我们不能在群众中去问党组织的事，不能问谁是党员，这是纪律。因为与国民党的合作我们有诚意，他们却怀着戒心。夜长梦多，还要看以后形势的发展呢！我收集了些油印的革命珍贵资料回弋阳城。

乡、保基层妇女干部的情况也不一样，大部分积极做抗战工作，她们心里向往着新四军（过去的红军），但也有些女干部与乡、保长结了婚，混着过日子。

我们党的国共合作的统一战线政策很有必要大张旗鼓地宣传。有一次我回城与一个本地干部一起走，一路上望着远处的山林，我们无所不谈，谈过去的红军、对共产党的看法、国共合作。他告诉我，在山里还是有红军杨文翰的队伍，他们不愿下山改编，不了解形势，不理解共产党的统战政策，以为下山是向国民党投降，不懂得过去的敌人仇人怎么会成为朋友。他现在正在做他们的工作。

武汉失守，前方吃紧，沿浙赣铁路的老百姓人心动荡。我们“锡流”的同志讨论如何稳定人心，如何深入农村组织群众、发动群众抗战。

有一天，忽然有架苏联飞机从天而降。弋阳城虽说是浙赣铁路的重要地方，可是没有飞机场，为什么来架苏联飞机呢？全城的老百姓轰动了。我们进入江西后，从来没有听到国民党方面谈起苏联。这一次苏联飞机的出现，说明苏联红军驾驶的飞机到中国帮助我们与日本帝国主义作战。原来苏联空军在长江沿线，在鄱阳湖沿岸，在九江、湖口，在马当与日本空军展开激战，击落了多架日军飞机。这架苏联飞机战斗结束后因油耗尽，降落时一位飞行员牺牲了，两位跳降落伞下来。我们访问了一位幸存的苏联飞行员，还一起到郊区散步，在一棵树下坐下来谈心。可惜我们都不会俄语，于是我们拿来地图指着比划着，沟通思想。他说，他出生在伏尔加河畔的一个城镇，这次为协助中国抗日参加空战。他同机的同伴牺牲了，他活着还要为中国的抗战奋斗到底。男同志都与他拥抱，女同志同他握手，高度的国际主义精神使我们感慨不已。我们无法用语言交流，就一起唱《祖国进行曲》，唱《国际歌》。这时俄文的、中文的《国际歌》在同一曲谱下融成一片。

第二天，我们布置开了个全城居民参加的追悼大会，把死者的棺木安放一旁。台上有苏联飞行员，有弋阳县长，也有“锡流”的负责人。千万群众同声哀悼，悲愤地呼出“打倒日本帝国主义”、“为死难者复仇”、“中苏友谊万岁”的口号。苏联飞行员的眼泪和中国老百姓的眼泪流在一起。对日本帝国主义的仇恨、怒火交织在一起。会后，我心潮起伏，思绪万千。这两个苏联飞行员的形象一直在我脑子里回转，牺牲的及幸存的。他们不是什么名人，也不会见经传，可是他们为正义而生，为真理而死。他们有祖国，有父母，有妻子儿女，他们的父母在等他们回国，妻子儿女等他们团聚，可是他们中的一个已安葬在中国。我想起了姐姐与我讲《毁灭》里莱奋生的事迹，想到黛莎，想到姐姐教我的苏联歌曲《和平》：“千年长夜，已到天亮，春日暖，晓风清，大同世界庆和平，载歌载舞，无战无争，和平和平，瞻望前程万里光荣。”为了人类得到永久和平，人们得付出代价，甚至付出生命的代价，打击好战的帝国主义者，以争取子孙万代的和平幸福。我还想起苏联游击队水兵牺牲的歌曲：“合森城外，草原青青，草原上面有个坟，在这坟里躺着游击队的战士，歇里尼克水兵，……”想着苏联十月革命，想着苏联的内战，想着苏联红军对我们无私的援助，想着躺在棺材里的苏联飞行员。当夜，千头万绪无法入睡，从床上一骨碌爬起来，给老大哥薛暮桥同志写了封信，叙述了苏联飞机从天而降的奇遇。薛暮桥同志接信后，立刻给我回信，他把我去的信在中国农村经济研究会的会刊《中国农村》上发表了。

到 1938 年的夏天了，“锡流”不顾三伏炎暑，如火如荼地深入农村工作。这时我们又学了不少新的抗战歌曲及红军根据地老苏区的歌曲。我们宣传时唱的歌已从战前的《桃李劫》、《渔光曲》、《新女性》，到抗战一开始的《打回老家去》、《流亡三部曲》、《大刀进行曲》、《五月的鲜花》等等，悲壮的要收回东北失地的歌曲，又增加了不少在抗战形势发展中产生的《国共合作进行曲》，还将《送郎当红军》改为《送郎去当兵》，又发展成为《丈夫去当兵》。张曙同志的《丈夫去当兵》，是省妇女指导处的同志来口传的。通俗、真切，唱得声泪俱下，指导处的十几个女同志都学会了。我们在农村演戏也有个台，用土堆或砖瓦砌的，上面竹篱笆围着三面，前面大竹杆上挂着布。

1938 年夏，我正坐在台上念台词、练歌，这时台下有一个人笑着嚷，小程有信，还是红笔写的，一定是喜事。他爬上台前放着的竹梯，把信递给我，我坐在台上，心情也很舒畅，我想一年多还未接到过一封信呢？但也奇怪，为什么银娥姐用红笔写信呢？可能她们那里连个蓝墨水也买不上。我姐姐是个老大学生，文化高，懂得社会交往中各种礼仪规矩，其实红墨水写信是不吉祥的象征，是报丧，我却一无所知。赶快抓过来，一撕开，看了头几行："不幸的消息…张士英及 ××× 同志……游泳……遭灭顶之灾……"张士英与一个同济大学的学生游泳淹死了。这个消息太突然，我站不稳，一下子坐在竹子搭的台上。台下的同志还问，什么好消息？我说张士英同志在浙江丽水游泳淹死了。大家叹息，不再跟我开玩笑了。我不愿在许多人面前哭，晚上睡在床上，我忍不住了，眼泪哗哗地流出来，想到我们初次见面送书给我。除薛葆良第一个送书来外，接着就是张士英。1936 年一个寒假通的信，信里的话比见面时的话更多、更广、更深刻。姐夫刘端生曾开玩笑说，你人还未来，信已经来了一叠了。记得寒假后"锡流"约会——东大池之行，又记起见面时低着头，很腼腆，眼睛老躲避着我，要说什么又不说。流亡途中走不动，疲劳不堪，满身尘土，路上相遇几次，我要帮他拿些行李，分担一些重量，他不好意思，只是说你锻炼得比我棒。最后一次分别时，他劝我一起去浙江，互相帮助，还说我姐姐也在浙江，大家好照顾。我要强说：因为姐姐在浙江，你们能干的人去浙江，我不去。我年纪小一些，幼稚，可我也能独立生活工作，不靠什么人。我很后悔，如果我与张士英一起去了浙江，那末互相照顾，说不定不至于让他们这些不会游泳的人在一起游，一起淹死。

往事像演戏一样一幕接着一幕。我猛然想起，他的死与我有关，我也是促使他淹死的。1936年暑假，我在严家桥，张士英在芜湖邮局工作。通信中我告诉他，我在这古老的严家桥大河里学游水，轰动了全市镇，小孩子们成群站在双板桥上看新鲜，那些封建老头老太太都背后骂我。程元熙的妈妈以我母亲的“姨妈”的身份指着我娘娘的鼻子说，要管管这个阿桂，无法无天，无人管教，你做后妈的也要负责。这样下去将来嫁不到婆家，有身份的人家是不娶这样的野丫头的。我——痴阿桂，在严家桥更是家喻户晓的了。如果说我剪辫子缠头发在严镇是惊天动地的话，那女的到大河里游泳，更是惊动了龙王爷及虾兵蟹将了。张士英来信说支持我，并说你学游泳给封建势力当头一棍，像捅了马蜂窝，他明年要急起直追。我想起了这些事，真是悔恨交集。张士英是我的启蒙老师、带路人，我们都还年轻，认识时还不到二十岁，当时还没有现在这样叫“朋友”或叫“对象”之类的名词，我们互相有爱慕之心，可是从来没有正面倾吐过，像埋在地里的种子，经过了土壤、雨露、阳光的培育，正要破土而出，却来了一场霜冻，快萌芽的种子毁灭在地里，不能再出土了。我心灵里刻上了一道创伤。

我还是在弋阳四区漆工镇一带工作，名义上是四区区队副，妇女生活指导处的成员之一。我们“锡流”的其他同志也在城区或分区做救亡工作。有一天“锡流”的孙章禄同志到区政府来找我回城，说陈野萍、严永洁等同志要我们回去开会。我们当时是双重领导，在指导处吃饭拿钱做妇女工作，除生活费外，多下来的上交“锡流”组织。

从漆工镇乡下进城有几十里地。孙章禄比我们小字辈略大，有些社会经验，工作起来有魄力，是个清雅的小伙子。他一路带我走，边走边拉呱。他问我浙江的同志们最近有信否，我说没有。他说你姐夫怎么也不给你个信？我说他忙，要在浙江丽水、云和、遂昌、龙泉这几个县做开辟工作，颇不容易。他说再忙也得来信啊，不会有什么意外吧！我说不可能。大家忙着，谁也不通什么信。他是个运动员，会打球、游水、骑马，在浙江大学是球队队员，在安徽大学也是球队队员。他在中国农村经济研究会时，到农村调查，一天能走几十里地；在河南南阳、在广西桂林，深入农村能吃苦，是个了不起的小伙子。孙章禄说：身体棒的人也不一定没有病。他告诉我，听说刘端生患了重病，所以叫我回城。说你姐姐来了电报，先回去看看，究竟是怎么回事。这一来我愣了，我说怎么了？病了？不过又听他说我姐姐要到弋阳来，感到很高兴。因为我们自 1935 年在南京分手后，没见过面。进了城，到了粮站楼上我们住的地方坐下，桌子对面的陈野萍同志拿出我姐姐约一个月前来的信，拆开一看，没有想到竟是噩耗：姐夫刘端生于上月死于丽水。刚看完信，张村农同志从楼梯上下来说，小程，你怎么现在才回来。他说他刚从火车站回来，拿了我姐姐程银娥贴在火车站招贴处的留言，大意是她在约定时间在火车站等我们姐妹俩，不见我们，她就向西走了。张村农责怪陈野萍，电报上规定时间是昨天，电报前天已到，为什么故意过了昨天的时间，今天才叫他去火车站？现在我一切都明白了。我姐夫刘端生病死在丽水。我姐姐给我们来信。又来信说要去延安，征求我及小兰的意见，愿意同去，三姐妹同去延安。如果留在江西不同意去延安，则她独自去。要我姐妹在她过弋阳的时候去车站与她见一面，说可能也是最后一面了。可是我们团体的领导人陈野萍同志一是怕我们姐妹受不起这个打击，最重要的怕我与小兰跟着姐姐去延安，弋阳“锡流”的女同志少了。因此他们几位老大哥、老大姐商量，先是把我姐夫死讯瞒着，中国农村经济研究会开追悼会出的纪念册也没给我们看。我姐姐来电报要我和小兰在弋阳火车站同她相见的事也搁着。等到把电报约会的日期过了一天，才叫老张同志去火车站望望有什么动静。还算好，大姐早一天过弋阳时，见不到人，留个条在火车站墙上，居然被老张看到，还把它拿回来了。银娥姐在条子上写道：“现在我是形单影只，孤苦伶仃，我还存有一个希望，可以见到你们。看到我手里抱着两顶蚊帐在火车站上伫立等待……现在，我只能独自往西，寻找光明去了……”我没见过山崩是什么样，我没见过地裂是怎样摇，我不知山塌是如何危险，我不知海啸是怎样骇人，眼前这一切的一切压在我这个还不到二十岁、从弹坑里爬出来的姑娘，我实在经受不了！我眼前一黑，什么也不知道了。醒来躺在粮站楼上的地铺上，朦胧中，见妇女指导处的黎玉娟大姐在给我按摩。周围还有戴竹笠的几个女同志。她们说：好了，好了，醒来了。

小阁楼上宣誓

得悉刘端生病逝，银娥姐西行后，我病了一场，休息了一阵。噩耗几乎夺走了我的生命。在大哥大姐们帮助下，我脑子也清醒了，情绪也稳定了。一天，陈野萍、严永洁同志找我谈话，正面提出了一个我多年来存在心里的要求："参加中国共产党"。谈话的中心是为什么要参加中国共产党？要我想一想，再告诉他们。这一夜，我脑子里把十几年的心事全翻出来了。日本帝国主义侵略，国民党从不抵抗到节节败退；旧社会的贫穷落后，人民无衣无食，乞丐、娼妓满街，农村破产，商店倒闭，学生失学，工人失业；至于个人、家庭，母亲死于无医，个人被学校开除；共产党领导我们组织"读书会"，共产党领导农民暴动，共产党主张抗日救国，共产党领导"锡流"；还有苏联十月革命的成功，苏联飞行员的国际主义精神。尤其是几次漆工镇之行，这个从未见到过的英雄、先驱者——方志敏烈士的形象，身披大衣，在就义前昂首挺立，在我脑子里翻腾。我心潮起伏，几天中食不知味，睡不能眠，坐、立、走、躺都不是，对旧的痛恨，对新的向往，兴奋、激动了好多天。我要参加共产党，我要奋斗一辈子，我要把自己的血肉献给共产主义事业。为了民族独立，为了全人类解放，为了给子孙万代造福。我感到帝国主义侵略我国是奇耻大辱；我为地主、资本家剥削广大人民而深恶痛绝；我为国民党特务残害我的亲属而义愤填膺；我对国民党反动政府欺压、开除学生而大声疾呼，叫怨抱屈；我对我个人、家庭、国家被奴役、欺凌而屈辱愤恨。我说：我要革命，我要搞个天翻地覆，把侵略、压迫、剥削、屈辱、欺凌这些丑恶的现象从地球上消灭。要人类解放，世界大同，我生一日，斗争一日。我不是少年了，我不是幼稚无知的孩子了，我已成人，我要做顶天立地的好汉，与不符合历史前进的东西斗争到底，与旧世界彻底决裂。我多年来胸中积压的仇与恨，像烈火一样爆发了！党！你领导我，拯救我吧，给我金钥匙，打开我心里的铁锁。

我还是勤勤恳恳地在群众里工作。有一天，孙章禄通知我进城开会。一般的孙章禄叫我进城都是“锡流”开会，妇女生活指导处叫我回去开会，不是辛易通知我就是通过官方的区队长通知我。

走进“锡流”开会、学习、休整的粮站，严永洁同志在院子里一棵树底下对我招手。我们站在树底下，她笑嘻嘻地告诉我，你申请为中国共产党党员的要求上级批准了，你从现在起就是中国共产党党员了。介绍人是她和陈野萍同志，她要我为打倒日本帝国主义、为全人类的解放事业奋斗一辈子。她谈了不少关于组织性、纪律性等等问题，可是我高兴得只记得奋斗一辈子，战斗一辈子，为革命牺牲个人的一切利益。我心在跳，耳朵轰轰作响，多年的心愿实现了。像春天的细雨，洒透了茅屋后面久旱的竹林，像春天的阳光，照进了寂寞的山庄。多年的铁树开花了！埋在地里深处的种子发芽了。一个家庭没有地位，个人没有出路，国家正受蹂躏的、被踩在脚下面的奴隶要革命啦！这不是一个人，而是一群，是千千万万，而我只是整个集体里面的一分子。因这时中国共产党正决定吸收大量知识分子入党。我们“锡流”在党的领导下，大部分同志前前后后都参加了党。

人，心里有最大的快乐时，愿意把这快乐与最亲近的人、最亲密的战友分享。就像贫穷的母亲有点东西吃时一定给儿女分享，否则心不安，神不宁。党组织批准我入党后我太高兴了，又想起我周围不少亲人，死的死，走的走，我这么高兴的事向谁倾吐、向谁说说呢？憋不住，是我这个人的优点和缺点。晚饭后，我看到小兰，我向她招招手，走到那棵树底下，我笑着说：我入党了！组织通知我啦！我想她一定会祝贺我、羡慕我。可是小兰板着脸严肃地说：这事是不能对任何人说的，这是纪律，你怎么不懂啊！就是自己的爱人、父母都不能讲的。她这么一说，我不敢问她，她入党没有。可是在妹妹面前我脸红了，低下了头。我想我比她幼稚、不成熟，要向她学习。

没有多久，我们“锡流”的七八个新党员，在弋阳县城里的一间救亡室上面的小阁楼上举行入党仪式，向党宣誓。

一间十三四平方米的阁楼，有两扇老式窗户，墙中间贴着党旗，不到一尺长，下面写了入党宣誓词和党员应遵守的纪律。我一抬头，见到有嵇仲虎、严永洁等七八个人。而站在我身旁的一边是俞耀庭，一边是我妹妹小兰。这时我才恍然大悟，她也入党啦！那年她才 16 岁。领导讲了不少鼓励的话，宣誓完毕，当我走下那黑乎乎的楼梯时，心里深深地印着“永不叛党”四个大字，宁可战死，宁可杀头、坐牢、碎尸万块，也永不叛党。

我们几个同志入党后都没有候补期。当时新党章还未发出，我们用红军根据地油印的、石印的党章学习。这是红军革命先辈留下的党章，我们十分珍惜，抢着轮流仔细学习。入党后，我做了小组长，与辛易、柯咏仙、戴竹笠等妇女生活指导处和东北流亡团体的大学生一个小组。

1939 年的春夏之交，江西的形势同抗战初期不同。县政府对我们冷淡了，说经费困难，还借故变相搜查我们“锡流”的住处。这时国民党政府已在全国掀起第一次反共高潮，影响到江西。我们便开始有计划地转移，程兰芬、孙章禄等同志分配去赣北九江景德镇难童教养院，并在陶瓷工人中开展工作。杨兰珍、陈仇、赵勇、徐明与在河口工作的徐品芳、华英（原名华辉——无锡县女中同学）、陈公生、蔡翔云等十几个人全部去福建闽北崇安老革命根据地。不久，严永洁、陈野萍同志去皖南新四军军部。留下坚持的有王仲实同志，在县政府工作。大家分析，妇女生活指导处是国民党与我党争夺妇女，公开合法的全省性组织，可能暂时不敢碰。因此，柯咏仙、辛易、戴竹笠等党员留下，黎玉娟大姐也留下，她还不是党员，资格老，估计国民党不会惹她。朱承熙在县政府当科长，嵇仲虎在中学任老师，有社会地位，还可坚持。我没有社会地位，当时又爱嚷嚷，可能会向我开刀。因此，组织上决定我立刻离开弋阳去皖南找新四军。

皖南巡视

1939 年初夏，我还不到 21 周岁。我拿了一封妇女生活处派我外出到各省巡视的介绍信，单枪匹马去皖南。一个人堂堂皇皇地坐上浙赣铁路往东行的火车。有一个穿长袍的人跟上了我，在我对面坐下来，问我：程先生你去何处？我说我不认识你。他自我介绍说是弋阳县党部的人，我心里有了数。接着他说他知道我们在逐渐撤退，我不吭声。他又说，他过去曾经是共产党的“县委书记”，现在在国民党里。我心里更明白了，他一定是个叛徒。他又说，跟他下车吧！到国民党里去做事。说着他无耻地伸出手来拉我的手。我心里生气，火冒三丈，破口大骂他。我说：你是个流氓，你再动手动脚，再敢向前进一步，我就叫了，让全车的人来打你。我说我是妇女生活指导处派往各省巡视工作的，你冒充是什么党部的人。蒋委员长要抗战，你们这批败类捣什么乱，你再要流氓，我拉你下车告发你。这时旁边坐着的旅客也过来了。这个特务在我大声嚷嚷下，连声说：对不起，对不起，不敢不敢。在暮色下夹着尾巴赶快下车。这时，火车开动了。

我甩掉了国民党特务的尾巴，小心翼翼到了浙江金华。组织上告诉我找生活书店的陈云霞同志。她也是“锡流”出来，不过与我不是一个队，在无锡时见过面。她这时已结婚，爱人陈其襄同志与她在一起。这个生活书店实际上是个交通站，做“迎来送往”的工作。最近撤退的人多，陈云霞累病了。她在卧室里见我，她嘱咐我到兰溪找一个女同志，要我千万小心，这一路都有国民党特务，注意别给人盯梢。我们才见面，没有时间多谈话，又分手了。

到了兰溪，市面上热闹得很，不亚于金华。按陈云霞告诉的地点，在街后一间地板房，找到了那个女同志。她很年轻，很瘦，面色苍白，像个教员的样子，我们对上了暗号。她亲密地招待我，我没有问她叫什么或干什么职业的。后来，来了一个男同志，她给我介绍这是薛尚实同志。薛尚实同志与我谈话，告诉我最近江西、浙江形势紧张，国民党政府熊式辉、黄绍竑他们撕破了以往进步的面目，已经开始抓人了，我们有的组织已遭破坏。从兰溪到皖南，路途遥远，要我一路注意，尽可能利用妇女生活指导处的介绍信，利用公开的合法身份。他还叮嘱我，屯溪是国民党统治比较严的地方，过了屯溪，岩寺就有我们的交通站了。

从兰溪到屯溪，都用国民党妇女生活指导处派出巡视工作的特派员的身份，屯溪街上是有不少国民党的小军官来来往往，气氛有些不同，我在一个保长家里住了一夜。我是巡视妇女工作、妇女运动的，是上级派来的人，保长不敢怠慢，他说：过了屯溪就是新四军的地方了，你也去吗？我说：了解妇女工作不限于一个地区，要了解各方面的。似乎他也不干涉，也不愿多管闲事。我顺利地到了岩寺。

岩寺新四军交通站，一看就与国民党机关不同。整齐清洁，不像弋阳四区区政府那么乱糟糟的。小鬼是个十三四岁的孩子，带军帽，穿了那么长的军装，扎着绑腿，很神气。待人热情、机智。墙上挂着与石塘一样的毛主席像，五角星在八角帽上闪闪发光。接待站的同志要组织介绍信，我讲明：严永洁是我介绍人，她先走了，因环境不好临时要我撤退，所以没有组织介绍信，只有妇女生活指导处的工作介绍信。我提出要马上去军部找我们的同志。他们告诉我目前交通有阻，还得等一个时期才能走。他们让我在招待所住下，好好休息。

等了好几天，接待站通知我去军部的路线通了，可以出发了。我坐上汽车，在崇山峻岭里盘旋，低头望山下，万丈幽谷不见底，抬头向前望去，山崖陡峭，时有白云缭绕。我也不去想道路险峻迂回，我想只要不断向前就会到达目的地。现在与有的同志谈起来，说我经过的太平那一带就是黄山风景区。可是，当时我不懂也没这个闲情去欣赏黄山风景，同行的也没有去欣赏这峻岭幽壑，古松翠柏。我们只想尽快到达革命根据地。

百棵树听陈毅讲课

过了深山幽谷，又进入了茂林清溪。我们下了汽车，又坐上了竹筏。江水清澈见底，两岸绿油油的，也不知是灌木还是竹林。我坐在竹筏上，左顾右盼，喜不自胜。到章家渡小河口一带，在这清溪绿水、低山环抱的深处，有座简单整齐又宽大的医院——新四军军部总医院。由于我在“锡流”流亡时走路过多，常脚肿，现在又脚肿，上级让我先去医院作体格检查。说也巧，抗战的洪流把各方面的力量汇集起来了，真想不到，一进医院我就遇到了熟人章央芬（章映芬的大姐），她也是我姐姐程银娥苏女师的同学。我考无锡县女中时接济衣服、留我住宿、为我奔波报名的就是她。几经飘泊，在他乡遇故知，真是喜出望外。在那里，给我详细检查了身体。

离开章家渡小河口军部医院，我继续前进，过了云岭，最后到达了丁家山。茂林、章家渡、云岭、丁家山这些地方都属泾县，是东南局所在地。新四军、地方党领导机关在这里指挥着东南几省的抗日斗争。丁家山不似茂林那么有街、有饭店，也不似云岭那样有大瓦房、有陈家大祠堂。军部、教导队、服务团开大会、演戏、听报告都在那些大地方，那里人来人往热火朝天。丁家山是云岭附近一个偏僻幽静的小山庄，只有几户人家。小丘起伏，林木茂盛。妇女部、青年部、组织部和皖南特委机关驻在这里。正巧，我到的时候，严永洁同志正站在妇女部大门口，看见我就笑嘻嘻地说：小程，我知道你要来了，怎么，没有介绍信在岩寺进不来吧？哈哈！还是我给你写了证明信，招待所才让你进来的。这时，小严已大腹便便，怀孩子了。原来她与谭启龙同志结了婚，调到妇女部工作来了。

小严带我进了妇女部的大门。大门里有一个小天井，小天井过去是个竹门，推门进去是一间开会、会客的地方。天井与房子间隔个竹篱笆似的半墙，房子里一张旧桌子，几把椅子。李坚真同志正要走出来，看见我，停下来，让我坐。她是《西行漫记》里记叙过的传奇式人物，现在就在我眼前。她担任过中央苏区的妇女部长，与陈少敏同志同样为人们传颂。对这位流传双手开枪，百发百中，过雪山草地，经常带部队打仗的人，我几乎不敢仰视。她身着灰布军装，军帽、绑腿、皮带，整整齐齐。高个儿，在女同志中我第一次见到这么高的人。长脸白皮肤，大而闪光的眼睛却很温和。她要我洗澡休息。说着，房里走出来一个女同志，戴眼镜，与我差不多大，学生模样。她自我介绍叫林心平，浙江人。她立刻打水，要我在里屋洗澡。里屋是李坚真同志的卧室，外间办公。

妇女部机关三小间房，人来人往很忙的。隔壁是青年部，部长是陈丕显同志。隔几十步路坡下是组织部。那边还有皖南特委机关，李步新同志及欧阳惠林同志在机关办公。到妇女部机关当天，隔壁青年部的周平同志来找李大姐谈心。我正在隔壁房里。周平同志是个日本留学生。他说与青年部其他同志合不来。人家说他骄傲，他要走，要到前方去，不愿在机关工作。李大姐语重心长地与他谈，后来谈得激动起来，她嗓子也响了。我出来站在门口，见李大姐站起来，皮带也解了，外衣纽扣松了，一只脚蹬在椅子上。谈到最后，周平同志掉了眼泪，说他不走了，安心工作，组织上可以考验他。最后走时还高高兴兴地与李大姐握手。晚上，周婉如同志回来，她也是“锡流”的，给我介绍了不少皖南军部、教导队、服务团的情况及云岭开大会的热闹情况。

在妇女部机关几天，又见到了章蕴同志，邓六金同志，她们都从外面工作回来。听说章蕴同志是大学生，一直在白区工作的，她爱人在白区牺牲了。邓六金同志是长征干部，福建人，曾山同志的爱人。曾山同志是坚持三年游击战的领导干部。李、章、邓，人称大姐、二姐、三姐，一方面是尊敬她们，另一方面有保密的意思，因当时形势还很紧张，丁家山这个地方的机关及干部与军部、教导队不同，是保密的。还有一些同志叫李大姐“妈妈”，虽然大姐这时也不过三十来岁，但是同志们不仅思想、生活甚至婚姻问题都来找大姐商量解决。因此李大姐又成了这个革命大家庭的“妈妈”。

组织上决定我去东南局党校学习。党校校长是东南局组织部副部长曾山同志。校址在百棵树，借了两间大房子，用木板搁在砖上当板凳。同学中有“锡流”的孙章禄同志，陈野萍同志当指导员，南昌办事处王一凡同志的爱人王昌颖同志及舒诚同志在校部工作。这两位同志是很活跃的，王昌颖同志教我们唱歌，组织我们搞俱乐部工作，开展打排球、篮球等体育运动。

我们几十人如饥似渴地在这里学习，像进入了一个新的世界，看到了一个新的天地。记得李嘉陵同志讲“马克思主义的三大组成部分”，曾山同志讲“党纲党章”。最难忘的是陈毅同志给我们讲“统一战线”课，不是学员的也都来听。六月天热，同学们都汗流浃背，教室小，人多。敌人的飞机又常在上空盘旋。于是大家建议到树林里去上课，大家提了个马扎到教室旁的树林里。陈毅同志是中央苏区的领导人之一，是坚持三年游击战的英雄，这是人人都知道的。他讲课不用讲稿，语言活泼、诙谐。他深入浅出地讲统一战线的意义，讲坚持我党的独立性，讲如何发展统一战线，联系到全国形势及对江西、浙江情况的分析，我觉得好像他就在江西与我们一起工作过似的。他讲的课，不用记，字字句句很自然地印在脑子里，永远不会忘记。这时陈毅同志四十来岁，修长英俊。我们几十双眼睛盯着他。树林里静悄悄的，连鸟儿都停在树上安安静静地不飞不叫。忽然，坐在我旁边的一个小同志推着我说：你看，这是英雄，你不见他那双“丹凤眼”与《三国演义》里的关云长一样。我说：那是夸张的英雄，这才是真正的英雄呢！陈毅同志讲完课，大家要求他唱支歌。他唱《马赛曲》，歌声在树林里回荡。这象征着陈毅同志接受了世界各国人民的革命传统，经过了国内第一、二次革命战争，在这抗日战争时期，又将率领千军万马向敌人后方、向长江两岸挥戈前进。

正在党校学习时，听说东南局组织部来了好多从江西撤退来的同志，不少是“锡流”的。我赶紧去看。见到殷梅倩、小兰、张君实、钱浩元、姚品华等人，真是悲喜交集。他们是从国民党的虎口里跑出来的。原来，我离开江西不久，国民党就开始大逮捕，把许多抗日团体解散，大批青年抓进上饶集中营。小兰她们一路来时，国民党正在抓人，凡到皖南的通道全布满了特务，进行大搜查。白天，她们只能躲起来，晚上才敢赶路。为了抢时间，上山下山都是连爬带滚，在路上有时没有吃的，也没有地方歇，人人都脸黄肌瘦。在东南局歇了几天，除姚品华同志不是党员到军部教导队学习外，其他都留在党校学习。

七一那天，我们丁家山各机关及党校全体同志早早起来，都去云岭陈家大祠堂参加庆祝党的生日的大会。这次大会是新四军副军长项英同志作报告。他讲了一天大半夜，从党的建立讲起，一直说到十八年来的发展与对敌斗争的情况。

没有几天，是七七抗战纪念日。我们又到陈家大祠堂开晚会看戏。演的是夏衍的剧本《一年间》。陈家大祠堂里灯火通明，剧作家“夏衍”两个天蓝色的大艺术字贴在舞台左边白粉墙上，舞台右边是“一年间”三个大字。在革命根据地观看这几幕几场话剧，好像置身在城市里的大剧场。我 30 年代在南京看过《大雷雨》、《春风秋雨》，但还没有到过上海、北京，不知大光明、长安戏院是啥样。我憧憬着、向往着有一天让这些革命戏剧在上海、北京隆重上演。

在东南局妇女部

我在党校第一期学习尚未结束，东南局妇女部就调我去机关工作。

曾山同志是组织部负责人，他找我谈话，要我去妇女部做秘书工作。我要求去前方锻炼，提出三条“理由”说我不适合当秘书，一条是我的字写不好，文化也不高；一条是我个性好动，坐机关坐不住；还有一条是我是新党员，放到前方去锻炼更合适。曾山同志耐心地与我谈话，甚至说：字不好，可以慢慢练。文化不高，继续学习。个性喜动，坐不下来，每天照常可去打球。到下午休息时间我来叫你，我们一起打。你要求去前方是好的，将来机会多着呢，一定给你去前方，不仅去前方，还要深入敌后呢！工作有你做的，不过现在机关需要你留下，你得留下。他说，刚学过党的建设，你忘了？党员要服从组织分配，党员要有组织观念嘛！曾山同志真是苦口婆心，与我谈了一下午。我那时一心想去前方，觉得去前方光荣，有出息，在后方落后，没出息。但是曾山同志说的句句在理，我给讲得哑口无言，于是答应留在妇女部工作了。

开始李大姐叫我抄抄写写，我写的字东歪西扭，像鬼打架。记得我抄的什么材料李大姐给曾山同志后，曾山同志来找李大姐说：坚真啊！这样的字我都看不清，你怎么认啊！我在隔壁听见了，心里感到难受，我感到我影响了工作，我连起码的工作也未做好。开始一星期，每天下午5时曾山同志都笑嘻嘻地到妇女部来找我，看我埋头抄材料就说：小程，放下笔，咱们打球去。几天后，我逐步习惯了，对曾山同志说，不要来邀我打球了，我已经习惯了。工作忙，没空玩了。我发现李坚真同志身体不好，每天中午休息时一睡着就讲梦话。如不叫醒她，她一直叫喊、气喘。我看着她这样，心里很难受。因此，每天午睡我不睡，坐在她床前桌子上抄文件。当她睡着叫喊时，我就推醒她。

李大姐有一支左轮枪，平时挂在墙上，柄上的红绸子拖在外面。她曾教我左轮枪该怎么用，告诉我子弹是绿弹头的有毒，还告诉我如何打仗，说号声一响，只听见一片喊杀声，大家向前冲，没有什么害怕的。

东南局妇女部要领导东南八省的妇女工作，安徽、浙江、江苏、福建、江西……等等，各省的妇女工作向妇女部汇报，妇女部要向各省发指示，还要搜集有关妇女运动的各种资料，工作很忙。大姐、三姐在机关，二姐经常深入各地。各省的情况是很复杂的，有的被日本帝国主义占领了，是沦陷区；有的是国民党政府占领着，是国统区。我们要收集各地区的妇女工作情况，根据不同地区、不同情况下达指示，开展妇女工作。下达指示是很难的。一份指示信到沦陷区要经过几道封锁线，一个报告送来也要经过许多公开及秘密的交通站。我工作越来越严肃，勤恳了。

为了抄好指示信，李大姐给了我一支女用康克林钢笔，这是前方缴获的。我老老实实坐在李大姐卧室里，日夜抄写，字要写得小，比蝇头小楷还要小。用很薄很薄的得来不易的“西番纸”抄。这些指示信由交通员送出去。办法是把交通员的棉衣拆开放在棉絮里，再把棉衣缝好。交通员是组织部来的，一次出皖南要带许多材料，因此必须纸薄字小。

这时，小殷已调组织部当秘书，也在丁家山。我有一次到小殷那里交写好的材料，看到有一个老交通员在她那里，已年近花甲，白发苍苍，是坚持三年游击战的老游击队员。他们正在商量如何把他的黑布棉袄拆开，把材料文件放在合适的地方，然后再缝好，使敌人看不出也摸不着。这个老同志从容不迫，很有信心地在与小殷交谈，我深为感动。我想：他带着党中央毛主席给东南局的指示，再把中央的指示传到东南各省各县，到各乡村民间，指示党员组织群众抵抗日本帝国主义的侵略。看到这些，我工作认真了，安心了，不分白天黑夜的抄文件，抄材料。

皖南军部在泾县，附近有南陵、铜陵、繁昌、青阳各县，都有我们党领导开展抗日工作。各县设县妇女部长，记得洪琪在泾县，田文在铜陵，田平秀在繁昌，南陵县是一个湖南省来的女同志（忘了名字了）任妇女部长。小兰任青阳县的妇女部长，年龄最小。这年冬天，东南局妇女部开过一次各县妇女部长会议。

这是一个大雪纷飞的日子，很冷，几个县的妇女部长，顶着飞雪，踩着江南泥泞的道路，按指示准时来妇女部开会。一到妇女部都喜笑颜开，像回到了家里。大姐、二姐、三姐像慈母，妇女部长之间像亲姐妹。我们设法生了一盆炭火，略烤一烤，就开会了。一个个汇报了县的妇女工作情况。像泾县、繁昌等新四军军部或谭震林四支队所在地，一般的都是发动妇女做了多少军鞋、军袜，多少人参军及后勤工作情况。把小兰在青阳县工作，那儿是国民党川军驻防地。她讲了川军如何敲诈勒索，掳掠百姓，怎样搜查我们的同志，企图逮捕我们的同志。小兰还叙述了群众掩护她脱险的故事。一次，小兰被一群川军追赶，一个地方妇女干部掩护她，把小兰藏在麻布蚊帐背后，川军从前门进去，没有找到。听了小兰这场历险记，大家为她庆幸。

这时，我不仅在妇女部工作，还兼了隔壁青年部的青妇干事。我的任务是收集有关青年妇女的思想、学习、生活、职业、婚姻、工作等各方面的情况给领导参考，以便从妇女工作妇女运动中了解青年妇女的作用，从青年工作青年运动中了解青年妇女的作用，了解各阶层青年妇女的特点等等。我工作一段时间后，组织上要我任东南局妇委委员，这是对女青年干部的培养提拔。

我当了妇委委员后，李大姐给我一个任务，要我起草三八节开展妇女工作给各地的指示。这可难住我了，我写了十遍，怎么也不对。青年部的杨斌、邹毅同志教我，跟我讲写报告、写指示、写汇报的一般的格式。我把各地报告材料又细细琢磨，各个地区（游击区、沦陷区、国统区）特点不同，妇女工作的要求、方法不同，各阶层的妇女、各种年龄的妇女地位不同，要求也不同。再看目前国内国际形势，目前整个党的方针路线，妇女工作与整个工作的关系，估计主观客观条件，研究妇女工作如何配合整个工作来开展。我写一遍，杨斌同志指点哪里不够哪里要增要减等等。李大姐也给我讲过去苏区妇女工作开展的情形。我真是废寝忘食，日以继夜的用脑子，整整一个多月写了改，改了又写，才算完成。从中认识到知识分子光认几个字，不了解实际工作，不与工农结合，是写不出东西来的。

这时，在妇女部机关工作的还有眭玉英、周婉如、林心平、王曼、吴敏慎等同志。林心平同志是浙江人，学生出身，能说会写。一次李大姐要她去外地搜集妇女工作情况，回来写的汇报材料不合适，李大姐批评她，她开始不接受意见，后来哭了，说以后一定牢记立场问题。她去老苏区搜集材料，是要反映国民党“围剿”时杀人放火，而国民党造谣说共产党长征撤退时“杀人放火”。李大姐批评她光是罗列材料，真伪不分，这里有个立场问题。这些话对我教育很深。李大姐说她这个人个性强，自以为是，非严厉批评不行，如果是你，用这个方法可不行，你受不了。林心平同志是个好同志，一个刚出校门的学生青年，接受教育以后，严格要求自己，后来牺牲在江南战场。

在皖南，适逢“锡流”的钱敏同志西去延安参加西北青年救国会的会议，我与李大姐商量想带一封信给我姐姐程银娥，大姐说好。我写了一封信，托钱敏同志捎去。钱敏同志在延安开完会，安全回东南局汇报传达，而且给我带来了银娥的亲笔回信，还讲了与她见面的情况。

在皖南还有一件事也教育了我。陈大戈同志是延安女大的学生，在江西工作时被国民党反动派逮捕。1939 年下半年的一天，曾山同志与李大姐交给我一个任务，去接陈大戈同志，说她被捕出狱，初步了解在狱中没有什么问题，详细情况还待审查后作进一步了解。还有一个棘手的问题，陈大戈同志被捕后，她的丈夫与另外一个人结婚了。这事陈大戈同志还不知道，而这次她的丈夫又同我一起去接她。李大姐嘱咐我，要热情安慰她，她的婚姻问题暂时不要提，如她爱人——白丁同志提出，你要适当调解。

我已记不清是在云岭什么地方见到陈大戈和白丁同志。陈大戈大大的眼睛，方方的脸，是南方人。我说我是曾山和李坚真同志派来慰问她，欢迎她的。她很感动。我担心，不知白丁要向她说些什么。白丁同志向她直言，说他又结了婚，女方是军部服务团的一位同志。听到这里，我都不敢抬头正眼看陈大戈。可是当我偷偷地看她时，出我意外，她脸不改色。不管她是装出来的还就是这样的本色，反正我佩服她在私人问题上勇敢无私。她说：你们结婚了，很好嘛，就这样吧！总不能我们继续原来的关系而离开她，那位同志年轻，会受不了的。我们以后还是好同志，还要干革命工作。就这样，他们分开了。我领着陈大戈同志到丁家山妇女部，妇女部是她的家，可以得到安慰，可以看到未来。以后陈大戈同志去前方工作了。

革命，打破旧的，建设新的。在革命过程中，许多新的东西尚未出土，还来不及建设，而旧的已冲破了。人类除工作外还有生活、婚姻，日子得天天过。年轻人得结婚，围绕婚姻，这样那样的问题不少，来妇女部告状，请妇女部解决。妇女部本着革命抗战的原则、两方幸福的原则、保护妇女人权、婚姻自由、自主的原则处理。李大姐是有名的坚持原则的大姐，她原名李见珍，我们给她改了个名字叫李坚真，意思是坚持真理。这个名是我大胆提出的，她喜欢，就采用了，用到如今。

革命部队里，婚姻自主，没有老封建的影响，不论老同志还是新同志，都本着革命第一的精神，在共同的思想基础上，共同生活中找对象，结为情侣。许多人值得我们学习、钦佩。如李坚真大姐与皖南特委书记邓仲铭同志是模范，曾山同志与邓六金同志也是榜样。他们不是旧社会的夫唱妇随，而是新社会的革命伴侣。二姐三姐他们的前夫都在革命战争中牺牲了。新的知识分子或工农干部在抗日烽火中结合的也有不少模范，如周婉如与任迈同志，严永洁与谭启龙同志，张真与欧阳惠林同志（欧阳惠林在特委宣传部工作），王一凡与王昌颖同志，眭玉英与孙章禄同志，小殷与邹毅同志，谢志诚与陈丕显同志等等，前前后后，比比皆是。

东南局青年部还培养了一批儿童工作骨干。有的本身是十多岁的少年，像程忠、小杨等等。程忠是程一惠同志的弟弟，小杨是戏剧家阿英的孩子。许多领导同志都毫不顾惜地把自己的孩子送到部队前线参军，小一点的参加工作，小杨不过十一二岁，程忠十五六岁，都在江南敌后工作了。

儿童工作属青年部领导，妇女部也过问，所以儿童干部在青年部开会时我也去参加。江南敌后儿童团都能与民兵、妇救会、农救会配合，站岗放哨，盘查过路来往人员，还能深入敌人据点了解情况，或配合各方面给部队送情报。农忙时协助农救会抢收粮食。当时参加青年部会议的儿童干部有十几人，奔向前线敌后牺牲在江南战场的不少，小杨、程忠等同志都先后牺牲。

1939年年底1940年年初，日本鬼子向我进攻，国民党反动派又搞了反共高潮，皖南有激烈的繁昌之战。部队打仗，地方党组织发动民兵和各部门配合，十分忙碌，我们也加紧工作。繁昌大捷后，何士德同志编了《繁昌之战》歌曲，亲自来丁家山教唱。

1940年快到阴历正月半，东南局妇女部要我去溧阳、郎溪、广德等地的特委，了解妇女工作情况。临走，李大姐再三叮咛：要尊重地方领导，叫干什么就干什么，不要自高自大，要遵守纪律。我由交通站一站站带领着，到离溧阳城几十里的特委机关。这里主要负责人是陈立平同志。我去的当天陈立平同志不在，于是在机关小歇。不久陈立平同志从外地回机关来了，他准备让我去几个支部了解工作情况，附带了解妇女工作。那天正是正月十五。陈立平同志出差已久，很辛苦。回来了，大家高高兴兴，小鬼说机关里用伙食积余买了一只鸡，杀了吧！我忙着帮炊事员烧开水，可是米还未下锅，送来了紧急情报。鬼子扫荡，向我们这几个村庄扑来。陈立平同志当机立断："立刻转移！"大家立即打好背包，扫地，竖门板，出村庄时已是夜晚。

这天的月亮特别圆，特别亮。远处的村庄、山岗看得一清二楚。我们十来个人，在小田埂上弯弯曲曲地走着。走了半夜，陈立平同志带我们走进一个只有几户人家的村庄，前面有一排树，十几间房子在树影子下。这位领导轻轻地敲一家的大门，月光从树影子缝里洒下来，门开了，是一个小伙子，我们大家这才舒了口气，总算走出了敌人的包围圈。走了半夜，大家乏了，还吃不吃饭？陈立平同志说，怎么不吃，现在吃才有意义呢！一看，我提的这只鸡不用宰了，已没有气了。吃完饭，天快亮了，陈立平同志说："大家睡一觉吧，等我们恢复疲劳，鬼子夹着尾巴跑啦。"

以后我去了几个地方支部，整顿了几个支部，有在敌人据点旁的，有在偏僻的山村里的，溧阳一带很复杂，犬牙交错，有鬼子，也有国民党反动派，我们夹在中间，他们往往默契配合搞我们。可是广大群众说新四军好，说陈毅同志的一支队好，说鬼子、国民党狼狈为奸。这是我离妇女部后第一次江南之行。

一进茅山

1940 年 3 月，东南局妇女部派我去茅山地区搜集三八节妇女工作情况。经过了八道封锁线，到达茅山。

茅山位于南京以东，镇江、丹阳、常州以南，是第二游击区，是敌后又是前方。京沪线是日本鬼子重要占领区，除溧阳城及溧水一带有国民党军队外，主要是我们在茅山脚下的第二游击区。主要根据地最初在丹阳、句容、常州、溧阳之间，我们的地方有延陵及西旸两个市镇及周围村庄。根据地周围敌人据点林立，延陵、西旸两个市镇掌握在我手中，而四围的小市镇如宝埝、白埯、陵口、珥陵、朱林、天王寺、薛埠、甓桥，都有鬼子或伪军驻扎。就是直溪桥有时也有鬼子扫荡。我们只有一个延陵及西旸，而就是这两个地方，也是鬼子扫荡的目标，有时还要占领几天。在广大的村庄我们开展工作，发动群众，将农、青、妇、学生等等组织起来。也有一些灰色的组织，那是在靠近据点的地方，如大刀会、红枪会等等，我们也利用他们来抗日。江南地区确实是复杂，我刚去时，只知道江北两李，即李长江、李明扬，我们陈毅司令员经常做他们工作的。还有茅麓公司的老板，是民族资本家，我们领导也与他打交道。我们也听说国民党在江苏有第三战区——顾祝同的队伍，经常与我磨擦。还有韩德勤，是国民党江苏省省长。还有一个郝鹏举，我们力量大时向我投诚，我们困难时就与敌人勾搭，向我进攻。江南的形势是三方面力量犬牙交错。实际上在江南，国民党暗暗的或公开的与鬼子一起，夹击我们。从 1940 年到 1943 年我离开时一直是这个情况。国民党是所谓“曲线救国”，日本鬼子是咬住京沪线死也不放。我们陈毅司令员深入敌后，驰骋在江南战场。我们跟着做一点儿工作。几年中基本上在大江南岸京沪线两侧，运河沿岸，太湖周围，与敌人周旋。

我们经常在延陵、西旸附近活动。像东庄湖、西庄湖、九里、圩里、上新河、高庄等村庄是我们民运工作人员的根据地。这里是我部队老二团活动的地方。我去时，群众中正传唱着《反扫荡》歌："反扫荡，反扫荡，延陵大捷血战繁昌，英勇牺牲的革命战士，壮烈殉国的吴副团长，他们的鲜血洒在……"

这时是1940年3月，延陵战斗以后，群众情绪很高，杀猪宰羊慰劳部队，纷纷传颂老二团如何英勇，也在惋惜有个吴副团长牺牲在延陵战斗中。我记得这时地方党对外以服务团的形式出面。老服务团的团长是吴仲超同志，在延陵、西旸一带无人不晓。我去时吴仲超同志已去东路上海附近——苏、常、太（苏州、常熟、太仓）及澄、锡、虞（江阴、无锡、常熟）一带负责工作。这时茅山地方党负责人是陈洪同志，部队的政委是刘炎同志。对外陈洪同志是服务团团长，人家都叫他指导员。

我第一次见到茅山地区党的领导陈洪同志——陈指导员，是在一条船上。船在延陵、西旸一带的河浜里。河流弯弯曲曲，两岸树木葱茏，青草丛生。有时，又可划到水天一色的湖面。划船的是夫妇两人，三十来岁。以后，我们只要找到他们夫妇，就知道陈洪同志在何处。

这种船有十来米长，三四米宽，有前舱、中舱、后舱。船头一人撑篙。前舱可坐人。中舱可放一张四仙桌及三块铺板宽的床，四仙桌周围可放小凳或小椅子。后舱上面划橹，下面有个"行灶"可煮饭做菜。中后舱间有个小木窗可开关隔音，中舱两边有玻璃窗，窗内放窗帘。因此，机关可以在船上召集十几个人的会议，可召人来谈话汇报工作。环境紧张时，船可以在弯弯曲曲的河流里、河浜里转移，敌人见不着摸不清。我们机关常在这船里，摇来摇去与敌人捉迷藏，敌人包围不住，捉不到人，弄不清我们的指挥机关在哪里。

第一次见陈洪同志，他正与刘炎同志在船上商量工作。他三十多岁，穿着普通老百姓的衣服，笑嘻嘻的，一口浙江话，见了他像见了家乡的叔叔伯伯一样。一见面他就笑着说："大姐派你来了解三八节的妇女工作情况，你自己还是个毛丫头，你懂得妇女？你见过些什么妇女？"他是这么风趣，这么不使人拘谨。一会儿，船头上又来了个男同志，金坛本地人口音，要与陈洪同志谈工作。陈洪同志指着他对我说："小程，他是这儿的财神爷。你看他愁眉苦脸来，说明部队吃的没着落了。见他笑眯眯的来，说明财神爷手头宽裕了。"事后，我才知道他叫樊绪经，是本地区负责财经工作的。部队、地方党的一切经费由他负责。江南虽富，可是日本鬼子、汉奸、国民党反动派把此处搞得民穷财尽。老百姓愿意帮助我们，可是事实上也有不少困难。刘炎同志、陈洪同志、樊绪经同志商量这个地区的部队活动和地方党工作经费等事。我在这里拿了介绍信去下面工作了。船留在树影下，谁也注意不到这儿是领导江南茅山地区革命的指挥部。

这时，第二游击区妇女部长是章蕴。她召集茅山各区级妇女干部总结妇女工作，地点在高庄。我从皖南东南局妇女部来此不久，参加了这个会议，并搜集材料向东南局妇女部汇报。

高庄是个几十户人家的村庄，开会是在一个党员家里的楼上，窗明几净，两个大桌拼起来，就是一个会议桌子。

王曼同志带领一批地方妇女干部，一个个汇报各个区三八节前后妇女工作情况。靠近日本鬼子占领区小据点(小市镇)附近的妇女工作较困难，敌人占领的小据点不少，如：直溪桥、珥陵、白兔、宝埝、天王寺、薛埠、朱林、甓桥等等。这些敌人据点附近村庄的妇女工作，一般是与农会一起，妇女协助男人开展对敌斗争。敌人强迫群众修碉堡、筑公路，企图深入游击区，对我扫荡清乡，群众反对、抗拒。敌占区附近群众斗争情绪高涨，可是敌人压力大，于是有的只能白天在敌人的刺刀威胁下筑公路、修碉堡，晚上，农会、青年团、妇女会、儿童团领着大家来拆碉堡、破公路、收电线、拔电线杆。这是很危险、很艰苦的工作，要防止敌人岗哨发现。这些活动需要民兵一起参加，必要时，部队为主力，群众组织配合部队做辅助工作。有时以地方为主，部队掩护。这样与敌人周旋，破坏或拖延敌人建筑碉堡、公路的时间。敌人又常常报复，往往对周围村庄实施清乡，进行搜捕、烧杀。此外，还有争取伪军打鬼子，争取"两面派"等等工作。妇女工作还有慰问部队，做鞋、做衣、送郎送子参军等。

这次参加汇报工作的地方女干部不少，有卜慈、夏珊、何光同志等十来个，她们大多数都来自丹阳城里。这些女干部都是十七八岁的姑娘，又是当地干部，土生土长，出没在敌据点周围，有广大群众掩护，敌人没法对付她们。

1940年初夏，我还是在茅山二游击区工作，环境还是紧张。有一次，县区级干部几十人在高庄附近开会，有李昭同志的地方武装几十人在附近保护。会议由陈洪同志主持，讨论如何发动这个地区的群众反扫荡、反清乡等问题，正讨论到发扬民主、提高人民生活，具体到雇工要增加工资(多少担粮食一年)，农民要“二五”减租等问题，忽然听到有机枪声音，咯咯咯！咯咯咯！由远而近。陈洪同志要大家不要慌，各人把笔记本包好，桌上东西收拾转移。大家不慌不忙，鱼贯而出。村庄四面都是树木，村庄也有好几条出路。许多地方干部情况熟悉，知道敌人会从哪里来，我们该向何处转移。刚出房子，后面打得更响了。我看见李昭同志从树丛中走出来，他是茅山地方武装的领导人。他好像没有发生情况似的，手里拿了把芭蕉扇，一面扇，一面回头笑着对我说：“打仗了，小程，你害怕不？”我说：“我才不怕呢。”他说：“别怕，你跟着前面的人转移，我们部队掩护你们，回头给你抓几个活鬼子来。”他一面说一面往前走了。

环境紧张的时候，我们都分散住到党员、干部、贫雇农家中。女同志找老大娘、大嫂子、小姑娘作伴。我们帮助群众，群众爱护我们、掩护我们。最出名的是延陵上新河圩里的小红妈。我刚到茅山地区时，同志们就给我介绍说：小程，你刚来茅山，人地生疏，没有安住的地方，你就去上新河的圩里找小红妈家。你如有病可去疗养，你如果累了就可去她家休息。她会像亲人一样照顾你。只要你是主张抗战的，她就不会亏待你。她不论对谁（陈毅、谭启龙等领导同志，还是警卫员、服务员、男女老少）都一样接待。还有，我也听到别人谈工作时说到敌工科长——我们的作家丘东平同志，他说得一口流利的日语，他经常带着小红妈的儿子小红化装成父子俩出入丹阳城。这些传奇式的情节早已飞进我的脑海。因此，我很想见一见小红妈。

事有凑巧，有天晚上在上新河开支部会，开到半夜才散。上新河是有几百户人家的大村庄，目标大，就是脱离生产工作的男青年徐大林同志及女青年 ××× （名字记不清了）也不在家住。因此，我们外来干部更不适合住在这个大村庄里。大家说，小程跟许英（原名眭玉英）一块去小红妈家住吧！好在明天小程还得整理材料，就在她家躲着好了。许英也是从东南局妇女部来的，我们是老相识了。

月亮很亮，站在圩堤上清清楚楚地看得见这一片“圩里”，有点点的茅棚，有小水塘及弯弯曲曲的小水沟。许英到过小红妈家，她领着我走到一个堤边。隔水三丈处有个小茅棚，不起眼，三面是水，一边连着地，地那边很远处才有堤。茅棚下停了一只摆渡的小船，船上有一根毛竹撑篙。看样子，似乎这只船经常来来往往，深夜还有人来住宿叫开门的。许英说得一口丹阳话，叫隔河的小红妈。不一会，茅棚里灯亮了，出来一个人，把船撑过来，许英告诉她说，还来了个小程。许英是我大姐姐了，比我大好几岁，人厚道，说话不紧不慢的。船靠到堤边，许英一脚在船上，一脚在岸上，船一晃几乎掉到水里。我生长在南方水乡，不怕水，经常与船打交道。我轻轻地一跳就上了船，一把拉住许英。只听小红妈嘻嘻地笑着说：许英是个笨蛋，不会上船，看鬼子来了你怎么办，你不如小程灵巧呢！第一次见面，她就夸我，我不好意思没开口，说着三人进屋。借着小油灯的亮光，我打量着这个“传奇式”的人物，过去我以为她是个老太太，可一看才发现她充其量三十来岁。高高的个儿，头上包着块布，高鼻梁，目光明亮。我站在她身旁，我的头齐她肩膀，真是相形见绌了。她是个明快干练的人，很快，她安排我们睡了。我像到了家一样，心神安定，一会儿就入梦，做梦像在老家水乡坐在小船里摇啊摇的。

第二天等我起床，许英早不见了。小红妈挎着个篮子从地里回来，她已经在地里忙了一大清早了。这时，小红爸、小红、小红的童养小媳妇也才起床。

早饭是丹阳人惯吃的大麦粥。早饭后，我在茅屋前场上，坐在小板凳上整理昨天晚上开会的材料。小红爸，一个老老实实、一句话也没有的中年人坐在屋角里搓草绳，童养媳“丫头”——大家这么叫她，十来岁，做些杂活。得天独厚的是小红，十三岁，在学写字，可能是丘东平为他买的笔记本、铅笔。小红妈又到地里干活了。晌午，我帮着“丫头”剥隔年的芋头，坏的削掉，好一些的与野菜一块煮粥。小红爸不吭声，小红可是又说又笑。我问他有没有去过丹阳城，他对我有声有色地描述着如何跟丘叔叔、梅英阿姨（地方女干部）进城，鬼子在城门口搜查，小红说是丘叔叔的儿子。我相信小红，化装进城充当家属没有问题。小红不像她妈那样长得出众，黑黑的，不像他妈妈白白的。而且说来有趣，小红妈如此挺拔秀丽，而小红是一脸麻子，个儿又小，就是个野地里调皮的农村孩子。可是谈起话来，俨然像个大人样，懂得不当亡国奴，要打鬼子。在小红妈及许多干部的教育影响下，他这么小年纪已能当我们的情报员了。中午开饭时，大家吃芋头粥。我也挺高兴吃这顿有地方风味的饭。在部队机关，顿顿大米饭也吃腻了。可是吃到碗底下发现两块红烧肉，我想这准是小红妈。我提抗议，我说我初来你见外，与大家不平等待遇，为什么你们没有肉而我有肉。丫头在场上端着碗吃饭，我出去看她。她说：还是清明时上坟买了点肉，今天蒸，明天热，自己不吃，也不给我们吃，不疼我们，就疼干部。大概是这个意思，我也不大懂她的丹阳话。我悄悄地把一块肉给了丫头，另一块进屋夹在小红爸碗底里。那天晚上我还住在小红妈家。小红妈要我睡在她的大床上，与她一起睡，丫头挤在床角上，而小红爸与小红住到隔壁小屋里。她问长问短：几岁了，家里有什么人？最后问我有对象没有？第三天走时，她撑船送我过河上岸。我不时回头，看到她的白布头巾浴在早晨阳光里。我像喝了蜂蜜，心里甜滋滋的。我想茅山的群众这么对待我，我为人民死在这儿也甘心。

任迈同志是当时茅山地区的领导人之一，县委书记。他工作、学习、作风、为人处事都是大家的表率。其实，他也只是一个二十多岁的青年，丹阳县的。要说他有毛病的话，就是事事认真、严谨得叫人觉得他“过分”。他与我们“锡流”的周婉如同志结了婚。这一对真是人人称赞的榜样。党组织决定派周婉如同志为代表去延安参加会，组织上与任迈同志商量征求意见时，任迈同志生气地说：这么大的事，党决定就是了，怎么还征求意见，根本不该问我。这个事传出来引为佳话。他们夫妇俩工作第一，个人的生活全不计较考虑，因为那时从江南到延安，千里迢迢，要经过多少封锁线、多少艰难困苦才能到达。而且江南战场情况险恶，敌人不断扫荡，两人以后见面还不知何年何月。任迈同志以党的利益为重，以大局为重，周婉如同志也很坚决，所以同志们一见任迈同志都是肃然起敬的。

去东路

1940年初夏，组织决定我离开茅山到西石桥东路参与工作。

所谓东路，是指常州以北至长江边，东至江阴、无锡等地。常州、丹阳以北，西石桥以西的丹北地区，有管寒涛、陈光同志领导工作。这时，舒诚、小兰、小殷等都在丹北工作。从延陵到西石桥要经过公路、运河、铁路，有几道敌人的封锁线。出发前，组织上一再交待我们，要遵守纪律，要听指挥，要做到万无一失。如有差错，个人牺牲事小，涉及京沪线、运河、公路两岸的交通点线的安全。还一再讲，就是遇见鬼子巡逻，伪军放哨，我交通员吩咐你怎样做你就怎样做，不能沉不住气，因小失大。

我穿了件农村姑娘常穿的花格子短衫，戴了一顶簇新的宽边草帽，脚上是江南姑娘穿的圆口鞋。可是不管怎么化装，我这副眼镜如不戴，则看不见走路。在野地里行走，戴着眼镜还可，走到封锁线时就得把眼镜摘下，放在口袋里，草帽沿放低一些，眼睛向下，不让敌人怀疑。同志们还开玩笑说：这一回小程给“治”了。

过运河很顺利，我不声不响，跟着前面的人下船又上岸。公路过了好几条，空荡荡的，什么也没有碰上。大概是交通站的同志摸准了敌人什么时候过汽车，什么时候没有。有的交通站就设在公路附近树林里，过路前交通员催着说：小程快点跑步，冲过这条路到前面树林里就是咱们的天地了。于是我跟着他们跑。过铁路是白天公开走的，走过伪军小据点，我们十几人一起走，伪军看着我们过去，不检查，还数着一、二、三、四……

看见我还说：还有女的，很好奇的样子。这是我们在伪军里开展了工作事前联系好，几月几日几时有多少人过铁路，命令伪军放行。如不放行，晚上就捣毁你们的老窝——碉堡，抓你俘虏。新四军在敌伪军里开展工作，真出色，否则，如何在这敌人星罗棋布的据点中展开游击战呢？

西石桥是个大市镇。它东边有焦溪，北边有夏港、申港，西边有公路，南边有铁路，都是敌人的。戚墅堰是京沪铁路的一个车站，是鬼子的重要占领地。东北江阴城是长江险要，也有鬼子占领着。鬼子守着长江与京沪线的点线。我们在西石桥一带活动，形成一个游击区，像在敌人心脏中插上的一把刀子。斗争很尖锐，是几种力量角逐的场所。

我们在西石桥周围放了部分兵力，由冯定同志领导并任政委。地方部队有梅光迪的部队。梅光迪，人称梅司令，接受我党领导。我们组织了服务团，帮助他在部队开展工作及发展部队，在地方组织群众。另有国民党陈维新的部队，陈是国民党员，地方青年。但这个部队纪律不好，接受国民党领导，与我若即若离。他们看风势，我们有力量时就与我合作，鬼子力量大时就与鬼子勾勾搭搭排挤我们，甚至与我磨擦。老百姓中最讨厌陈维新的部队，最欢迎新四军，对梅光迪的武装也协助。在鬼子扫荡而各种部队要粮的情况下，群众日子难熬。在这样的情况下，组织上决定派工委（地委一级）深入该地区开展工作。我是在这种情况下去东路的，还有两个男同志加强梅光迪部队的工作。

组织决定彭炎同志领导工委。工委成员有原在该地工作的张志强同志，是大革命时期在本地区发动农民斗争的老干部，在西石桥一带是家喻户晓的人物。此外，部队政委冯定同志也是工委领导成员。

刚去不久，有一次，我们服务团开会讨论如何深入农村工作。刚坐下就听见枪响，是鬼子扫荡到西石桥，企图包围梅司令的部队。我们打了背包走出门，梅司令派人与我们联系，告诉我们该从哪一边走。几十步外，我看到梅司令，胖胖的，红红的脸，威武沉着，带着部队往另一方向迎敌。枪声真近，不光听到咯咯咯，而是听到嘘嘘嘘，子弹仿佛在头上擦过。这次战斗我们没有大损失。

我后来一个人在西石桥附近工作。主要是布置党员了解各据点敌情，为部队送情报，配合部队出击打鬼子。配合我工作的是地方青年邱巍高，他是区委委员，他父亲民族意识很强，支持儿子打鬼子。邱巍高带着我晚上深入一个个村庄布置工作，整顿党组织。我记得西石桥附近有一家铁匠铺。铁匠四十来岁，是个老党员。邱巍高、我及这个老铁匠有几次在一起研究情况到深夜。在他家铁砧旁煤油灯下，他含着黄烟管沉思着，琢磨焦溪、申港、夏港敌情，鬼子增加了，鬼子减少了，如何向部队送情报等等。我在老铁匠家住过。他妈妈很喜欢我，六七十岁了，等我到深夜。会散后，我钻进青纱蚊帐，她早为我把蚊子赶掉。天实在闷热，老妈妈给我扇扇子，叹着气说："鬼子真作孽啊！否则这么大的姑娘在家正过着太平日子呢！哪能抛头露面地成天在外跑。"她轻轻地拍拍我。我想：我自小没有姥姥，姥姥大概就是这样疼外孙女的。

我在西石桥周围工作了一个时期，后来领导上要我负责新党员的工作。组织上意识到这个地区敌人据点多，不适合大部队活动作战，不适合轰轰烈烈地开展农、青、妇等群众组织工作，必须依靠本地干部、党员开展工作。还有外来干部讲话不同，生活习惯不一样，一下走进据点附近引人注意，十分危险，搞得不好要破坏据点内及附近村庄的组织，所以要在各村庄把支部整顿好，巩固、健全党组织，教育好新党员。领导商量确定，要办训练班，组织这里的全体党员学习一遍。几十个人一期，每期个把月，把党的基本知识传授给他们。可能因为我在东南局党校学习过，工作上又不会像彭炎同志那样出没敌人的据点，因此决定找一个较稳定的安全地方，让我训练党员。

这个党员训练班学党校的样子，每个党员来时改了姓名，也不讲自己村庄名字，编班编组。有两个炊事员管伙食。上课，按我在东南局党校听过的几门课程，当时也请不到首长作报告，我就自编自讲。有一次我到部队去找彭炎等领导同志汇报工作。傍晚，一个连在广场上集合准备夜里行军。连队照例各排挑战唱歌，生气勃勃，热闹非凡。唱了歌，还是嬉笑欢闹声不停。这时屋里走出了冯定政委向部队讲话。冯定同志讲的内容是"什么是共产主义"。因为我在东南局学习时就觉得，光是讲马克思主义三大组成部分就得讲若干章节，这么大的题目如何着手讲，讲什么，如何结尾。正纳闷，可是冯定同志就利用这短短的几十分钟，深入浅出地把“社会主义”“共产主义”讲得一清二楚，描绘得有声有色，活龙活现。战士们鸦雀无声，就怕讲的东西听不全，吸收不到或漏掉什么。讲的与听的连成一片，好像看到了共产主义远景。连队旁站着不少老百姓，是这个村庄的居民，大概一听说是冯政委讲话都来听了。事实上，这又有理论又讲得生动活泼的报告给人的感受，像炎热天喝了一碗清凉的泉水，饥饿时吃了一席美酒佳肴。我正在讲课，感受特别深，我从这里学到了该怎样深入浅出，理论与实际结合讲课的方法，回去后教学大有进步。

二进茅山

1940年10月我奉命第二次去茅山。这时茅山地区扩大了，人员也增加了，环境还是艰苦紧张。延陵以东开辟了金、丹、武地区，包括丹阳以东，金坛以北，武进以西地区。又开辟了“长滆、太滆”地区，包括金坛、武进以南，长荡湖、滆湖之间及滆湖、太湖之间，与宜兴、溧阳、溧水连成一片。这时领导同志增加了，机关大了，人员多了。皖南东南局党校及皖南特委的同志来了不少。领导同志新增了邓仲铭、李坚真同志。他们夫妇来了，我又与大姐在一起了，我很高兴。陈洪同志、章蕴同志仍是领导，袁先锋同志从皖南调来担任青年部长，邹毅、李广、张君实、胡敏慎都来了。以茅山地区为第二游击区，南京附近为第一游击区，区党委机关仍在延陵一带活动。由邓仲铭、陈洪两同志为书记。李坚真、章蕴为妇女部长，章蕴同志后去第一游击区与王一凡同志一起负责工作。李广、张君实同志去句容工作，张后去金、丹、武。茅山第二游击区，由汪大铭同志负责。任迈、吴承等同志仍为茅山地区老县委书记。王曼同志带着一批女干部仍在茅山根据地做妇女工作，女干部里新增加了夏瑾同志。这时，小兰、小殷、舒诚仍在丹北地区工作。西石桥地区与丹北已连成一片。丹北部队有个服务团，有凌菲、小兰等与地方青年组成。我离开西石桥后，凌菲从丹北调到西石桥工作，参加西石桥党训班学习的费伦等地方青年参加了这个丹北的服务团。

我第二次到茅山，被派到区党委的特务营（警卫营）当文化教员。这个特务营，是专门保卫苏南区党委机关的。经常移动，有时坐船，有时走路，首长们这时已有牲口骑了。

这个地区的新四军部队有罗忠毅、廖海涛两司令员的几个连的队伍，上面受王必成、钟期光等大部队领导。这时，部队每个连已有两挺轻机枪、一挺重机枪，老套筒也都换成为“三八式”了。

政权，设四县总会，为以后几个县政府打基础。有地方士绅樊玉林负责四县总会。他是当地老百姓心目中德高望重的人物。他与樊绪经同志共同负责财政，与四县总会一起筹款、筹粮。四县总会成立了服务团，做地方民运工作。来了一大批上海姑娘参加工作，如史毅、顾静、刘津、刘路、小潘、史国女等十几人，由吉鸣九负责。他们都是由地下交通员金毅、康迪两同志带领经过封锁线，来到茅山抗日根据地的。

第二次来茅山后，我又去了小红妈家。住地变了样，已是两间大茅棚了。扩大的那间大茅棚后面还喂牲口，前面的半间也能搁两张小床，俨然如招待所。茅屋前的场地也整平了。早饭不光是熬大麦粥，还有两个团子。晚上做面条，不光是芋头野菜粥了。

但是，敌人是不甘心我们过好日子的。他要抢粮，于是他企图深入根据地修筑公路；军队是群众的靠山，他就要打击我们军队；政权机关为民众撑腰，保证群众减租减息，他就要消灭我们刚成立的政权；共产党员、干部是群众的带路人，他就要捕捉我们的党员、干部。于是在茅山地区展开了一场尖锐的敌我斗争。

我到茅山不久，发生了高庄之战。枪声很激烈。战斗一停，我跟着陈洪同志前去高庄。乡、村长汇报说：农、青、妇会刚忙完，阵亡的战士已运走埋葬。我看到几处墙上都是累累弹孔，有一座高墙被打得像马蜂窝，我们的战士就在那里坚守阵地，打击敌人。以后外面增援部队来了，坚守高庄的部队出击，形成内外夹击之势。敌人见势不妙，仓皇撤退，我军一直追出根据地。

接着是延陵反扫荡战斗。事前得到情报：各据点鬼子增加，要求延陵镇及周围群众作好反扫荡准备。延陵反扫荡反复打了几次，真艰苦，损失不小。有一次，我与陈洪同志经过延陵街上，满街的砂砾、砖瓦，店铺关了门，群众三五成群议论。陈洪同志与大家打招呼，群众不如过去热情了。陈洪同志不小心给脚下的碎砖绊了一下，差一点摔了一跤。一个店里的老板指着陈洪同志说：你别着急，路不好走，以后鬼子会筑汽车路给你走的。我心里很憋气，向陈洪同志表示：以后让我参加大部队去打仗，我真想一口咬死一个鬼子。陈洪同志说：那有这么简单容易的事。仗是有你打的，但是不准备好不能打，就是准备了还是会有牺牲的。

这一段时间日本鬼子经常来扫荡。有一次，我正在给特务营的战士们上课，哨兵跑步来报告，鬼子从三面来了。于是部队紧急集合，马上拉出去打。我正准备跟着特务营走，忽然，李坚真大姐的警卫员张生贵拉着我说：你见到大姐了吗？可不能把大姐丢了？于是我与张生贵急忙去找李大姐。

前面战斗打起来了，机关总部很有秩序地转移。我们跨过田埂，树林，有一条小溪，溪上有座桥，可是过桥时，李大姐那匹马怎么也不肯走。张生贵生气打它，它走了几步，到桥中间站住了，真急人。还是赵玉祥同志有办法，他从桥对面走到桥中心，摸摸马鬃毛，拍拍马脖子，把它拉过去了。后来机关总结这次战斗时，大家提出把李大姐的马换成骡子或驴子。

打仗就会有牺牲，有时虽然打了胜仗，损失也不小。鬼子在同我们的作战中也总结教训，慢慢地他们知道船上有我们的机关。在一次战斗中，打我们河里的船。结果，罗忠义司令的爱人柳肇珍同志牺牲在船里。我听到后很伤心。柳肇珍同志原是浒墅关蚕桑学校的学生，参加“锡青”后，在周新镇伤兵医院与我一起给伤兵换药。她圆圆的脸，大眼睛忽闪忽闪的，人称小皮球。那时，我们不会讲普通话，只会讲“无锡官话”，而她会讲一口流利的国语，所以上台演戏常要她当主角。现在这个“小皮球”才二十多岁，就惨死在鬼子的机枪下。

后来，我又在机关工作。一次到圩里，有一家住着一个部队首长养病，条件真差，发烧没有退烧药，打摆子没有“奎宁”。有一家住着两个产妇，将十月临盆，群众照顾她们，部队也给送鸡蛋、送吃的。可是一天来几次情报，一会儿直溪桥增加鬼子了，一会儿白兔、宝埝的伪军出动了。这些学生出身的女同志穿着不像农妇，口音是外地人，受尽了惊吓。

在艰苦的抗战时期，许多人奋斗牺牲，但也有人享乐苟安。有一次，组织上要我跟地方干部王伯华去句容看看他那个区的情况。一出机关，王伯华对我十分客气，要我坐他的毛驴走。我不要，我说我走惯了。到了区委机关，我简直不相信这是共产党区级的领导机关。王伯华带着老婆过着舒舒服服的生活，区大队象庄园主雇的打手。他们日常的生活是无荤不吃饭，鸡鸭鱼肉满桌子。工作也不知做什么。我与区大队的同志谈谈，啥也不懂，只知王区长是当家的，我们跟了他将来会有好处。我想：这样的区大队如何打鬼子。去了几个村支部，可是党员、农会会员都混成一团，也有集体入党的，甚至有入党就像入帮会一样的。我住了几天，临走时，王伯华非要我带两只火腿回机关不行，我说我拿不动，他说至少要拿一只给陈洪与大姐。回机关后，我向邓仲铭、陈洪、李大姐详细汇报了这个区委机关的严重问题。我还说："这只火腿是送灶老爷上天的糍粑，塞你们嘴的。"后来领导上很快派人去整顿了这个地区的党组织和区大队。

去了句容深山野林那个区，我又去镇江的一个区政府。是地方干部洪天寿同志为区长，爱人孙铁流同志也在该区。同是一个区，但两者相比有天壤之别。洪天寿夫妇都是丹阳的青年，身材高大，看上去像钢筋铁骨的人。他们斗志昂扬，敌人一听到他们这个区大队就胆颤心惊，听到洪天寿的名字就害怕。他们区内部巩固，区里管财政的、文教的、武装的各科工作做得井井有条，各科长经常深入到各乡村工作，与群众同甘共苦。区大队练功练武，民兵组织也好。我和孙铁流同志在东南局党校就见过，她一口本地话，穿件短棉袄，那么朴质亲切，像个农村里的大嫂。这个区政府的干部到哪里，哪里的群众都围着他们。不论妇女、孩子、青年、民兵，都热爱这个区政府。

区党委要程一惠同志与我去各地深入了解情况。在皖南丁家山时，他在青年部，我在妇女部，我们很熟悉，我对他很佩服。程一惠与我在丹阳、武进铁路两侧跨来跨去工作了一段时间，时间久了，见识多了，敌人的活动情况摸清楚了，就是在危险之中也不觉得危险了。

不久，程一惠宣布与舒诚结婚。舒诚同志是福建姑娘，1939 年在皖南党校工作，现在从丹北调到茅山来了。李大姐知道后，赶紧找程一惠谈话，问他说：不是你与小程工作很久了吗？你们不错吧。程一惠同志答复：小程不表态。李大姐又问我说：陈洪同志希望与你结婚。我说：他倒是个好首长，我佩服他，尊敬他，可是我配不上他。我太幼稚，我水平低，我们不相称，不过，我倒给他选择了一个比我更合适的同志，配得上他。大姐问我是谁？我说：最近从外地调来的小舒，叫舒锦文，是名演员舒绣文的堂妹。小舒真能干又老实，他们是天生的一对。

程一惠与舒诚同志结婚什么也没有，环境又紧张。于是我们商量用机关这只大船做新房。当晚把大船摇到延陵附近的小河浜，停在树底下。邹毅、袁先锋是青年工作者，自称做保卫工作。于是他们把船拴在树干上，睡在前舱；中舱住李大姐，我陪着；后舱原是撑船夫妇住的地方，这一回借作新房。把撑船的夫妇请到别处过夜。袁先锋、邹毅说：我们有枪，如有情况，我们保护你们，保护新媳妇，保卫首长。撑船他们也包下了，袁先锋人高，在前面撑船，邹毅人矮，在后面摇橹。这时我们与机关别的同志分开了，三个舱布置就绪，于是大家睡下，我很快进入梦乡。前舱还未睡着就敲我们的舱门，我给叫醒。不久听见远处有动静，我们起来一看，天边有火光，估计是在袭击哪个据点。这两天陈洪不在机关，大概带着民兵打据点去了。天一亮，收拾行装起来，程一惠同志天不亮就出发去工作了，舒诚同志也出发去县里工作。

不久，陈洪同志与舒锦文结了婚，也是借的这只大船。

同志的牺牲

部队经常要打仗，机关布置地区民兵、群众组织配合，我们经常坐着船在丹阳以南的小河中活动。首长们分散到各县各据点附近，我有时看着船，在船里整理材料。一天清晨，天雾蒙蒙，我坐在中舱整材料，还看不大清楚。前舱，青年部长袁先锋在听邹毅及刚来的陈天同志汇报青年工作。陈天同志在区里工作，我们这是第一次见面。他个子高，头很大，眼明亮，一看上去就是个倔强聪明的小伙子。据说他原是在北京清华大学刻钢板的，离开了学校优裕条件到这儿参加工作。他们在研究工作，我整理材料，也未细听。撑船的夫妇上岸去了，我们胡乱地吃了点东西算作早饭。九点多时，陈天、邹毅要到区里去，袁先锋说天气不好，要下雨，这几天传说鬼子要扫荡，还是等摸摸情况再走。他俩不肯，陈天说：我有枪，不怕。他站起来，把枪筒拉开上子弹。我在中舱笑着说："邹毅没枪，当心给俘虏。"陈天说："不怕，我保护他。"我说："别两个都给抓了。"陈天说："我是顶天立地的好汉，不是孬种，宁死不当俘虏。"他们跳上岸，头也不回地走了。我与袁先锋各自整材料。下午，袁先锋同志也要出发了，他要到各处看看青救会的工作。这时，撑船的夫妇回来了，说高庄一带有情况，鬼子下来扫荡了，在几个村驻扎，要注意。

袁先锋同志走后不到一顿饭工夫，我听到岸上有人呼喊，声音很反常。我预感发生了什么，跑出来一看，是袁先锋同志回来了，跑得气喘。他叫我快上岸，船由船嫂看着。他边跑边说：早上鬼子下来驻扎在高庄，有新四军的同志给抓走了，还有给打死的。一听到有人给打死，我立刻想到陈天和邹毅。我们来不及多说什么，跑步到高庄。在村庄附近的一个茅棚周围，围着不少老乡。我们挤进去，只见地上一张芦席盖着个尸体，头盖住了，一双大脚伸在外面，是陈天！原来，邹毅和陈天上午到高庄附近，遇上鬼子，陈天一见鬼子，拔枪就打，打死了哨兵，里面鬼子出来打死陈天，抓走了邹毅。就这么十几分钟，死的死了，抓的抓了。袁先锋同志与大家料理丧事。陈天，你的脸我在朦胧的早晨也还没有仔细看清，谁知第一次见面就是最后一次见面。我耳朵里只留着这句话："我是顶天立地的男子汉。"

袁先锋同志是四川人，从皖南来，做青年工作。他有文化，有教养，能写、能说、能唱、能做，干劲十足。他曾经与民兵一起搞军工，火药爆炸伤了左眼。从邹毅同志被捕，陈天同志牺牲后，他更是带着青救会民兵出没在敌人的据点周围。由于鬼子据点增加，扫荡频繁，领导上设想准备由县委书记任迈和袁先锋等几个有经验、身体棒的同志带着民兵、农青妇群众组织坚持在这个地区，而大批同志往西、往南转移。袁先锋还与另外一个同志筹办报纸，用油印，通讯员小朱刻钢板兼发行。因此，袁先锋同志有时与任迈同志一起出没在敌人据点附近，有时又回延陵地区，在一个小茅棚里与一起办报的谷力虹同志商量办报事宜。通讯员小朱，矮个儿，也是四川人，与袁先锋特别亲密，经常给船上陈洪、老邓送信，送审报纸稿件。领导不在，我就代替首长们一一收下。一天，小朱照例送材料来，他穿了一身黑色短棉袄裤，站在岸边叫我出来收稿件。船里只有我一个人看守着。我笑着说："你送下来，我不上岸。"他说："这回非上岸接收不行，否则就带回去了。"我走出船舱，上岸取稿件。小朱站在树底下说："这回公私兼顾，还有老袁给你的信呢。"我说："什么重要事，还不是青年部又要妇女部发动做鞋做袜的，老麻烦我们妇女组织。"他装着鬼脸说："不一定吧。"他坐在树底下，我带着材料钻进舱里，小朱嚷嚷还得等回信，他说："你先看看你的信吧！"小朱本是个老实人，十几岁的孩子，平时话不多，今天怎么那么噜嗦。我拆开袁先锋给我的信，密密麻麻，我猜到几分不敢看下去。我说："你先走，以后再回信。"他扬着手说："你细细琢磨吧！明日我取稿件时拿回信。"

我把给首长的材料、稿件收藏好，拿信走出船舱坐在船头的石凳上，把猜到几分的信想仔细看看，到底写些什么？我内心是又想看又不敢看。风吹着，听着船底与水的共鸣，思潮起伏：现在是被捕的、牺牲的天天有。这是现实，残酷的斗争使我意识到人生的艰险，道路的曲折。松柏的成长要经过多少个寒暑，寒风的袭击，酷日的曝晒。日本鬼子像阎罗王，简直不是人。“敌进我退”！退到哪天为止？退到何方为休？敌人差不多从点、线占到市镇村庄啦！我的将来，我的归宿只是“牺牲”两字，别无其他。兵荒马乱，那来这个情？也没有这个爱。我有情，我的情感都给了那些牺牲了的同志了，我伤心还来不及，还与别人谈情说爱。爱！爱谁？爱战士、爱首长、爱牺牲的人，我不去爱别的什么男人。还有我现在只有一肚子的恨，一肚子的火。恨！恨鬼子；恼火我们现在还没有足够的力量来消灭鬼子。我恨还来不及，爱什么？我把这个所谓“爱”的标记“信”撕个粉碎撒在河里，让它随着流水冲走。可是内心世界“爱”的流水怎么也冲不走。我对这个四川高个儿不是没有好感。我们在皖南就认识，第二次来茅山又见面，青年工作与妇女工作又有“天然”的联系。民兵、青救会打鬼子，妇女会协助。我与他个人工作完了就在船头上唱歌。他笑我的无锡民歌太土，别的地方人听不懂，我说比你哼的四川调子好听。我们也为工作争论，有时还说：打完仗他要研究文学，他爱古典文学，他学俄罗斯文学，他还爱文艺评论。说等战争结束要把茅山斗争写下来。想到这些，我感到我们会合得来的，我觉得我们不相上下，谁也不比谁强多少，我们可以平等相待。于是，我给他写回信，我写了个避开主题的、风马牛不相及的回信。

几天以后，我正忙着给首长抄材料，想把它突击完。袁先锋从船头上闯进来，见了我一点也不客气，单刀直入说与我谈判。他摆着那付架势，我觉得好笑，我说：“我又不是敌人，干吗气势汹汹的。”他说：“不是敌人，你是碉堡，我得把你粉碎。你折磨我，我写的信，你不给我正面答复。”我说：“好吧，你说吧，我正面答复你。”他不敢说了，低着头。一会儿从口袋里摸出一封信，皱皱的，也不知转了多少人的手，是一封他老家寄来的信，他哥哥写给他的，千转万转从延陵镇某布店转来的信。我问他鸿雁给你带来什么好消息？他又饶有兴趣地念了其中的一段，意思是：希望早日打退鬼子，将来解放上海，到上海滩“白相”，再回来看嘉陵江。他把“白相”两字反复读了两遍。他好像气又消了。一会儿轻声细气地说，别生气，我心里实在是不好受。他说他决定到最危险的地方去坚持到最后一口气。这一回是凶多吉少，但他是准备着牺牲的，可是在走以前要等我一句话，这句话一定要我亲口讲给他听。我说：“这句话我不讲。”他说：“那我死不瞑目。”我火了，我说：“你千里迢迢来到茅山是打鬼子呢，还是来找爱人的。”他说：“是来打鬼子的，但也要爱人。”我说：“我可不爱你，你找别人。”他说：“你不爱我，我爱你，我不爱别人。”我说：“这是笑话，爱是双方面的，你爱我我不爱你，怎么办？”他说：“那我就等着，有一天你会爱我的。”我说：“我一直不爱你。”他说：“我一直等着你。”我说：“到老我也不爱你。”他说：“我等到老。”我说：“死也不爱你。”他说：“我等到死。”于是他冒火了，他说：“今天你嘴里说不爱我，你问问你心里还爱不爱我。”我哭了，我说：“我不知道，我什么人也不爱，什么人也不敢爱。”我一气，把桌上的几本书——用来伪装用的几本教科书向着他扔过去。这时船头上大姐、首长们回来了。大姐看了我们这个样子，明白了一半，责怪我不应与人吵架，任性，把书都摔坏了，有事不好好商量，吵什么。老邓又来给我打趣说：“小程等着找老头了，年轻人不喜欢的。”我老老实实地把船舱地板上的书拣起来，我说：“袁先锋欺侮我。”老邓说：“谁敢欺侮你？你少欺侮别人就算好的了。”袁先锋低着头不吭声，接着老邓与袁先锋同志谈如何坚持工作的问题。晚上，他们全走了，只有我与大姐睡在船上。大姐与我谈心，叹了口气，说环境是这么不好，各据点鬼子增加了；国民党反动派在南边增加军队，不久这儿要打仗。决定袁先锋与任迈同志领导坚守此地，其他同志要撤退一批。袁先锋与任迈都是党性强的信得过的干部，是党的好儿女，可是环境条件实在差，为了坚持根据地工作，有时党要付出高的代价。我听了“付出高的代价”与袁先锋讲的“凶多吉少”，预感到：要打仗，要牺牲，我好像已看到他们俩的归宿。

环境紧张，我们不住在延陵附近，都到据点周围活动了。天天换地方，东一村，西一村移动，去加强民兵、妇女会、青年团工作。没有想到鬼子扫荡完，又与国民党勾勾搭搭，来了个几路大包围，从溧水、溧阳过来，像洪水猛兽，扬言要把我们这块抗日民主根据地“化为平地”。我们放了一个口子，让他们这群狼进来。在武进、丹阳、镇江、句容、金坛、溧阳、溧水这一片土地上打了好几个回合，最后打得他们屁滚尿流，狼狈逃窜。

战争结束后，罗司令、廖司令的部队查战果，打扫战场，四县总会、服务团集合，清点人数，总结。地方党各组织检查工作，整顿机关，党、军队、群众从四面八方汇集，敌人被打垮了，我们的根据地更坚强巩固，军队、人民欢呼。我们还是到延陵地区，我们仍与上新河、高庄、东庄湖、西庄湖、圩里的老百姓在一起，我们又见到了小红妈，这一带是我们民运干部的家。

可是，服务团在清点人数时发现少了一个干部，上海来的姑娘柳路同志。李大姐要部队、机关、各组织寻找，可是找遍了也无消息。几天后，句容山里的老百姓来报：老乡在山里打柴，发现山谷里有一具尸体，肠子肝脏都给狼吃光了，地上一片血肉。同志们连夜派人去认，从衣角及鞋认出果真是柳路同志。反动派逃跑时抓着她，她不投降，被拖到深山野林里杀害了。扔在山谷里，又给狼吞噬的。这个噩耗，震动了整个茅山地区的人民。人民不仅用泪水纪念柳路，人民的泪水还化为滔滔巨浪，要把敌人淹没在人民战争的汪洋大海之中。在柳路的追悼会上，部队、群众共誓师：保护根据地的一草一木，就像保护我们的眼珠一样，誓与茅山根据地共存亡！

我们哭泣柳路的眼泪还未干，又传来了任迈、袁先锋同志被捕牺牲的消息，他俩被丹阳据点的日本鬼子逮捕，不屈而死。

周婉如同志在延安还不知道任迈之死吧？你在宝塔山下或延河边如何忍受这个不幸的消息！小殷在丹阳铁路北，如何忍受邹毅同志被捕的消息！

袁先锋同志，咱们是“吵了架”分手的，你再也听不见我的无锡民歌，正像我再也听不到你的四川号子一样，尽管民歌、号子在今后万世流传。你听不到埋在我心里的最后一句话，这句话我只能永远埋藏，一直到我被埋葬。你不是说等待一辈子，你这一辈子为什么这么短暂？你不是说死不瞑目，当你理解我的心情时，你死后会闭上眼睛的。你哥哥希望解放后一同去上海白相，再团聚嘉陵江，谁料到将来全国解放时，你的哥哥只能在嘉陵江畔等待你，像柳路的妈妈在上海滩等待柳路一样。你死后，我怕见首长，我怕见东庄湖、西庄湖、圩里的老乡，我更怕见那只小船，不爱听船底下的流水响。让我离开这个地方吧！难道天地间只有不幸，没有情况好转的时候？难道我们这根据地只有紧张、牺牲，没有欢呼胜利的时候？难道仅有残酷的冬天，没有明媚的春天？我不信！世上有真理，人间有公理，到最后真理会战胜邪恶，公理会战胜强暴，我们一定会胜利的，因为真理在我们这一边，我含着眼泪暗暗鼓励自己：要加强胜利的信心，要经得住考验。

皖南事变前后

老邓、陈洪、大姐给我们新的任务：暂时离开延陵、西旸一带，到溧阳那边去迎接皖南军部来的同志们。说军部、服务团、教导队、机关同志们将来统统要到这边来了。我们的任务是去溧阳那边设招待所，迎接第一批远道而来的同志们。我们日夜奔波忙碌，领导考虑设招待所的地方线路，哪里安全，哪里方便；中层领导运粮食、蔬菜；我们下层干部忙着发动群众慰问。我们自己还借锣备鼓准备大小节目。溧阳这一带不像延陵、圩里一带小河纵横，这里有广阔的原野，有高峻的山峦，远离敌人据点，我们可驰骋，可尽情地歌唱。因此来到了这宽广的溧阳，人像绷紧的弦得到了调拨，收缩的心脏又得到了舒展。

在大路两旁，我们备了茶水，接待来自皖南的战友。他们经过此地，大多不停留，再往其他地方去工作。少数有留下工作的，作短暂休息。这是第一批离皖南来的客人。听说大批的，包括军部领导，还有教导队、服务团在后面，陆续要来。大队人马、主力还在后面。1941 年 1 月下旬，快过春节了，可是机关里一点过节的气氛都没有。首长们天天开会，只是讲备战。其他事，尤其是吃什么，一点不问，我们在下面很纳闷，总觉得不大对劲。

此间我遇到了风尘仆仆的薛暮桥同志。这个对中国经济有研究的专家，1937 年在南昌，他给我捎衣、捎信，在《中国农村》给我发表了苏联飞行员在江西的报道，在皖南军部工作时，记得三八妇女节，项英同志把薛暮桥、罗琼夫妇及政治部主任袁国平夫妇作为模范夫妇表扬。皖南来的还有陆璀同志，她在妇女界名声显赫，一二九学生运动时，邹韬奋主编的《大众生活》的封面上，有她站在板凳上用大喇叭演讲的照片。这位学生运动领袖，朝气不减当年，在招待所里还教我们唱歌。还有皖南特委欧阳惠林及组织部秘书张真同志，这一对被老邓、大姐留下来了。以后欧阳同志在茅山地区领导我们工作。

已经到除夕，晚上没有鸡、没有鸭，连青菜、萝卜也是凑个数，与平时一样吃几根萝卜条，一大盆汤，我们连汤带水呼啦吃饭。晚饭后，一个连的部队集合出发，服务团有十几个同志走在部队中间，机关要程一惠同志与我跟着出发。首长只说：要长途行军，准备走半夜路，要跟紧，别掉队，发生情况服从指挥，遭遇战要沉着别慌张，立刻就走。

平时行军：延陵到西旸，西旸到延陵，有时转一个圈原地宿营，哪里有条河，哪里有座桥，哪条路边有块石头、有座土地庙都一清二楚。可是今天，连东南西北也糊涂了，大概也只有带队的领导知道。天空像挂了块铅，黑压压、冷冰冰、澎呼呼，压在我们头顶上。忽然，远处村里有许多火光，接着是火把，叫骂声直向我们这个方向冲来，逐渐靠近我们，而且人喊狗吠。不久，四面八方的村庄响起锣声、叫喊声，在火把光的照亮下渐渐看到了人影，见到柴草扎的长的火把。这时部队上了刺刀，叫我们跑步跟上，不准掉队。程一惠同志在我前面，嘱咐我死也要跟上，掉队就给抓去当俘虏。我直喘，嗓子里干得火辣辣，死盯着程一惠不放松一步。我脚上的鞋掉了一只，不管脚底下泥块、瓦砾，还是咬着牙忍着痛跟着跑。这时，忽然鬼子据点里的探照灯，射向我们，接着轰轰来了几下。后面的小同志哭了，说："小程，我害怕。"我反而镇静下来说："不要害怕，我挟着你走。"于是我拉着她一只胳膊，拼命地跟着前面。

我渐渐听见"嗬嗬"的喊声夹着锣鼓声，火把下看得见大刀，真是杀气腾腾，来势汹汹。可是快到我们跟前也不举刀真的厮杀。我们的部队上了刺刀，却接到命令不准开枪，也不准还枪。我们这一个连的战士及十几个服务团的同志还是保持冲不垮的队形。引路的同志，领着我们弯弯曲曲地走，避开火把、大刀。他们真到我们面前也只是咒骂、敲锣、叫喊，也躲开我们。引路人带着部队绕过他们，走出这个火把包围圈。

大家暂时坐下来休息，各人清点前后的人数，看看是否有人掉队。这时我们才明白，走过的这些村庄靠近据点，有大刀会组织，被鬼子和伪军控制着，所以向我们叫嚣。我们不开枪，不打他们，这是我们的政策。大刀会是群众性组织，一时受敌人蒙骗，不明真相，矛头指向我们。我们开枪打死群众，情况更为复杂。我们避开矛头，暂时让步，让他们明白过来，便于分化敌人，争取群众。

从火光中看出，大刀会里男女老少都有。有几十岁的老头子、有十几岁的娃娃。我们原谅他们暂时帮助敌人。我们不能一时感情冲动，把他们打死，为敌人殉葬。再者，我们也发现他们只是虚张声势，虽叫声震天，一旦靠近也不敢上来跟我们厮杀。

我们从丹阳南边走到镇江、句容以西时，天已大亮。我们还继续走。我们走进一个大村庄休息。老百姓正在吃大年初一的元宵、糰子。看到我们年初一大清早进村庄，觉得奇怪。见到我们如此疲乏，才明白过来。这儿是新开辟的地区，我们丝毫不犯，忍着饥饿、困乏，暂时休息。部队护送我们到达目的地以后，与我们分手了。这里属第一游击区，负责人有王一凡同志，章蕴同志。王一凡在江西时是新四军南昌办事处的负责人之一，我在弋阳时他来检查工作与我比赛唱歌的。他的爱人王昌颖，曾在皖南党校工作。程一惠去找王一凡、章蕴等同志商量这个游击区的大政方针、工作计划去了。我与服务团的同志由在该地区工作的同志们带领在地方工作。我由一个名叫陈聪的女同志领导，准备去基层工作。可是还未站稳脚，鬼子倾巢出动，到南京以东、句容周围大扫荡。陈聪同志像个小伙子，果断有魄力，对地方情况熟悉。我们几个刚来的同志几乎无处安身，她把我们五六个人带到句容西边大山里。我们就在洞里过日子，吃的由地方同志送来。我们人地生疏，几乎出不了山。可是鬼子不放过我们，知道这座山是我们经常活动的地方，于是来了个搜山。那天天刚亮，鬼子像蚂蚁黑压压地一大群在山底下聚集，然后蜂拥上山。陈聪同志指挥我们跟她走，她熟悉每个山洞，甚至每块石头、每棵树。鬼子在山下，我们在山顶，鬼子纷纷上山，我们从山洞里下山。鬼子在山上、山下转了几圈，不敢往山洞里搜。我们也是有准备的，陈聪有武器，我们宁可牺牲也不让敌人抓活的。

我们在山里耽了几天，出来后程一惠同志把我找去。我们几个人正在茅草房商量事情。这几个同志我全不认识，都是第一游击区的同志。我对程一惠说："我得歇一歇，实在太累了。"程一惠同志说："这几天难为你了，在山洞里吃苦了吧？可是以后还得吃大苦。"我说："我不怕苦，现在让我歇一刻也好。"他说："你在里屋先歇，我们在外屋开会呢。"过了一会，有人把我推醒，来到外屋，只见程一惠同志正襟危坐，叫我坐下，指着旁边一人介绍说：他是陈辛同志，你以后受他领导。他爱人是王婉珍同志，是无锡人，过去与你同学。现在形势十分紧张，我们准备搬往据点，你与陈辛同志夫妇三人一个小组，由陈辛同志当组长领导你们，限你们三天离开此游击区，去无锡城里，将来会有人来联系。你一切听陈辛同志的，马上跟他走。我是丈二和尚摸不着头脑，我一直发誓：抗战不胜利不进大城市，不回家，死也死在根据地。现在却要我回无锡城里，这怎么行？我站着不动。程一惠同志从来没有这么严厉地对待我，厉声说："服从指挥，立刻走，听见没有。"站在旁边的陈辛同志也催促我一起走。于是我跟着陈辛同志头也不回，三脚两步跨出茅屋。

陈辛领着我在公路上走，这大概是句容通龙潭的公路。公路两旁有电线杆，风一刮呼呼的响着。陈辛说没有事，这段路上常有我地方武装出没，夜晚，鬼子、伪军不敢出来。陈辛在这块地方工作，情况熟悉。他把我带到一个村庄。王婉珍果真在那里，是竞志女校的同学，不是一个班；讲起来她姐姐淑珍也是该校同学。我奇怪，他们住在这儿一点不紧张，像在家里一样。他们的生活也不苦，有点像句容王伯华夫妇那个样子。我们三人当夜商量如何回无锡盛巷，他们俩已叫家里办好良民证交王淑珍送来。第二天就着手作准备工作，陈辛交待工作，寄出照片。他把公家的驴子卖了。他们忙着收拾行装，疏散机关人员。我帮着做饭。我有点纳闷：这个时候他们还是要杀鸡做好菜。我帮着他们炖鸡，陈辛嫌鸡瘦没有油。我心里想这个县父母官对吃真讲究。两三天后，王淑珍果真从无锡城里风尘仆仆赶来接妹妹及这个未见过面的妹夫。王淑珍画眉毛，涂口红，裘衣革履，长发披肩。我记不起她们姐妹俩在学校是什么样。陈辛嘱咐我领到良民证立刻去无锡城王婉珍家集中，听他分配工作。他请一个同志把我送到龙潭附近的一个村庄里去掩护。临走，叮嘱我注意安全，他们三人走了。

龙潭虎穴，真是个险要的地方，伪军驻扎着。我去没两天，伪军进村搜索，我住的这家是老夫妇俩，诚实朴素。老婆婆说：伪军一般路过或进村转一圈。他们也怕新四军，不进家里。万一来家里，你坐在灶门口烧火，我说你是我侄女就是，她说着找了一条围裙给我。那天伪军进了村，没有挨家搜索。夜晚，老爷爷与我合计，良民证一下子是不好弄，家里寄来，十天半月是来不了的，现在情况一天一天紧张，在这多耽一天就多一天危险，不如到龙潭去拍照，我们家给你找证明。第二天，老大爷带着我，穿了件短棉袄，挎了个竹篮子，篮子里放两个酱油瓶，进龙潭镇。其实也没有见什么鬼子，远远的见几个黑警察，懒懒散散的，有的在门口长凳上弯着腰洗脸。在街上有个小照相馆，我照了相。第二天拿到相片，老大爷就给我设法弄了个临时良民证。

已经是旧历年初了，下了一夜大雪，田埂与小路也分不清。隔夜，老大妈叫我好好吃晚饭，她老人家把过年留下来的鹅割了一块，颤颤地夹在我饭上，叫我吃饱，晚上睡好，明天坐火车注意安全。说鬼子看出你是新四军可不是玩的，鬼子杀人不眨眼。老大爷没说什么，只是呼呼抽黄烟管。这一夜，我隔着破门听着老两口在商量我如何安全上车等。第二天清晨，我也顾不上吃团子、大米粥，往嘴里扒了几口稀的。尽管大妈还叫我吃这吃那，我没有心思。早饭后，老大爷帮我扛着简单行李，他在前，我跟着，没多久就到了火车站。

老大爷嘱咐我不要说话，要我把临时良民证放好，别丢了，不检查不要拿出来用。临时的，不是长久的，如给敌人细细盘问露馅儿不得了。我一一答应。他还嘱咐我：如鬼子盘问良民证为什么是临时的，你就说来探亲，证丢了，亲戚给我重领的。

快到岗哨了，老大爷遇到了熟人。老大爷与他大声说话，似乎是说给鬼子听的，意思是：侄女从苏州来探望他们老两口，住了一阵又急着回去。那个熟人说大雪天不多耽几天。老大爷回头指着我说：是念书的，急着回去做功课，不然开学赶不上课程。那人看看我点点头，我笑一笑，我穿了件学生穿的旗袍。奇怪，大爷把我送到鬼子岗哨跟前，鬼子两手插在袖筒里，竟没有盘问我。是天冷，他不愿意多噜嗦，还是觉得老大爷送着，这里还有人认识，总不会眼皮底下放走个新四军吧！我安全地上了火车，老大爷还向我招手，看着火车开动了才走。

回家乡，重逢党组织

按说，我对无锡城应该很熟，初中三年在县女中读书，高中读到快高三，是竞志女校。可是，初中三年只知道开学从轮船码头到小娄巷，放学从小娄巷到轮船码头。平时只有上崇安寺买个馒头什么的。高中搞学生运动也只到几个地方，因为我是无锡东北乡严家桥市镇上出生，不是城里人，不是每条街巷都很熟悉。1941 年正月半前后，我下了火车，到达无锡城里，找了好一阵，问了几个讯，才找到盛巷里王婉珍家，见到陈辛与王婉珍夫妇。盛巷附近有许多住家及店铺，这是日军飞机炸弹下幸存的一条小街。

我到了王婉珍家，这是一幢楼房，楼上红漆地板，楼下客厅厢房。第一顿饭王淑珍为我接风。她是当家人。从隔壁饭馆叫了两个菜。夜里，我们三人在楼上陈辛夫妇的房间里开会。讲到形势，才知道 1 月 6 日发生了皖南事变，国民党反动军队包围我们，损失惨重。许多同志至今生死不明，军长也下落不明，报纸上说死了，情况十分严重。我们叹息着，只有等待程一惠同志和王一凡同志来联系。我们分析王婉珍这家的情况：婉珍的父母是没落的小资本家，工厂要倒闭，自己整天抽大烟。这幢楼房已押给王淑珍未来的丈夫。这是个油头粉面的人，与日本人合伙做买卖。我们分析这个人只是瞧不起我们新四军，至于是否会出卖我们，分析起来马上还不至于。因王淑珍与婉珍是姐妹，出卖我们对她自己也无好处。婉珍的小妹是小孩，同情我们的，应教育争取。王婉珍的弟弟是个好青年，受歧视，苦闷，无出路，我们一致意见要好好团结他。谈到深夜才结束，当夜，就在他们房里打个地铺，给我睡。

三天过去了，南京无人来联系，我们很焦急。王婉珍父亲就开腔说：当新四军有什么好处，弄得饭也没有吃。现在是东洋人当道，不靠东洋人就没饭吃。他要陈辛跟他连襟学做生意。夜里，我们商量如何找组织关系，假如南京不马上来人，我们怎么办。商量结果决定，一方面我给我老家兄弟写信，因听说新四军部队在那里有活动；一方面我们在城里找关系。徐雪映，她是在皖南新四军服务团工作的，因有肺病在家休息，问她有什么消息。再有罗朴（张惠英同志），在茅山因恋爱问题解决不好残废了，在家养病，我去找找，看看她有无关系。罗朴也是同学，讲起来都是熟悉的。再有凤娟，1938 年她与王婉珍在无锡梅村青年服务团一起工作过的，她的小哥哥朱祖武在皖南新四军教导队学习，不知这次皖南事变祖武安全否，凤娟与哥哥有无联系。

第二天，我就给弟弟中民去信，并到城区几家关系户去联系。凤娟家深宅大院，母女俩相依为命。她与小哥哥祖武合得来。皖南事变后，音讯全无，母女俩急得像热锅上蚂蚁。我到他们家去提起祖武，她妈妈忍不住落眼泪。凤娟的大哥哥做生意，与鬼子有勾搭，凤娟母女都恨他。我去他们家几次，凤娟也帮助我们打听，一时没有消息。

徐雪映有肺病在家，与新四军也无直接关系。罗朴同志住西门外，是个工人住宅区，地方僻静。我好不容易找到她。她住在一个十分简陋的小楼上，满屋子的图书。她此时只有一只手、一条腿，支着拐杖。我在那里一、二个小时，来借书的青年倒有十来个。原来她办了个小图书室。等借书的人都走后，我们聊开了。我首先讲明：在茅山地区为她的恋爱问题，组织掌握政策不稳，有过失，都总结了教训，进行了自我批评。谁知道她是那么诚恳，表示自己有错误，给组织带来麻烦，也造成自己终身遗恨。可是，她感到那时年轻不懂事，固执，要吸取教训，活着能干多少还得干，干一辈子。她说她办了这么个小小图书室，还办了个工人子弟班，教孩子们上学，都是附近工人的孩子。她在附近一带有威信。她说如果我不嫌，可以帮她教教工人的孩子。她立刻带我下楼去附近一个地方，比茅屋略好的两间房子，十几张课桌，门窗都还不齐全。我对她现在的身份不明，正像她对我的身份不明一样。可是我看她还是这样倔强，坚定，打心里信任她。她的父亲是个木匠，母亲是个善良的老妈妈，老人家一见我十分疼我，说如没有地方去，可住他们家。罗朴有个弟弟去解放区工作了。我告诉她我与陈辛、王婉珍回城，现无处安身等情况。

我回王家与陈、王商量，陈辛告诉我不幸的消息：一游击区江宁附近来了个同志，据他说，在我们离开茅棚的当夜，茅棚就给鬼子包围，程一惠同志开枪突围，被抓，逮进据点后，被鬼子剥去衣服，活活在雪地里冻死。王一凡与王昌颖夫妇在我离开龙潭后，他们也化装去龙潭，给伪警察发现被捕。这时我们哭都没有地方哭，只能把伤心事埋在心底。目前找组织是第一任务，否则我们就失掉关系啦！

我们分析：罗朴可能有组织关系，她那里可能是联络站，也许太湖游击队派她在城里搞地下工作。罗朴对皖南事变了解，估计我们是环境紧张后往城里撤退的，但双方没有组织介绍，谁也不敢保证对方绝对没有问题。我在王婉珍家是耽不下去了，人家嫌我，而且王的姐夫万一出卖我怎么办。我只能在罗朴家安身。罗朴相信我，我们双方只是少一句话："我们都是共产党。"他父母亲待我像自己家人，我就像到自己家或小红妈家一样。我帮她给工人子弟上课，给青年人借书、还书。我看出她的工作方法十分危险，城市地下工作如果这么做，一定会引起敌人注意，遭受损失。再说她本身的形象就容易引起敌人的怀疑。她是个残废，敌人万一寻根究底怎么办？她给工人子弟讲课，讲抗战的内容，其中如果有一个犹大，她就会身陷囹圄。我与她谈了我的耽心，她总说人活着要给国家做些事，不能浪费光阴。

我在罗朴家住了一个多星期，老家中民弟弟来了信，要我去家乡一次。我从大洋桥坐轮船，半天到了严家桥。我 1937 年离开后没有回过家，父亲和娘娘见到我，悲喜交集，他们都对我好。家里还开那个小铺，住家还在西街老墙门间石库门里。祖母健在，我家与阿叔家同住。娘娘有了三个孩子，除 1936 年生的中锐弟弟外，1938 年生了中原弟弟，1940 年生了彦珍妹妹。

夜里，中民弟弟带着几个严家桥青年围着我问新四军皖南事变的事。

1941 年，为接送李坚真大姐，程桂芬回到阔别四年的家乡。这是在家中天井的花坛前与两个弟弟中锐、中原合影

其实，那时我还不如他们清楚呢，报上登的，民间传的，我们军长叶挺死了，军部教导队全军覆没，我不敢相信也不愿相信。思想上是但愿没有这个事，也不愿意听死伤惨重。中民告诉我许多情况，现在由陈毅代军长统率全军，皖南事变后新四军成立七个师，六师就在京沪线。谭震林的六师师部就在黄土塘一带，我大姨妈家附近。原王必成部队是十六旅，江渭清率部队从皖南突围打到上海附近，现在是十八旅。中民他们这群中学生与十八旅有联系。中共澄锡虞地区工委的书记、专员名叫吴达人（即顾准），是他们青年人的领袖。中民一讲起吴达人，眉飞色舞，说得像《三国演义》里的人物一样。青年人说，尽管新四军损失惨重，有陈毅在，一定能重整旗鼓。有江渭清和十八旅在，京沪线两旁就没问题。有吴达人在，成千上万的青年人就会跟新四军走。目前，锡北地区黄土塘、严家桥一带都是新四军的。严家桥中学的学生组织了剧团，宣传演出。严安区区政权在新四军手里，区长沙鸥，就是严家桥东街周海鳌同志，共产党员，过去在严家桥小学教过书。我高兴得手舞足蹈。想不到新四军到了我们老家了！共产党在我老家建立政权了！沙鸥，我的老师做区长了！还有吴达人，虽未见

过，他在群众中有那么高的威信，一定是个好领导。家里人还告诉我，一些民运工作的女同志知道我家是军属，常到我们家来。有一个叫万里的女同志是无锡城里人，组织青年人唱歌。我二弟中孚已十五岁，在一旁说，万里眼睛这么大（他用手做个圈比划着，几乎到了耳朵边），鬼子见了她害怕。我们听的人都笑他夸大。大家高高兴兴，准备第二天由中民带我去黄土塘一带找六师师部，找专员公署，找吴达人。万一找不到我们可住在黄土塘姨妈家。不过青年们也告诉我，情况不是那么简单，严家桥镇这一带新四军占优势，可是也有国民党活动，有忠义救国军活动。常熟一带忠救军更是出没无常，还与我打仗，所以大家也不能大意。

第二天，我们到了黄土塘。黄土塘附近的一个大村庄正在召集群众大会，有好几千人。专员吴达人在讲话，中民开路，我们挤进去。我只能看到一个瘦高的青年人站在台上，戴副眼镜，穿一身粗毛蓝布短褂裤，手工业工人打扮。他的话吸引着每一个人。群众一会儿叹息，一会儿有哭声。讲的是关于皖南事变，揭发国民党反动派如何残暴迫害新四军，屠杀人民。我只希望大会快结束，我要找吴达人。

散会后，我们在一个农民的家里见了吴达人。中民是严家桥青年小伙子的头，吴专员对他很熟悉。我像见了老首长一样，把离开二游击区至一游击区撤退进城要找关系的事一股脑儿吐出来。他听着一会儿紧皱双眉沉思，一会儿睁大双眼对我直视，像要穿透我这个人。最后，他带我去见了东路特委负责人吴仲超同志。吴仲超同志说，你来得正好。邓仲铭和李坚真大姐正在找你们的下落呢。吴仲超同志在茅山地区是家喻户晓的人物。他严肃认真，一丝不苟，最紧张的时候，他也不慌不忙。他的那套灰布军装洗得快成白的了，还是整整齐齐一点皱折都没有。他常说，破旧也得整齐清洁，要给人家留个好印象，共产党员的生活虽艰苦，但是讲文明讲卫生的。他大概是邓仲铭同志派到茅山后调到东路来的。东路活动的范围是苏常太、澄锡虞地区。

吴仲超同志答应帮我们与邓仲铭、李大姐联系，要我在家等回电。这期间，有不少已参加了工作的老同学来看我。我们谈得很投机。我的母校严家桥小学要求我向小朋友介绍新四军的情况，我去介绍了一次皖南军部的一般情况。当时都讲项英死了，我就不信，我介绍新四军如何讲官兵平等，项英如何平易近人，等等。

从黄土塘回来后，我即通知陈辛、王婉珍夫妇来严家桥，一起去十八旅接关系。邓仲铭、李大姐给吴仲超的回电来了。组织要我去太滆地区接李大姐经无锡城到十八旅来，我们皆大欢喜。中民找毓珍的大哥张培生（外号小得灵）用硬木刻了个图章给我做了良民证，准备出入无锡城内外。王婉珍、陈辛回城准备李大姐的到来。

过了几天，我从锡北经无锡城到太滆地区接李大姐。当我见到老邓与李大姐时，不知是高兴还是为了找组织受尽了苦楚，真想与他们抱头大哭一场。大家讲起程一惠、王一凡同志还不知下落，叹息不已。我与大姐要进无锡城了，组织一再嘱咐我：小心谨慎，不能暴露，要做到万无一失。我可能太兴奋了，觉得我找到了组织，什么也不怕。鬼子只是守着几个点，大片土地都在我们控制下。就是这几个点，城墙内外都有我们的人。我浑身是胆，一定出色地完成任务，陪同首长到目的地。徐雪映家在城外闹市，嘈杂，好掩护。我们以她家为落脚点，同她商量如何进出城门。徐雪映反映城门口的鬼子十分凶残，她讲两件事，一件事是有一个人牵了条狗，进城门时那条狗在城门口拉了一泡屎，鬼子逼迫这个人把这泡屎吃了才放他走。那个人回家气死了。还有件事是，一个人过城门不脱帽、不鞠躬，鬼子把他的头割了。我们商量一定要化装好，还有出入城门时人要多一点，不要一个人单独走，万一盘问，口音不一样，引起敌人怀疑。

于是，徐雪映带着李大姐和我去烫发。我是第一次烫发，从未见识过。剃头师傅把我们领到楼上小房间里，让我们坐在椅子上，把头发一股股卷起来，通电。我心里七上八下，我想万一这个理发馆靠不住怎么办？而且这样通电保险吗？我看李大姐，她却坦然地坐在椅子里，我紧张的脸色就松弛了下来。

我们又商量怎样进城出城，要凤娟打头阵。她十几岁小姑娘，一看就是本城人。打扮、口音没有一点破绽。模样也讨人喜欢。万一问起家住何处、家有何人，一一对答得上。徐雪映放在最后走。她是老无锡，祖祖辈辈在无锡租船卖船，几条巷子都知道她家。她又是个老练的地下工作者，脸红红胖胖的，一口“倷伲！倷伲！”的本地土话，嗓门又响，像个八面玲珑的老板娘。万一鬼子盘问，她出来周旋。我、大姐、陈辛、王琬珍等人在中间走。这样，我们几次进城出城，都没有出什么事。

李大姐布置陈辛夫妇去太滆找在太滆地区工作的老邓。我继续陪李大姐去澄锡虞地区找吴仲超、江渭清、谭震林。澄锡虞地区北靠长江，南至沪宁铁路，西至常州、丹阳以北，东与苏州、太仓连接。我先把李大姐接到严家桥，在我家休息补养。我与兄弟去找六师十八旅。因为部队是流动的，我们又找了好久才联系上。我和大姐一起去十八旅，部队有谭震林、江渭清同志，地方有吴仲超等同志，大姐去后如喜从天降，老首长们济济一堂，我们小一辈看得高兴。但吴仲超同志对我一面赞扬一面批评，吴仲超同志说：“小程啊，你是吃了豹子胆，你知道吗？羊尖是敌人据点，离严家桥只五里，安镇、张泾桥等离严家桥都只有十几里，你家是在几个据点之中，你把李大姐这么大的干部安置在严家桥你家里几十天，万一出了问题怎么办？”

在部队里遇到丹北来的领导同志陈光，说我妹妹小兰在丹北，近来患肺病，要不要去看看她。我想把她转到这边来休息治疗一个时候，经组织上同意，我风尘仆仆直奔丹北根据地。

丹北领导同志有管寒涛、彭炎等。彭炎已与凌菲同志结婚，凌菲负责领导服务团，小兰是服务团团长。这个服务团有二十多人，是随着部队工作的。凌菲告诉我，服务团配合部队工作得很好。营教导员吕彬同志与小兰关系不错，人家都说是天生一对。可是在攻打一个据点时吕彬牺牲了，小兰眼睁睁的看着吕彬死在她身旁。最近，小兰肺病复发，经常发烧出盗汗，最好回去检查休息。我把小兰安全地领回严家桥家里休息，再通过地下党关系去上海治疗肺病去了。

组织上决定我在澄锡虞地区一边学习，一边了解情况。大姐嘱咐我：咱们在茅山工作了几年，经过了皖南事变，到了第一游击区，又进了据点。要从几个地区总结经验教训，研究我们这个地区的情况，分析有什么特点，该如何改进。

我是个一般干部，但经过茅山几年工作及最近几个月的奔波，我有一些想法。

这个地区靠近上海，上海下来的知识青年很多，我感到他们的工作方法、作风与我们在茅山山里或圩里或据点旁的办法不同。这个地方轰轰烈烈的工作多，宣传工作多。他们像城市一样在大村庄放苏联影片《农夫曲》等等，宣传社会主义的远景。他们公开建立报社——江南社，办铅印四开报纸——《大众报》，发往大上海和各大据点。做民运工作的女同志不少，而且大城市下来的学生居多。穿着蓝布旗袍，手拿小包，公开地乘着内河轮船从这个市镇到那个市镇，一看就是新四军的干部。他们在各市镇建立了政权，民兵、部队到哪里，歌声就到哪里。我想这些工作应该做，可是与皖南军部所在地比起来，这个地区毕竟还是在狭窄的地方，而且在鬼子统治中心上海的外围，长江天险与京沪线要害地区。这里是敌我必争之地，在这么重要的战略地区，这么个天时好、地理好的黄金之地，主要是谁来领导这个地区的问题。日本法西斯统治，就掠夺人力物力为日本帝国主义效劳；国民党反动派统治，就搜刮人民，为少数人增加资本；我们掌握就取之于民，用之于民。我们要掌握这个地区，要人心向新四军，就得宣传我们的政策，使人们了解我们，才能心向我们。在日本帝国主义强兵压境的情况下，人民心向我们，群起而打倒敌人。但人民的力量的积累不是容易的，在敌人暂时强大的情况下，人民不仅要有公开的组织，还要有巩固的、严密的基础，这就一定要有强大的党的隐蔽的支部、小组，要有党员骨干，团结群众，组织千家万户成为浩浩荡荡的反抗日本帝国主义的力量。目前，仅有轰轰烈烈的宣传工作，群众组织还不够，一定要有坚强的党组织。我们不了解这个地区据点内外广大村庄党的力量如何。我把我看到的情况以及不成熟的想法，提供给组织，向李大姐汇报。

这时已是 1941 年春末夏初了，新四军十八旅活动的地区已发展到澄锡虞、苏常太一带。邓仲铭、李坚真都到六师师部这边来了，领导同志还有吴仲超、赵秀英、江渭清。此外，还有从浙江过来的以何克希同志为领导的保安司令部。不久，组织上派我到保安司令部青年训练班工作去了。

这时，青年训练班已经是第二期开学了。第二期学员约二百人，讲些基本理论，在江阴、无锡、常熟之间三角地区活动。学员以各市镇村庄及大批上海下来的中学生、小学老师、职员为主。我把严家桥能动员到的青年学生都动员去了。其中有我弟弟中民、北街的张毓珍、南街的须士雄等。这个训练班由许革夫同志负责，他是上海下来的暨南大学的青年华侨。教员有王赓唐与杨维生同志，王赓唐是无锡安镇人，在无锡县初中念过书，杨维生是上海下来的青年。还有一个女指导员钱立华同志。我当文化教员兼指导员。大家分头讲课，吴达人讲论持久战，许革夫讲世界革命问题，王赓唐讲中国革命问题，我讲抗日民族统一战线，田文(化名郁辉)讲党的建设。

1941 年 7 月 1 日是党 20 周年的生日，青训班全体到周庄听谭震林同志报告。正报告时传来消息：苏德战争爆发，希特勒法西斯公然撕毁互不侵犯条约，突然进攻苏联。全场群情激愤。

训练班发展了一批党员，女同志里面有上海来的陆培学，是我介绍入党的。训练班讲课结束，组成几个分队到祝塘一带布置各群众组织准备反清乡。我讲课不行，到群众中去我是很习惯的，能吃苦，而且又是本地人。这样工作了二十多天，到 1941 年 8 月，训练班全部结业。有五十人由黄祖炎同志派人护送过江去抗大五分校学习。其中有蒋九霄、陈介民、须士雄等。各地来的青年们回各地坚持地方工作，与群众一起反清乡。上海的青年人大部回上海去工作了。

这时，我又来往于领导机关与严家桥之间。民运干部南往北去，在我家转接。大批人员撤往几个大城市要钱用，邓仲铭同志要小兰叫我爸爸设法兑换支票、汇款。于是小兰也来回奔波。

反“清乡”，撤退到上海

敌人“清乡”的气焰很嚣张，我们反“清乡”的准备也紧张。有一天，邓仲铭同志把我与小兰找去。老邓说，有一部分部队准备撤退，有一部分坚持。这个地区狭窄，活动范围小。不过，再艰难还是要坚持，决不放弃这个地区。机关精简了一部分。他提出要我们姐妹俩在当地隐蔽下来，将来再来找我们，因为我们有家，有亲戚朋友可掩护。

当时小兰不吭声，我不同意。理由是我们在家乡从小参加革命，尽人皆知。这两年，家里像个交通站，天天有干部进进出出。红到这样，怎么隐蔽？老邓一再说服我，要我们想办法，还说保存干部就是积蓄力量。最后，我还与他争，说要是我牺牲了，你还得检讨。小兰望着我说，哪有这样与组织讨价还价的，牺牲也得坚持。她还说不是完全没有条件隐蔽的。于是我俩带着任务回严家桥。

我们姐妹俩商量，首先要把家庭布置得像普通人家一样。可是，老墙门间里破厅东边唯一一间地板房，过去我姐姐程银娥念书的地方，大小书架放满了进步书籍。从谢冰心、叶圣陶、郁达夫、郭沫若到鲁迅的作品，此外还有《语丝》、《太阳月刊》等刊物。外国小说也不少，有《西线无战事》、《毁灭》、《被开垦的处女地》、《第四十一》等等。还有马克思的著作。怎么办？我们心烦意乱。烧书舍不得，不烧不像寻常百姓家，出了问题谁负责。家庭事小，还是组织为重！为了长期隐蔽，只能忍痛割爱了。

我们家大概准备作为地下工作交通站了，大小干部都来。钱敏同志来我家，把一架德国蔡司式的贵重的照相机要我弟弟、妹妹保存。这架照相机，在鲁迅逝世时，钱敏同志在上海万国殡仪馆照了不少鲁迅出殡的群众场面。我在竞志念书时，“读书会”的同志给我看过这些照片。我娘娘有主意，她认为藏在楼下黑房子的破墙里最保险，鬼子不敢搜，除非整个房屋烧尽不会丢失。

这时，我们家全家都住在老墙门里了，与叔叔家合住。表面上过得去，不常争吵。可是局势一天天严重，我们家担心新四军六师师部、十八旅旅部要撤走，鬼子要“清乡”。国民党忠救军听说在附近又活动起来了。我的堂兄连生不务正业，经常外出，行踪不明。他不是新四军的人，上哪儿去？干什么？

这时，家里人给我又设法请李秀金弄来上海高桥的市民证。实际高桥在何处我也弄不清。拿来不到几天，忽然我家来了个不认识的“乡下客人”。小兰接待来客，原来是组织上送来通知，要我们姐妹俩三天中去上海，不得有误。

这个通知太突然，不是要我们长期隐蔽吗？怎么又去上海？去了找谁？组织关系呢？送通知的农民是严永洁家的长工。严永洁家住黄土塘附近河塘桥。我们问这个长工，说严永洁在家里。我与小兰商量，立刻去河塘桥找严永洁。我与小兰开玩笑说，小严真有本事，把长工培养成了机要交通员。

我们一路无言，好容易到了小严家。书香人家大房子，掩护条件好。人家总以为穷人家加入共产党，地主严家的闺秀不可能是共产党员。小严由楼上下来，跟着下来的还有钱敏，实际上楼上还有谭启龙同志。“大龙”埋伏在楼上，人不知，鬼不觉，人们做梦也想不到，严家的女婿是共产党的大干部。

钱敏同志代表组织告诉我与小兰，要我们三天内立刻撤退，离家去上海。先找亲戚或朋友家住下，万不得已时，组织给找地方。小兰因为治肺病刚去过上海，与地下工作关系熟悉。我这么大，还未去过上海，只是高中在苏州三元坊省立苏州中学念书时，参加全国运动会到过江湾。十里洋场，我是摸不着头脑的。因此，由小兰负责，去上海后先找我姐姐程银娥的同学陶虞孙。陶虞孙是无锡人，来过我家，现住苏州河畔河滨大厦，是个高级知识分子，同情共产党。我们先住她家，以后小兰再找钱敏联系。

1941年8月28日，我与小兰坐小火轮到无锡。经过的几个地方都有伪军，上船来名义上是检查，实际上敲竹杠。这些与我俩无关，我们只是作为学生外出考学校的，有几本教科书和《投考指南》。过最后一道关时，一个又高又大的日本鬼子站在岸上，船里所有的人都排队上岸，到鬼子跟前，鬼子一个个数着："依基、尼、沙爱、西……"鬼子似乎只注意男的，跑单帮的，我们在他心目中不是什么了不起的，很容易过去了。

到了上海，在苏州河畔的河滨大厦找到了陶虞孙。她是一个三十开外的中年妇女了。在精致的客厅里，她接待了我姐妹俩。小兰说回家养了一阵，病还得检查，顺便看看上海有什么学校可进去读书。她家有个娘姨，有个一岁多的小孩。吃晚饭时，来了她丈夫，四十来岁，穿着像日本人，只笑笑不说话。当晚，我们住在她家客厅里，把沙发拉出来作为床铺。我们在客厅里，看到陶虞孙丈夫的名片，是日本人名字。还有看到各种杂志，其中有《人言》、《太白》。《太白》编委的名单里，就有这个日本人的名字。我们想，这是个进步的日本人无疑。

在陶虞孙家的第二天，来了与陶差不多年龄的一个名叫史人宇的妇女。她的名字我小时候常听我姐姐提起。此人善长绘画，是我姐姐的好朋友。陶介绍我们认识。她谈笑风生，说我姐姐要托她请人带几双胶鞋到四川去。我们明白，她们有不少亲戚朋友在大后方。

第三天，陶虞孙与我们在阳台上乘凉，说上海不太平，风声很紧，"你看"，她指着苏州河那边说，"隔河就是日本人，蛮不讲理，这边目前还不敢过来，不过也难说"。从她的话里听出来，我们不适宜再多住了。

小兰去找了组织，原来钱敏同志等均已来上海了。我们搬到辣菲德路后面的一个小旅馆住。临走照上海人的规矩，给主人家送点小礼物，客客气气离开。这时小兰穿一件苹果绿底四周镶白边的布旗袍，像个中学生。我们住在这个廉价的小旅馆里，桌上放着一排中学生的书籍。

组织上叫我们暂时隐蔽，等去苏北的路线接通，去苏北工作。这时，我才心定。否则这个乱糟糟的上海滩我怎么待下去。这个廉价的旅馆，一片混乱。一早，窗外刷马桶的声音响成一片，夹着叫喊声、咒骂声，粪车来往，臭气从窗缝里吹进来。晚上，不知哪儿来那么多妖妖娆娆涂脂抹粉的妓女。有唱小曲的，有拉胡琴的，有笑、有哭，还有打骂的。

我们住在这儿有不少实际问题，首先是吃饭，大饭店没钱去吃，不敢去吃；小铺子每顿去吃，人家不要怀疑你吗？而况，光吃广东馄饨、阳春面也吃不饱，没有蔬菜吃也不行。再者，住旅馆别人只是一两天、两三天，我们怎么老不走？最伤脑筋的是秋天快到，我们不能老穿着泡泡纱的花布旗袍过日子。没有毛衣，没有外衣，又买不起。小兰带了这些问题去与组织联系。不久，小严来探望我们了。小严穿了白皮高跟凉鞋，上海最时髦的小姐穿的，我想准无人怀疑她是共产党员。杨斌同志来看我们，给我们讲形势，讲汪精卫多少伪军压到苏常太、澄锡虞，但扑了个空。除部队外，大批公开的不能隐蔽的干部都撤退了。组织上解决这些同志的生活开支负担很重。还有不少同志做码头工人，拉黄包车，卖糖果，当小贩的，什么样的都有。要我们刻苦过日子。气闷，也可出去走走，可以探亲访友，只要是可靠的。杨斌同志还约我们去法国公园见两个人。

在上海哪儿也不敢乱跑，法国公园当然不敢随便去。这种地方，良莠混杂。听说万航渡路 76 号是敌伪特务机关，特务满布各处，寻找新四军的人，因此这几天一直闷在这个脏旅馆里。现在组织上要我们出去走走，散散心，看看人，大概没有问题。那天，八月底，天气还是炎热。下午我跟着小兰到了公园。我也无心赏花看草，只想看到的会是哪两个熟人。那边树荫下一张桌子，几把椅子，远远望去坐着几个人。其中一对中年夫妇，男的穿白纺绸长衫，女的穿灰绸子旗袍。看背影似乎熟悉，一时想不起。走近一看，原来是邓仲铭与李坚真同志。这一高兴我几乎叫了出来。老邓笑着说：听说你憋得难受，别慌，总得回去的。我说，这十里洋场不是我们耽的地方。大姐说，将来还是我们的，你不见上海有这么多工厂工人、大商店职员、学校学生、知识分子，不会甘心一直被日本鬼子与外国人统治的。讲到这些地方太乱、太脏。老邓说也有好的，他说他看了个电影《桃李劫》，很有意思。他也感到太闹，街道是一个样子，这条街与那条街分不清。杨斌笑着说，我一下乡看看这个村庄与那个村庄也都一样。大家笑起来，都说村庄要看进村出村，记着哪儿有棵大槐树，哪儿有棵大柳树，哪儿有座土地庙，哪儿有井、有河流、有桥，有共同点与不同点。城市看转弯处是什么商店，记着店号及电车汽车是哪一路。

回到旅馆牢骚也少了，隔两天下了一场雨，天凉了，各人做了一件厚布有小红花的灰色旗袍。

我们看广告，知道辣菲德路辣菲花园杜美电影院放映苏联电影，我们决定去看一次。我们去晚一些，但当我们刚坐下，有个小伙子在前面捧着糖果盘过来笑着说，吃点糖果吧！我一看是保安司令部青年训练班的一个学员。我吓了一跳，但一转念想起杨斌同志讲的有些青年孩子在卖糖果的事，可能就是指他们。散场时，我们等大家差不多走完再走。我们才出大门，走十几步，后面有人大声嚷：程指导员，程指导员，别走！我想这回完了。我只当不是叫我，继续走。谁知后面追了上来，真是叫人着急。我停下一看，又是一个青训班的学生，十几岁的大孩子傻乎乎的，看到我十分兴奋，像见了亲人。他告诉我，想念大家，说他家就住在附近租界，说没关系，东洋人不敢来；说杜美电影院专门放映苏联电影及进步片；说不少同学在上海等形势好一些再回去，都不愿在上海耽着；说昨天许教员也来看电影的；说杜美影院卖票的、卖糖果的不少是同学。

那时，杜美电影院一放电影，撤退来上海的新四军干部总有不少人去看。这太不符合保密要求了。万一混进一个叛徒，不是全得完吗？因此，我们姐妹俩不大去。可是，有两部片子还是忍不住去看了，这就是《桃李劫》和《渔光曲》。因为这两部影片我在上学时就想看，没有钱，看不起。那里面的歌都唱熟了，还未见过陈波儿、王人美的演技。不少人说陈波儿到延安去了，王人美是进步演员。更想一睹她俩的风采。看过这两部片子后，再也不敢到杜美去了。

我们后来又去了两个地方。一个是苏州中学，这时搬到上海租界上来了。严家桥我老同学李秀金的妹妹李秀英在那里上学，她是中民的同学。我们要打听严家桥近况，因此，去他们学校宿舍看李秀英。他们住得像鸽子棚一样，密密层层。我们又去找在保安司令部学习过的青训班的学生张毓珍同志，她住在她哥哥家。程中民、张毓珍、须士雄等都是严家桥的青年积极分子，可靠的，十八旅在时整天跟着部队转，又成立剧团演戏。在地方上太红，这次鬼子“清乡”，据说筑篱笆围墙，挨户检查，所以都撤退来上海了。这时我弟弟中民也来了上海，我们都到张毓珍哥哥家碰头。她哥哥我们也没见过，也不管我们。嫂子有个小房间，随便我们在里面谈话。

组织上通知我可以去苏北了，路线通了，我真快活。小兰还得暂留上海，以后，可能派往老家坚持工作。人是党的，个人服从组织，叫我往哪儿就到哪儿。姐妹不能永远相守，任务各别，只能各奔东西了。

苏中行

1941年8月28日到上海，1941年9月12日离上海去苏北，这个日子我一辈子忘不了。

来通知我的是一个青年工人，穿蓝布长褂，先用暗语接上了头。他告诉我，第二天几点来个女同志与你同行，坐轮船到张黄港上岸。上岸后，没有几里地就是新四军交通站。张黄港敌人查问特别严，要准备口供。明天来的女同志作为你的表妹。这一夜，我睡不着，好不容易挨到天亮。

约定的敲门声响了几下，来了个穿淡色阴丹士林布旗袍的女同志，白跑鞋短发，朴素大方。我心想上海的女同志也不全是打扮得花枝招展的，这样也挺合身份。一见之下都惊得愣住了，原来是赵秀英同志，东路特委的妇女部长。她半开玩笑地说："这一回，我是你的表妹了，表妹要听表姐的话。如人查问，你说我们一起住在吕班路。"

船，人挤人，三等舱臭气熏天，一下船就头晕。我闭着眼，找个地方躲在人后面。一到张黄港，上岸仅七个人，五男二女，行李也简单。可能伪军看着没多大油水，只是约略过目，挥手叫走。走啊走的，走到一个村庄，七个人分手，走两处。我们两男两女走一条路，原来都是新四军，都往交通站走。男的中间有一个是常熟县长任天石，江南民众人人知道的任青天，一个精干的青年人。我与他不认识，赵秀英过去与他一起工作过，他们很熟悉。路上很热，太阳当头照，两边庄稼稻田里蒸出的热气逼人。他们在前头谈工作，我跟着听，平安到达交通站。

离上海过长江张黄港上岸的四人，在交通站又分手。组织上看我还穿着单衣，马上叫我们去西苿镇量布，做了一件黑底细格子小红花布的夹袍，与苏北劳动妇女虽不完全一样，也接近。这时，何克希保安司令部的青训班一部分跟部队行动。部队在长江两岸来往。我们一过长江，又把许革夫同志与我找去带领青训班。那时，已快八月中秋，白天跟着部队走，常遇到情况。生活艰苦，只能吃熬白薯。晚上江南有门板、蚕匾当床，这儿连这些“床”也没有。环境紧张，一个晚上命令过长江下江南，走半夜坐船，好容易到了江南，第二天夜晚又命令渡江到江北。学生埋怨，老师不敢叫苦。形势到底怎样，大家信心不足。有些上海下来的同学吃不了苦，自行走掉了。

八月十五那天夜里，皓月当空，照得江边一片白。江面上帆船来往，看得清楚。我们几条船泊在江边，等待命令，是去江南还是上岸仍留江北，领导上尚举棋未定。船上的同学已鼾声如雷，早入梦乡了。老许与我坐在船舱，等候通知。半夜里，通知全部上岸留江北。于是同学们从一条条船里钻出来，上岸，集合，走路，进村，把同学们一一安置休息。这是一个新的地方，情况不熟，我与老许还得为同学们放哨，在村四周走动，保护安全。直到东方破晓，我们才吹哨叫同学们起床。

雨天晚上行军真苦了我这个近视眼。后来，想出个办法，逢黑夜行军，老许在背上挂条白毛巾，我跟在后面，看着毛巾走。有些女同志走不快，男同志提意见，女同志表示要不顾一切跟上。谁知当天晚上行军就出了事。南方的毛坑（厕所）不仅在屋后，竹林里、菜园里、田野两条田埂交叉处都放毛坑，而且坑沿与田埂一样平，稍不注意就有落坑之险。这一天黑夜行军，一个女同志掉进了毛坑，一身大粪齐肩膀。我们几个人把她拉起来，拉到河边换洗。已是十月，水冰冰冷，这个从大城市下来的姑娘一声不吭，毫无怨言。

领导上决定开辟江都、高邮、宝应三个县的工作，成立江高宝地区。党的领导同志是惠浴宇，部队有 51 团、48 团。部队在这个地区活动，要有地方工作配合，于是成立了工作队。钱敏同志找我谈话，要我在工作队工作。惠浴宇同志召集全体工作人员，讲苏北形势及任务。接着，召开了整个江高宝地区的地方士绅、群众几百人的代表大会，我们工作队都参加了。惠浴宇同志开诚布公地说明我们的政策，团结一切抗战力量，斗争目标是鬼子汉奸。领导上布置我首先要了解高邮二分区的情况，包括每个乡保长、群众代表的情况，红枪会、大刀会的成员，武器、政治倾向、基本群众要求等等。还要联系各阶层的代表人物，掌握他们的动向，准备将来成立抗日政权，进行“二五”减租。

第一次到一个保长家，刚坐下来，问问这个保的各种情况，大门口一下进来一个穿黄衣服的伪军。他想不到这儿来了个新四军的干部，我也想不到伪军经常出没这些村庄。他不敢小看我这个女的。我想，我一下也不能逮他，我一个人也打不过他，况且还不清楚保长的态度。我叫他坐下，问他从何而来，来干什么？我义正词严地训斥他：我们新四军在这个地区，我们的大军正陆续来，现在长江以北遍地是我们新四军，你们帮鬼子做坏事，新四军、群众不容，以后不准下来抢粮骚扰百姓，否则立刻打你们的据点。我要他回去老老实实告诉他们头目，今后，此乡不准来。他站起来连连称是。保长叫他快走，识相点，新四军就在后面村庄里。他一溜烟走了。走后保长向我诉苦，说这个地方伪军经常下来，保长也没法。我晓以大义，要他与我们联系，向我们报告消息，并谈如何组织群众与部队配合打击敌人等等。

我向组织上汇报后，组织上说我演了出“空城计”。要我们以后靠近敌据点的地方慢点去，先去上层联系，否则工作还未开展，人员却损失了。

我开始去访问本区第一流的地主士绅吴四太爷。这个老太爷五十多岁，长袍马褂，手里端个水烟筒，是高邮二区有影响的人物。他赞许惠浴宇首长讲的话，对我们的政策表示拥护。上面给我的任务是了解他的政治背景究竟亲国民党还是亲日本鬼子。我去了几次，摸不清楚。其间由吴四太爷逐步介绍我认识了本区的一些人物，几个是他本族侄子，有中年的、有青年的。我在这几家转了一阵。有一次，我在一个中年人家里，发现了他们有定期的集会。这个中年人抽大烟，不多说话。他们以聚餐为名，商量如何对付这个“局面”，也就是怎样名义上拥护新四军，应付新四军。实际上他们全是国民党的人。我是“座上客”，新四军的干部，他们不敢得罪我，只是应付。哪些人参加聚餐，怎样轮流在各家吃喝，给我摸得清清楚楚。这中间没有吴四太爷参加，说明吴四太爷与他们不同。逐渐我们大家认识了。有一次，在一家人家吃饭后出来，有两个青年人喝醉了，以为我熟悉了，不在乎他们之间的事。一路上，这两个年轻人在我面前竟商量起如何对付吴四太爷来。其中一个甚至说："不管叔子、侄子，主义不同要拼到底，非把这个老贼排除不行。"我完全了解了他们与吴四太爷之间的矛盾。以后，我了解到这些人是国民党内军统、中统之类的人物，而吴四太爷不大管这些事。我向领导汇报时说，将来政权里还是包括吴四太爷好。还有，我又认识了一个原在苏州中学教书的老师。他没有直接教过我，不过他感到学生离家从军也是光荣的，因此，他也帮助我，支持我。

了解了上层的地主士绅，进一步再了解中层的乡保长。长江以北过去国民党第三战区控制很严密，国民党原有一套乡保甲组织，我们目前只能利用。高邮与如皋、海安比较，在长江以北是算比较富裕的地方，鬼子要来争夺，国民党也不放松。我们要在这个地区建立政权，任务紧急，而情况又复杂，我们到此只几十天，调查了解不能不抓得紧而又紧。

我们工作组里有个名叫沈瑜的女同志，不到二十岁，也是无锡人，而且是无锡的"名门望族"荣家的人。沈是她母亲的姓。我说：你这个资本家的姑娘，怎么抛弃了梅园、惠山、鼋头渚出来找苦吃。她说：鬼子不打退，梅园的梅花也不香，惠山的山也不秀，鼋头渚尽是鬼子的兵船。我们一见如故。她的吃苦精神使我吃惊。已寒冬腊月，穿件薄薄的灰条的粗布棉袄，短发红脸，手冻得像馒头。江北的冬天也不是好过的，成天雨雪霏霏，满地烂泥。她一个乡一个保的跑。几十天差不多跑遍了各乡各保。挨家挨户访问，有理她的，有不理她的，有时连饭也吃不上，住也找不到地方。我看她不知道什么是苦，只知工作，工作，小本本上记满了各个乡、保长的情况。

一天夜晚，我与她同住在一个比较可靠的保长家里。这个保长比较进步。他告诉我们许多保长是国民党的人，所以排挤他。他还告诉我们附近有个中年人，大学毕业生，国民党拉他，城里鬼子要抓他，他给敌伪国民党敲竹杠弄得差不多倾家荡产。但他不愿为国民党做事，更不愿为鬼子做事，他只与进步的人来往。第二天一清早，我与沈瑜就去拜访他。他见我们是新四军的干部，就将一肚子苦水、委屈倾吐出来。他看不惯国民党的贪污腐败、消极抗战，他恨鬼子的残暴。我们谈得十分投机。以后这个进步的保长与这个知识分子由沈瑜同志经常联系帮助。

冬天大雪纷飞，我们的工作日趋繁重。要迎接1942年组织政权，要打击鬼子，我们没日没夜的工作。有一天清晨，我从一个村庄去另一个村庄，白雪铺盖着田野，分不清田地与田埂。早晨还没有人走过这趟路，我第一个出村。老乡们劝我不要出村，说一夜大雪，又冷又找不到路，而且村外的桥是独木桥，晴天都不好走，桥咯咯响，下了雪更不行了。我因与别的村庄约好了今天去的，不顾一切就走，好不容易摸到路，走出村庄已摔了好几跤了。前面是独木桥，狭窄，结满了冰雪。南方的河流冬天不干枯，结着冰。我一步一步跨上桥，每一步路都小心谨慎。一到桥中间，冰冻的桥咯吱咯吱地响，如果再往前走，滑跌到河里去，真的没命了。这时我倒不冷了，心一急，出汗啦！回头望望村庄在后面，我懊悔不听老乡的话，但回去怕给人笑，这可是对我的考验。于是我弯下身来，慢慢爬过去。过了桥，看看我的手，冻得紫一块，红一块，痛得麻木反而不觉得痛了。

年底汇报总结工作，江都、高邮、宝应三个县的民运工作同志都来了。工作队的同志存在着一个与地方干部团结的问题，有些工作队的同志与个别地方干部相互瞧不起。这些情况领导上掌握后，开大会批评。江渭清同志批评说，过去剥削阶级挑拨群众，分“江北人”、“江南人”，江南人看不起江北人，这是剥削阶级的观点。我们是阶级兄弟，应该消灭地域的歧视，传统的偏见，团结起来对付敌人。

此后，再出发工作采取苏南干部与苏北干部搭配，取长补短。我与一个叫王平的女同志一起工作。她是扬州仙女庙人，比我年龄略小，活动能力很强。当时已是1942年春天，河里的冰冻已化，鬼子又要下来扫荡了。江高宝地区是河网地区，河流纵横，西边高邮湖、宝应湖、邵伯湖相接，东边大河小河相连。根据经验，敌人可能从水路来扫荡。我和王平一起下乡，动员各家各户准备麻袋，还备了石头准备堵河。有一天，刚吃完晚饭，接到通知，在某某几条河里堵塞河床。千家万户立刻出动，搬麻袋上船。一条条船出发到指定河浜。王平指挥，把船上装满沙土的麻袋和石头投向河里。河面阔，开始投下去的石块麻袋有的被冲走。一条船接一条船轮流往下扔麻袋，慢慢河面堵塞起来了。快合龙时，水流湍急，投下的麻袋被冲走。于是又是一场战斗。河沿两岸人声沸腾，加紧投石块麻袋，一直到河流合龙，筑成一条坝为止。老乡们都笑着说，明天鬼子汽艇开过来让它吃土搁浅。他们万想不到一夜间几座坝从天而降。已是下半夜了，人们在各村庄的领导人一再催促下才回去。

天亮了，鬼子汽艇来了，"啪！啪！啪！"转来转去到处碰壁，没奈何只得掉头回去，又被部队、民兵打了埋伏。我们组织群众打扫战场，慰问部队。在这过程中，我看到了苏北女同志的坚强，能干。王平这个女同志指挥几十条船，几个乡千百人马，坚决勇敢，冷静沉着，真是我们的巾帼英雄！

鬼子扫荡与我们反扫荡斗争十分激烈，部队、民兵、群众、干部都得到了锻炼。对在战斗工作中表现好的要发展一批党员，要提拔一些干部。我到一个村庄里去找到沈瑜同志，她工作出色，把农、青、妇都组织起来了。我同她谈了话，把纸做的红旗及写的纪律贴在墙上领着她宣誓。她激动得颤抖，眼泪也流出来了。她慷慨地说：为革命死也甘心，永不叛党。介绍她入党后，我几十年没有再见过她。一直到现在，还没有打听到她最后的消息，不知是否牺牲在苏北战场了。

三进茅山

1942年4月，惠浴宇同志把我找回机关，告诉我组织上决定把我调回茅山。这时，51团、48团已站稳脚跟，江都、高邮、宝应三县各区建立政权的筹备工作完成，快正式成立区政府了。基本群众也组织起来了，发展了一批党员。这块根据地巩固了、发展了。惠浴宇同志说："原准备把你放在高邮二区做政权工作，现在你要服从组织调动，去茅山继续为党工作。"并说，这次要挑选一个小组，四五个人，由你负责带领，过长江跨铁路，要注意安全。去干什么呢？他说："六师要成立一个调查研究室。调研室主任是吴宝康同志，你们这个小组都在调查研究室工作。"

1942年春天，我们一个小组四人南行。跨过河网地区，冲过滔滔扬子江激流，越过鬼子控制中枢线京沪铁路，又到了茅山地区的延陵、西旸。我们四人是陆培学、李群、李贯一与我。陆培学是青训班的学生，上海小姑娘。李群也是上海来的小姑娘，李贯一是上海下来的广东人，是个大高个儿的男青年。

到茅山后，小组里三个人休息，我一个人先去找领导，接关系。

这时，江渭清十六旅部队在溧阳、溧水等地活动，区党委邓仲铭等同志与部队一起活动。茅山地委有汪大铭、李广（即嵇仲虎）、徐明等同志负责。

到茅山稍事休整后，我们到六师调研室开始新的工作。

六师政治部调研室主任吴宝康同志，过去只见过一面，并不熟悉。这次在西庄湖见到他时，他身穿黑布大袍，头戴西瓜皮帽，脚蹬圆口布鞋，上面扎了裤脚，手里捏一根三尺多长的旱烟管，人瘦而高，乌眉大眼，肩上挂了个黑布包袱，沉甸甸的大概是资料。这样装束，显而易见是经过江南鬼子“清乡”后的打扮，确像江南市镇里串街走巷，卖笔卖墨的小商贩。我交过介绍信，汇报一路经过，把其他三个同伴接来见面。李贯一同志把伙食账算清，安排住宿。

第二天，吴主任找我们几个谈话。问出身成份详细经历，问南下感想，问对将要开始的新工作有何想法。对每个人问得很详细，谈话时间很长。接着，领导上召集我们开会，讲调查研究的意义，传达“中央关于调查研究工作的决定”、“中央关于加强党性的决定”等文件。我们对调查研究的重要性，对成立调查研究室的作用，对工作的要求、任务逐步明确。中央要求全党进行调查研究工作，对国内外，对省内外，对敌、友、我三方面，对政治经济文化，对各阶级阶层，要进行详细的调查研究，不能瞎子摸象，主观主义，否则必导致工作失败。还提出对哪些代表人物进行调查研究，地方开明士绅、地方实力派、名娼妓、对社会上各方面有影响的人物都要进行了解，写出小传。就是说从整个世界，到某一地方的社会情况，都要了如指掌。这样，革命对象、任务，革命过程中的同盟军、同路人，依靠谁、团结谁，利用什么矛盾，打击什么人，都弄得清清楚楚，从实际出发，制定和贯彻落实路线方针政策，革命才能成功。领导上一开导，一讲解，我们安心于这个工作了。

六师政治部很重视这个工作，除我们四个同志外，已经调了三个人来，有无锡人华鹏志同志，是个讲话慢吞吞的很耐心的男同志。有长期在浙江做地下工作的周剑英，年龄比我们大，是个十分善良的女同志。还有一个叫李芹的男同志，江西人，他曾在皖南教导队学习过。

我们现在已经有四男四女八个同志了。在当时有这么大一个工作队伍不算小了。

当时组织上决定我任调研室的秘书。我想尽力把工作做好。由于大家对工作的重要意义了解了，对自己的责任感也有了，很想做一点事业，对党有贡献，帮领导提出决定政策的依据。可是，这时还未下去接触实际，大家把领导交给的原有文件、材料，各种刚搜集的资料要抄起来，当时又无打字机更谈不上复印机，什么都得一字一句抄。除中央关于调查研究决定等文件外，还有首长关于调查研究的讲话，记得有洛甫、彭真、匡亚明等十几人的讲话和文章。我们整天抄，从早一直到晚，中午吃饭后也不歇，谁也不停，谁也不休息。因整天坐着，我的腿也肿了，脚也麻木了。过去，我们的工作成天在外面跑，很少在机关连呆几天。开会也是开完就出发。整理材料也只是几张纸，完了就走。现在成天坐着不动，大家都低着头嗖嗖地抄着，连最调皮的小陆也一刻不停。看领导那个严肃样，谁也不愿头一个开腔，结果形成了沉闷的局面。

这个沉闷的局面，终于打开了。有一天调来了个女同志，一进门就叫“老吴！”并对我们说：“你们在这儿叫我小吴好了。”我们大家站起来欢迎，吴宝康同志介绍这是吴真同志。吴真同志是财政部长李建模同志的爱人，常熟人。年龄比我们谁都大，已经有孩子了。是个十分痛快、十分热情的女同志。她文化不高，可是对人诚恳，乐于助人。在老家时与李建模结了婚，李建模出来参加革命，把她动员出来工作的。她天然的能接近群众，常熟一带老百姓都喜欢她。她关心每一个在一起工作的同志，真诚朴素。随着她的到来，我们机关空气焕然一新。

吴真来后第三天，就帮着小鬼做米饭炒韭菜，并说，公家给大家一份粮，为什么弄得大家吃不好！还为这个补衣服，那个补衣服，大家不好意思。她什么也不在乎，就说：我文化不高，写不了那么多东西，可是我懂得生活不好，身体不好，怎么工作呢？还点吴宝康的名说：老吴，你怎么也不带大家唱唱歌，你的《上海，东方不夜的城市》的歌不是拿手的吗？这一下，把大家乐开了，原来这个严肃的领导人也会唱歌。吴真又问大家，有虱子么？长疥疮吗？还自作主张说要发动大家捡柴烧水洗洗澡。她说她是当过护士的，她要为大家检查身体，看是否健康。吴宝康同志也说，大家来了几天还未休息过，下午就休息洗洗刷刷吧。最有趣的是，她与我们住的这家房东大娘一下熟悉得像一家人。于是，当天下午烧水洗刷，房东老大娘指着吴宝康说：你这个同志整天坐着写字不累？胡子拉碴，有四十开外了吧？大家听了笑着不好意思搭腔。一会儿，吴宝康刮了胡子洗了脸出来，说：大娘，你现在看我有多大？大娘说：现在洗刷了还像个样，大概三十多岁。吴宝康同志说：那里三十多？我才二十五岁，我连媳妇还未娶到呢？说着，满房子的人都笑了。吴真接着说：学马克思也不是这么学法，只学个大胡子怎么行？结果，马克思还没学像，倒像乌克兰草原了。我们哄堂大笑。大娘不怎么懂，但也会意，跟我们一起乐。

这时，又调来了一个中学生，宜兴人，不记得他的名字了，只记得他知道把皂荚树叶挤压搓烂后可以代替肥皂洗衣服。吴真说用制豆腐的水也可以洗衣服。于是吴真去村里几家人家担了豆腐水，这个小青年去摘了些皂荚叶。大家捡柴的捡柴，拆被子的拆被子，烧水的烧水，高高兴兴，说说笑笑，把所有多年来未曾拆洗的被子洗了一遍。此后，我们对吴宝康既不是恭而敬之叫主任，也不是称吴宝康同志，就直称老吴。

我们在东庄湖、西庄湖几个村庄开展了调查研究工作。了解土地关系，雇佣关系，农业经营等有关农村经济的情况，此外，又调查了地主、富农、中农（自耕农、半自耕农）、贫农、雇工的生活情况。我们画了不少表格，挨家挨户调查。这几个村庄是老根据地，农民对我们熟悉，同时又有地方党的支持，工作进展顺利。这时，丹阳县委书记是吴承同志，是个东北流亡青年，笑嘻嘻的，戴副眼镜，很沉着，很少听到他说话。吴宝康经常由他帮助开展调查工作。我们还搜集了不少国民党方面的材料，从各省到江苏国民党负责人的情况，国民党内进步力量与中间力量还有顽固派的情况，各地地方实力派、开明士绅情况。材料集中后，经过综合，送领导参考。材料里充分说明了地主、富农人口少，但占有大量土地。中农只能自给自足，贫农人多占少量土地，差距很大。说明下一步减租、土改的必要。我们日夜忙碌工作，白天调查，夜晚集中研究分析综合。这期间，我们也搜集了一些根据地的报纸，了解各地区各战场情况，也开始剪报贴报，资料按地区按问题分类。

一两个月后，有一次，吴宝康同志去溧阳苏皖区党委开会，大概一两周回来。这期间，鬼子突然下来扫荡。我们十来个人在西庄湖附近正在剪报纸，听到机枪响了，立刻收摊子。材料与平时一样，用几块包袱布包起来。帮助老乡上门板，又把地面纸屑扫干净。我们对这里的情况熟悉，立即陆续撤退。一张卡片、报纸也未损失。一场虚惊过后，我感到责任重大。万一有个差错，与鬼子遭遇战，或受包围，尤其是这些资料如有一份落在敌人手里，真是关系重大。因此，当天晚上，大家商量，暂时分散在各村庄，晚上不集中，等吴宝康同志开会回来再说。说也巧，第二天吴宝康从溧阳给我来信，信中说，要注意安全，还说，有你在那里，我放心。

吴宝康同志从溧阳开会回来后，大家又集中。这时因六师师部离我们太远，于是六师调查研究室改为苏皖区党委调查研究室。后又因为调查研究室主要在茅山地区活动，工作经常是同茅山地委商量，因此，又改为地委调查研究室。

这时，天气已炎热。我们这个机关又增加了两个女同志许勤与王昌颖。许勤同志是从敌占区南京撤退来的，她在中央大学念书，地下党员，被敌人发现遭通缉而来根据地。那时她是我们这批人中唯一的女大学生。许勤是江苏常州人，白白的脸，穿件粉红色旗袍。刚从大城市来，与我们根据地一群脸色乌油油的黑姑娘比，真是鹤立鸡群。她文化高，来后填写计算土地关系、阶级关系百分比的表格进度快多了，大家很喜欢她。王昌颖同志是王一凡同志的爱人。在皖南党校就教我们唱歌，领导生产搞文娱活动。皖南事变时，她与王一凡同志从一游击区撤退，去龙潭照相时被伪军逮捕，受了不少折磨。这时，她已怀孕，身体羸弱，又瘦又小。我们大家很同情她、照顾她。想当年她在皖南工作时十分活跃能干，才过了四个年头，现在显得步履艰难，行动缓慢，与过去比判若两人。这时，吴真同志已调走，到李建模同志那边工作去了。我们在生活上少了一个人照顾，生活得很差。夏天，没有什么吃的。每到吃饭，只有一盆汤，里面没有油，只有一点黄豆芽，大家一分就没有了。农村苍蝇、蚊子很嚣张，许多同志肚子不好。许勤同志生活上也很有办法，她说大家肚子不好，吃不下饭，可以做点常州的炒米汤。把米炒黄了熬粥，这样喝粥，身体有病的闻到香味也开胃了，能喝了。还有周剑英同志，看到不少同志头晕恶心、呕吐拉稀，介绍浙江的“午时茶”。老乡们上街时去中药铺买几包，买回来后，用开水冲喝治病。这样夏天这个三伏天过去了。可秋天还未到，连日下雨，我们又不敢久留在某个村，经常行军转移。有一次行军时，天下着毛毛雨，天黑地滑，我这个近视眼什么也看不见，脚底一滑，从田埂上栽到了水塘里，几乎没顶。幸亏吴宝康不顾个人安危，用一根树枝叫我拉住，他一手扶树，一手把树枝拉住慢慢把我拖起来。往后，我又患了疟疾，一天隔一天发作，忽冷忽热，可是没有奎宁。有一天住在一个老乡家，男的是个患肺病快死的人了，躺在榻上，三十多岁骨瘦如柴。大嫂生孩子，家内无人帮助。我帮她烧红糖水，帮她洗尿布。她对我也很好，看我"打摆子"，她告诉我一个土方，用"熟黑白丑粉"熬红糖水。她托邻居为我买了些粉末，用她产后吃的红糖熬了水冲这个中药，给我熬了一大碗，还说这个药吃了要泻，疟疾细菌泻光病就好。说也奇怪，我喝了一大碗药汤，泻了几次，疟疾真的就好了。此后几十年再也没有犯过。

生病的人不少。小陆营养不良生病，大家节省钱来给她吃了两次猪肝。起初小陆不肯吃，动员了很久才吃了。吴宝康发烧，大夫说，看症状像肺病。有一次他去地委开会好几天，通讯员来送信说，主任过几天就回来，他要大家好好工作。通讯员还告诉我们，主任在机关咳血，发高烧。大家听了心里很难受。吴宝康从地委回来后，大家很关心他。可是他仍然日以继夜的工作，睡眠时间很少。有时累了，趴在桌上打个瞌睡，同志们偷偷地给他披上件大衣或上衣。

许勤同志来了不久调走了，因她有文化，教育工作缺人，给教育系统调走当老师去了。宜兴来的那个小青年也给调去做青年工作了。王昌颖同志肚子一天天大起来，而且患了痢疾，大家十分着急。吴宝康同志几次找地委李广同志商量，要求设法去敌人据点医院住院。地委考虑不安全，不同意。我们一筹莫展。无奈把她送到比较安全的村庄，在老乡家住宿，可是没有磺胺等药品。她终究不治而死。消息传来大家悲恸不已。

一个偶然的机会，我在延陵附近遇到了舒锦文与田文同志。我们久别重逢，有千言万语要倾吐。我们找了一户老乡家，三人挤在一张大床上，睡在一条破被子里讲了一夜的话。真是互吐衷肠曲，同流心酸泪。田文马上要调别处去工作，要远走高飞，离开这个触景生情的地方。我根本不敢问起塘马战斗罗司令牺牲一事，怕触及她的伤疤。舒锦文马上也要调离此地，因陈洪同志已调其他地区工作。我们从民族的灾难，战争的残酷，根据地的形势，谈到个人的遭遇，一致认为没有国家的独立，民族的解放，就没有个人的前途。

我仍在调查研究室工作，领导与被领导之间很融洽。不过大家挺担心吴宝康同志，他身体太差，经常咳嗽出汗，有时还咳血。不过，他很乐观，也哼哼歌曲，嗓子响亮，还能吹口哨。大家说口哨听得多了，但吹得如此珠圆玉润的可没听到过。大家对他像老大哥一样又尊敬又亲切。有一次过节，地委机关拿了些肉给我们煮了一盆红烧肉，老吴有病分给他一份。我们这七八个人这一盆肉一抢而光，连汤也不留一点，可老吴碗里的几块肉还未吃完，他牙又不好，平时动作也慢条斯理的。后来，还是被别人分吃了。小陆还抢着吃，像小孩子似的。

天渐渐凉了，又下雨，我去年从上海下来在西莱镇做的夹袍不知道给谁穿走了。自己身边只有旧的细格子蓝布旗袍。领导上看出我冷得缩手缩脚。一天晚上，吴宝康同志找我去，煤油灯旁他从黑布包袱里拿出来一件咖啡色的毛线背心。他好像有意不假思索地对我说："天凉了，我看你什么衣服也没有，这背心还是我在上海穿的，留下来的就只有这么件衣服了，你拿去穿吧!"这个人不是个随随便便的人，这么说，我似乎不能不拿。他对我谈起他的身世。他是浙江湖州南浔人，这是个富庶的地方。清代末年，中国的丝业竞争不过日本等国，他的家庭破产。后来他家生活日渐困难，祖父、父亲都早年去世，生活更困难了。他失学后，到上海在英国人开的汇丰银行当练习生。日本帝国主义入侵中国后，家乡房屋全部被烧。于是他参加革命，先在上海地下党，后到无锡梅村参加服务团，在东路做报纸工作至今。他希望我对他还有什么要了解的可以随便谈谈。

第二天无雨，晚上才放晴，又暖和起来了。老吴约我在屋后柳树下谈谈。一弯月亮偷偷地看着我们，前面小塘的水平平静静，但田野里虫子不停地叫着。这几天来，我心里七上八下直嘀咕，像塞了块什么东西，说不出什么滋味，预感到一定时候他会向我提出什么的。现在面对着这个人，我想不知是个什么结果。还是男的敢说话，再不喜欢讲话的人到关键时刻也要用最简短的语言来表达。他先谈到昨晚的那件毛背心，后来，他问我还有什么对他不了解的。通过交往，我了解到他有一个女朋友，还来不及提出结婚，在敌人"清乡"中牺牲了。我呢？有喜欢我的人，来不及相爱，给鬼子杀害了。终于，他希望我们今后一起工作共同生活，奋斗一世，革命到底，永不变心。有树及池塘为证，弯弯的月亮为媒。我们在商量向地委写报告时发生了争执。老吴要我写，我说哪有女的写的，他说你在茅山久，领导对你了解，你写了俩人签名，你去请示。这我又生气了，我说哪有女的去请示，人家岂不笑话我，我本来“傻”是出了名的，这一下人家还不取笑我，说我追求吴宝康，盯住老吴不放。老吴说这都是一样，恋爱是双方的，报告俩人签字，过几天要去地委汇报工作，你先去，我再去。

我真是勇敢，带了报告单人匹马到地委，向徐明同志汇报完工作，徐明同志问我还有什么问题要说的。我这个心直口快的人，忽然害臊起来，讷讷说不出口，在旧衣服口袋里掏了半天，才拿出一张揉得皱皱巴巴的纸给他。他看后不笑，也不立刻答复，说你先回去吧，这报告帮你转给上级，答复后马上告诉你。我想：万一领导上不同意，又多了一件丢人的事。

有一天，苏皖区党委的同志到茅山地委来检查工作，我见到了李坚真同志。自 1941 年在上海分手后，还未见过她呢！她与我在田野里边散步边谈话。她开门见山问我：“你找到的这个爱人是个什么样的人？你定了没有？”我说：“是个老实人，积极工作，作风朴素。”她又详细问了老吴各方面的情况，她说：“他身体如何？”我说：“不好。”她说：“有什么病？”我说：“肺病。”她说：“你不是最怕传染病，这一回你不怕了。”我说：“病也是为了革命工作劳累所致，革命队伍里有几个白头到老的？多少人牺牲死亡。”她又问：“性格呢？”我说：“沉默寡言，严肃认真，是个一丝不苟的人。”她说：“你是个爱热闹活泼好动的人，合得来吗？”我说：“慢慢会习惯的。”她语重心长地说：“小程，你别一时感情用事，这是终身大事，你要考虑周到，决定了吗？”我说：“决定了。”说着话，我们已经到他们开会的地方。老邓同志在，李大姐就说：“小程找了一个不说话的同志做对象，老邓你看行不行？”老邓说：“我早就知道了，报告都批下去了。有什么不好？你们女同志喜欢喳喳呼呼的，只知道找热闹的人。我看小程找的这个人不错，人人都说这个人放进水缸里，可以三天也不说话，修养好，否则找个与小程一样的岂不会打起来？小程，我早说要找个老头，厉害的管管你。”他们跟我开玩笑，后来大姐说：“调查研究室就在这村庄，我得去看看，吴宝康是什么样？反正离开会时间还早。”说着我带着大姐去看吴宝康。吴宝康正坐屋里抄写什么东西，其他同志也忙着。我领着李坚真同志进屋，吴宝康站起来打招呼，有点不好意思。大姐从头到脚打量，最后，笑笑点点头。在我送她回去开会的路上，她满意地说：“小程，我看这个人不错，很像样，配得上你。就是瘦一些，是劳累的，营养不良。过去人家说是个老头一样的人，我仔细看了，皮肤还细，不是老头。将来生活条件好一些会好起来的。”

地委徐明同志通知我，我们的结婚报告批准了，祝贺我们。徐明同志穿一身毛蓝布短衣长裤，平头，工人打扮，是一个十分正直的同志。不久，他牺牲在茅山。我们永远纪念他，他是我和吴宝康共同生活的证明人。

没多久，组织决定调查研究室要一分为二，要我与吴宝康、李贯一去苏皖区党委，成立区党委调查研究室，而其他同志留在茅山地委，为茅山地委调查研究室。

吴宝康发高烧又打摆子，一下走不动。组织上要我与他去小红妈家住几天。与小红妈分别又是一年多了，小红妈听说我们已结婚，像女儿找到了好女婿一样高兴。她把老吴端详了一会说，你们配得好，都是老老实实的可靠的人，还说，上回来茅山，我就为你想着这个问题。

这时，小红妈家两间草棚，隔壁一间，半间喂了头大牛，半间搁了两张小床，招待新四军来往干部。小红妈说，结了婚也没个房子住，我这牛棚外面的半间就算是你们的新房吧！还叫“丫头”把牛棚打扫打扫，牛粪扒掉，牛多喂些草吃饱点，免得晚上又捣乱。

夜深了，草屋外面下着小雨，隔壁不时传来小红爸爸的打鼾声，小红妈、小红、“丫头”累了一天都入睡了，大牛加了新鲜草，高兴地慢慢嚼着，草屋檐下响着雨水下来时滴答滴答的声音。我们想念着已经牺牲的同伴、烈士，商量着未来的工作，有多少任务要我们去完成啊！

小红妈家实际上成了招待所。第二天来了十多个人，说中饭后还要赶路，我帮着小红妈洗菜做饭招待他们。带队的不是别人，是离别几年的

“锡流”老战友王新同志。他是工人出身，绰号“夏伯阳”，工作很有魄力。就是他，在 1937 年抗战爆发时教我们用无锡小调唱《八月十三来了东洋兵》的。我们分别已有五年，现在只有一两个小时的时间，要讲完这五年来大家知道的“锡流”里许多同志的遭遇，不是容易的事。他讲得激昂慷慨，我听完他的叙述，听说许多同志英勇牺牲，也来不及哭，只是说，前仆后继，将来看我们的吧。

王新同志午饭后立刻要走了，这分别不知道是暂时的还是永诀。我惆怅地看着他，在小红妈家的茅屋边，我与老吴同他们一行一一握手，依依惜别，望着他们的背影渐渐消失在圩堤下面。

历 险

吴宝康恢复健康后，带着我和李贯一离开丹阳延陵，到溧水苏皖区党委报到，这是1942年11月。

苏皖区党委机关与十六旅旅部一起行军。我们报到的第一天就遇到旅长兼政委江渭清同志。江政委对我们三人谈了形势、任务、工作范围。明确以后的调查重点放在溧水、溧阳周围，谈完工作后对我开玩笑说："小程，你们就算结婚了？我还没批准呢！那不算。"

区党委机关除有邓仲铭、李坚真同志外，还有欧阳惠林同志，他戴副眼镜像个秀才，是个有学问、有谋略的领导同志。他的爱人张真同志也在这里。

部队每晚行军，引人注目的是敌工科的队伍里增加了两个日本俘虏。开始看到他们我就联想到敌人野蛮、残暴，慢慢地知道他们都是被抓的壮丁，听说其中一个是渔民，对他们的看法就不同了。

我们苏皖区党委调研室很快在溧水县打开了局面。吴宝康与李贯一对溧水县的情况作了深入调查。溧水县有个地方女干部鲁毅同志，工作积极而有办法，她的哥哥是溧水县县长。吴宝康从这些地方同志那里了解溧水的政治、经济（土地关系、农业经营）、贸易方面的基本情况，他还经常与本地老干部李孝廉在一起。李有些文化，住区党委附近，开爿豆腐店。老吴通过他找地方上各方面的人，了解了溧水各个区的基本情况。我这时去溧阳基层进行调查研究，定期回溧水向区党委机关汇报。

已经快冬天了，有一次，我回到区党委机关，想歇一天。饭后，紧急集合，江政委召集部队大动员，说鬼子今夜四处出动，要找我们主力决战，想消灭我们。我们要与鬼子迂回周旋一夜，待他们回去时打他个伏击。但也可能全是遭遇战，大家要不怕苦，不怕死，准备战斗。

江政委动员后，我们收拾行装跟随部队一起出发。走到半夜，我们进了片树林。江政委对大家说，就在树林里宿营。天是被，地是褥，树林是蚊帐。请大家心心定定休息吧，冷一点没关系，安全第一。我们已经走出敌人包围圈，让敌人扑个空，等他们回去时，路上还有送行的。

我与吴宝康只有一条小薄被，我的被没有带回机关，留在老乡家。我们在树林里，部队一个排一个班的打开背包呼呼入睡了。我拣些树枝放在大树的周围，我们坐下来，背靠着大树坐着，一条被披在两个人的肩上。那一边首长们大概还在商量重大的事。初冬，冷月照着山岗、丛林、树梢，蒙蒙的雾散了，冷风吹来，战士们冻醒了，打起背包。东方鱼肚白，哨兵吹号，队伍迎着朝阳出发。这一次，我们避开了鬼子的主力，没有一点损失。

1942 年冬，苏南的形势是很紧张的，经常发生战斗，经常转移。一天傍晚，刚吃完晚饭，南边响起了枪声，从星星点点的火光，到一片火海。上级命令调研室及部分机关人员立刻集合，东撤溧阳，部队往南迎战。带队的人说，是国民党反动派包围了我们教导队，部队去增援。

我们十几个人走了一夜，到了溧阳地区。我们的县政府在何处？一下子不好找，而鬼子的碉堡就在旁边，发现了我们会开枪打炮。这时天已大亮，带队的人要我们三三两两分散走，绕过碉堡，分头找县政府，在县政府集中听命令，再回区党委。

吴宝康走得很累了，我们进了一个村庄。这个村庄有农会，一打听，前几天县政府就在对河的树林里驻扎过，这几天转移了。我们在一个贫农老大爷家休息。他说这两天情况紧，等一二天打听到县政府送我们去。我们走了一夜，累极了。隔壁有个大嫂，看我们走得筋疲力尽，盛了两碗稀粥非要我们喝不行，并说这几个村常常有民运工作的同志来住，县、区政府也不断来住。我们在村子周围走了一圈，观察地理环境，看看四面的路途。夜间就在贫农老大爷家歇息。

天蒙蒙亮，忽听房东叫赶快起来，鬼子来了。隔壁大嫂推门进来说，鬼子已进了周围几个大村庄，这儿还未来，快隐蔽。我急忙把笔记本、钢笔放在口袋里。我们与老大爷走出门，已经看到东边百十米外田埂上鬼子正向这个村走过来，西边鬼子离得远些。大嫂一把拉着我的手说：赶快过这块田，往河边走，河边有桥，桥已坏不能走，往西河滩有脚盆，过河就安全了。

我口袋里有笔记本，内有调查的各区乡的农会名单，区乡长名单，支部名称。这时我似乎很镇静，吴宝康走在我后面。我们脚步带快，往前面几十步的地方有条大水牛在耕地。我在有人的地方蹲下去，双手把土块扒起来，赶忙把笔记本、钢笔埋在地里。我站起来与老吴分两路往河边走，后面鬼子哇啦哇啦叫，大概是叫我停下来。“乓”一枪，我趴下，起来跑得更快，“乓！”又是一枪，我又趴下，等打第三枪时，我已到河边，从高田埂上滚下去。想起大嫂的话，桥已坏不能走，要往西。往西跑几十步路，在一棵大树下，真有绳子栓了一只椭圆形的大脚盆，江南人采菱角、洗澡用的。我一跳就上了盆，这时老吴也到了。我们一起划过河，爬上岸，进了一片树林。

我们坐在树林里直喘气。我们量鬼子只能干瞪眼，追不到我们。坐了片刻，听不到枪响，也看不见烟火，于是往树林深处的村里走。老乡说，河这边村里鬼子从来没来过，怕树林里有埋伏。我们打听到了县政府的大概去向。

傍晚，老乡们说鬼子走了，于是我们又坐着圆脚盆过河回原来的村子。一上岸，我先到田里找大土块下埋着的钢笔、笔记本，见完好无缺，放了心。

我们一进村，我住的房东老大爷和隔壁大嫂都出来了。老大爷说：“小程啊，你真有福气，‘大难不死，必有后福’，你能活一百岁。”大嫂说：“好险啊！你是福大命大。”这时，村里许多大爷、大娘、孩子全出来了。那个大孩子还比划着说：“先是那穿黑衣的伪警察打你两枪，没有打中。第三枪是鬼子生气把伪警察手里的枪拿过来，搁在田埂上对着你打的。我们都急得什么似的，想，这一回小程完了。后来看你爬起来往河边滚下去，知道没事，我们才放心。”吴宝康这时已在房子里与几个小伙子商量什么事，看我进去还是不慌不忙的，好像没有发生什么事一样。

我们所说的溧阳县，实际上是溧阳与金坛两县的边境，一部分是旧属溧阳县，一部分是旧属金坛县，包括后周、竹箦桥、西岗、唐王、罗村坝五个区。溧阳与金坛几个县成立中心县委，由浙江来的老干部朱辉同志任中心县委书记。我们找到中心县委，组织上决定我任溧阳县调查干事，老吴仍回苏皖区党委机关。溧阳县委书记是施力青同志，浙江人，老大学生。区委书记有陈浩天、傅华琛、赵益群、史雨生等同志，县妇女部长是杨思瑞同志。施力青、陈浩天、赵益群等都与朱辉一起工作过。史雨生是有名的史家大村出来的地方干部。县长、区长都是公开的头面人物，在当地有号召力。溧阳县长陈连升与副县长钱震宇都是三十来岁的知识分子，当地士绅，地方实力派，开香堂，金坛城内外都有门徒。由于日寇侵略，他们揭竿而起，招兵买马打游击。新四军到江南，陈毅司令员一支队在溧阳一带活动，威震长江两岸。溧阳人陆平东被派往溧阳任县委书记，与他们结成统一战线，建立地方武装。钱震宇成为我们自己的同志，老百姓把他看作英雄，打仗、征粮，发动群众，他们起很大作用。

我初步了解了溧阳县的简单情况，在县委机关耽了几天，便着手工作。在县委机关，我遇到了赵益群，她是陆平东同志的爱人。陆平东是我们“锡流”的老大哥，一起从无锡流亡到江西。我们一见如故。赵益群过去是政治交通员，能干泼辣，足智多谋，从解放区到敌人据点，在华东各地传递重要文件。凭她的聪明才智，出生入死，没有发生过任何事故。她不大在乎小节，有时还抽支烟。她的大方是有名的。传说她与老陆结婚时，老陆给了她一只祖传的表留作纪念。后来，一个同志到白区工作，要戴个表。小赵说，这玩意儿戴着也无用，你拿去吧。现在，她是溧阳县一个区的区委书记。她叫我小程，我直呼她小赵。一见面她就说，听说敌人对着你打了三枪，你差一点见马克思了，真险！这回你来溧阳县，人地生疏，地方又大，环境紧张，刚来是很危险的。她说她那个区外地人去不得，她帮我考虑还是去西岗、唐王、后周各区，那儿是中心区。她说她去向施力青同志反映。第二天，施力青同志要我去西岗、后周等区及各个支部了解情况，再去唐王了解上层人士方面对我们的态度，以后再去后周、竹箦桥。施力青同志说，罗村坝区太远，荒山野林，敌伪经常出没，女同志情况不熟，现在去有危险。

就这样，我独自去溧阳县政府，准备到西岗一带了解情况。县政府与46团一起行动。

到溧阳县政府后的第二天清早，我在屋外树下整理材料。我的钢笔不好用，向县政府秘书借了砚台、毛笔、墨。钱震宇同志从屋内走出来，看到我就说："小程真用功好学，一早就写上了。"他走过来低头看我写什么，他笑着说："嗄！小程的蝇头小楷写得还不错，我还不知道你还有这一手，现在一般青年人可拿不起毛笔。"我说："别取笑，在你们县政府吃饭，不会写个毛笔字还行。"老钱说："好厉害的嘴，怪不得茅山地区的人都说你是个调皮鬼。"正说着，46团的团长兴冲冲地从那边过来。我一眼就看到他今天穿了双新鞋，新底毛边露着白白的圈。我说："团长今天穿了新鞋走路也快了，远远地就看到这白毛底鞋，好漂亮，一定是你老婆亲手给你做的。"团长说："那还用说，昨天收到的，这鞋比你们江南人做的鞋强多了。你们南方人做的鞋叫'礼拜鞋'，穿一个星期就完蛋了。"

我写了一会儿，太阳从东边山后上来，正准备收摊子，忽然哨兵快步跑过来，我估计有情况，急忙把破椅子、"文房四宝"收拾进去。钱县长已进屋，指挥收拾行李撤退，指定一个男同志领队，他自己去46团与团长一起指挥打仗。我跟着县政府的文职人员十几人，走指定的小路撤退。突然，枪声大作，都说准是46团与敌人接火了。枪声越来越响，打了约摸两小时，逐渐稀了，停了。大家有点焦急。议论不知鬼子打死了多少，我们有无损失。我们在指定的地方停下来，东边山下一群人涌过来，有老乡、卫生员等。渐渐走近，只见几个人抬的门板上面躺着一个人，盖的老乡的蓝底白花的印花被。四周围看的人一点声音也没有，都屏住了呼吸。我有点紧张，钻进去一看，禁不住啊的一声叫了出来。我在人缝里看到露在被子外面的一双鞋，是新鞋，白布底毛边。我问：伤哪里？问题不大吧？抬担架的一个青年人瞪我一眼，生气地说："别问了，走开点。"四周一片静寂，我恍然大悟：46团团长牺牲了。

这次战事后，我到西岗区调查，先找到了蔡老先生夫妇。蔡老先生已靠近六十岁了，留着胡须。老夫人多病。他们的儿子抗战开始就去了延安。西岗只不过是个大村庄，不像市镇。蔡老先生家住村头，有十几亩地，有个雇工帮忙种。有三间房，外间开馆，收八个学生。同时也是青年人抗日活动的地方。已经天黑了，他们看到我去简直像见了女儿回娘家似的。当时他们已吃过晚饭，老夫人又给我做了荷包蛋。她仔细打量我，叹口气说，你是叫小程吧！怎么长得与小林一样？夜里，蔡老夫人吩咐蔡老先生在外屋小床睡，让我同她睡在大床上。这一夜，她向我讲了小林即林心平同志牺牲的经过。

我在1939年到东南局妇女部时见过小林，她是浙江人，中学生，很能干。几年来不知道她的音讯，现在才知道，小林很早就分配到江南战场，到江南后一直在溧阳、金坛一带工作，在西岗很久。她组织青救会，把附近的青年人都发动起来、组织起来了。蔡夫人说，周围几十里哪里去找这样有文化的青年。附近几十个村的青年学习都靠小林，他们写的文章都由小林改。她经常在这房子外间同青年人开会座谈，谈国家大事，谈青年问题，商量打鬼子的事。往后的有些事蔡夫人似乎不大赞成，林心平与金坛县长诸葛慎结了婚。蔡夫人为什么不赞成，因为听说诸葛慎有老婆，在金坛城里。小林的看法是：他老婆在鬼子据点，不愿出来抗战，他们感情本来就不好，而且已离婚，这样小林与诸葛慎同志结婚，有什么关系？老太太承认小林也有小林的道理。小林与诸葛慎同志婚后才一年，不幸的事情发生了。在一次扫荡中，小林被鬼子逮捕，抓进据点。讲到小林之死，蔡老夫人泣不成声。鬼子将小林喂狗，几条狗把小林撕成块块。当时小林已怀胎十月，快要分娩了，未来的母子或母女就这样成了一堆肉酱。中国历史上残酷的皇帝用的刑罚有大辟，有五马分尸，有凌迟处死，外国对中国人自鸦片战争以来用洋枪大炮、用机枪扫射，飞机轮番轰炸，今天又知道了一种刑罚，把人“喂狗”。这是日本军国主义者灭绝人性的罪孽。

我在西岗区工作一阵后又到唐王区，组织上要我了解一些上层人物对新四军的政治态度。唐王与其讲是个市镇，还不如说是个村庄。我去了著名数学家华罗庚先生的家里拜访。华先生家比中农家庭略为富裕，见到了他的几个同辈的亲属。我征求他们对新四军抗日政权的意见，一般说都是拥护的，欢迎新四军与抗日政府的，对我很客气。与我谈得深入一些的是华罗庚先生的妹妹。她说，过去华先生念书，家里是很吃力的，主要靠他自己努力，不像一般人进大学再留学。她还饶有风趣地说："他穿的西装还补补丁，这在知识分子里是很少的。"

1943 年春夏，敌人大扫荡，我们大批干部被捕，机关被破坏，溧阳县这时成了皖南事变时的茅山。清乡时的澄锡虞、苏常太地区，从基层到乡到区到县，一片紧张的气氛。溧阳县政府被包围，钱震宇副县长被俘，文教科长王明道同志牺牲，县大队有的投敌。区政府里张超区长被捕，区委书记中傅华琛同志牺牲。史家大村出来的有名的地方干部史雨生同志在战斗中牺牲。溧阳县区委书记、区长十几名干部中牺牲被捕的四名，除后周区外只剩下了钱进、张志平、陈浩天、赵益群、童超等。1943 年夏天，区党委发出精兵简政的号召，区党委机关只留下几名书记，部长大部下放。中心县委书记召开紧急会议，要全体干部下乡帮县、区夏收。我被派往溧阳县政府做夏征工作，直接受张志平同志领导。他告诉我，吴宝康现在自醒中学当教员。这个中学在西岗、唐王之间，旧属金坛县。张志平说，现在环境十分紧张，万一在下面工作时，一下子找不到县、区政府，可去自醒中学隐蔽。

被　捕

1943 年夏天真困难，南边顽固派与鬼子默契配合，鬼子扫荡，顽固派“清乡”。七月初一的中午，鬼子大扫荡。平时鬼子扫荡半夜出发，天一亮进村，可是这一天鬼子中午下乡，西岗、唐王大小村庄全布满了鬼子，我不能进村。路遇张志平，也在这一带搞夏征的，告诉我：从田埂走小路去西岗、唐王北边的自醒中学隐蔽，找校长张炳元。张是个开明士绅。我的爱人吴宝康在该校当教师，改名吴志清。老张还说：你们的身份暂时不要公开，以后找人与我们联系。他说完走了，大概忙着去布置反扫荡。我们看得见鬼子在各个村庄蠕动，只是双方还未开枪、交火，一场大的残酷战斗即将在这儿爆发，谁也料不到这儿几天后是个什么样子。

自醒中学是个“独家村”，一座大房子在田里，四面空空荡荡，只有几棵树木挡挡太阳。学生有一百多，来自溧阳、金坛边区，也有金坛城里来的。男教师大多是张校长的同事、熟人，也有住在金坛城里的人来教书的，几个年轻女老师，都是金坛城里人。其中两位于老师是清朝于家后代。金坛于家在清朝不是一门三鼎甲，也是有人中过进士或在翰林院有地位的。老师的政治态度是：不愿为日本人干事，所以不屑在金坛城里敌伪政权下搞个“一官半职”，但投笔从戎也没有那个胆量。这里是敌、伪、顽、新四军经常打仗的拉锯地方。新四军年轻有为、纪律严明、对人民秋毫无犯，在他们心目中是仁义之师。张炳元是上海复旦大学中文系的老大学生，家里有几十亩田，有长工。这样的校长东洋人也想争取。张可以自由进出金坛城。新四军把他作为团结的对象，老百姓要孩子知书识理，也希望有个学校。这儿每个老师每月三担米，学校领我县政府的教育经费，清苦的学生，民主政府可能还有点补贴。精兵简政后，县政府文教科就把吴宝康交给张炳元校长。他化名吴志清，在这里教语文与历史。

我到办公室找到了张炳元校长。张校长看我的打扮就知是新四军的地方工作人员，要我在老师宿舍休息。女教师的宿舍与女学生的宿舍在一起。中午鬼子刚进村的时候，从校长教员到学生，反应还不大。鬼子经常下乡，司空见惯，他们照常上课。门口的大牌子“自醒中学”几个字好比挡箭牌。今天工友照常摇铃，学生虽不敢不去教室，但大部分要在大门口看看鬼子离此多远，走了没有，因大部分学生的家在学校四周，也惦念家里的安全。几十米外，鬼子在南面各村密密麻麻，像夏天粪缸里的蛆虫，到日落西山还蠕动着。于是从上到下都紧张起来，最主要的是情况不明。

女老师、女学生对我很好，一方面是对新四军的爱戴，也对女同志能为此不怕艰苦辛劳而佩服。天热，老师学生送衣服鞋袜给我替换，还都说万一伪军鬼子进来搜查，就说你是我们老师。女老师中的两位于老师名叫于诗蘩、于婉贞。于诗蘩还有个妹妹于诗苹在此上学。在女生宿舍我们一见后就讲得投机，于诗蘩自己介绍说，她是苏州省立二女师中文系毕业的。于诗蘩看起来是一位亭亭玉立，如花似玉的小姐，喜欢弹琴。她给我介绍她妹妹于诗苹，三年级学生。我说你们“蘩、苹”都是来自《诗经》上的人物，她就高兴得笑了起来说，程先生，你的语文根底一定好，你还熟读《诗经》呢。她还说这里的男老师都是俗不可耐，没有一个谈得来。又见了于婉贞老师，她是个朴素大方，老老实实的女老师。她们谈笑自若，好像鬼子在村前与她们毫不相干似的。

晚上，我就住在女宿舍，许多女同学围着我，要我讲打鬼子的事。她们对我又好奇，又佩服，其中有个姓陈的小姑娘一定要我换上她的旗袍，穿她的红条圆口双搭襻的布鞋，说这么打扮，与我们的老师一个样，鬼子进来搜查就不怕了。这一晚，大家谈熟了。我又了解到于诗蘩老师的对象在重庆，日本鬼子侵略，弄得他们两地分开。于婉贞的哥嫂在重庆，金坛家里上有老父母，下有幼弟，战火纷飞，不知何日团聚。这些老师对日本鬼子还是有仇恨的。

鬼子就是不退，而且有的大村庄鬼子还扎据点。为了学生的安全，学校开紧急会议，提前放假。老师也各自回家。老吴在我进学校时可能与张炳元透露过我俩的关系，意思也是要他设法掩护，因此老师中也可能有人知道我是吴志清老师的夫人。不过吴宝康的名字谁也不知，连张炳元也弄不清。

这时，女老师于诗蘩、于婉贞，学生于诗苹及小陈，还有一位姓张的男老师，都回金坛城去了。他们路很熟，走小路，遇不到鬼子。

张炳元校长提出来，老吴及我到他家待一两天，鬼子总得退，不会老驻在西岗、唐王等地。这时区委张志平没有来联系，估计到处是鬼子，联系不方便。我与老吴就跟着张炳元校长到他家。他家在后旸村，在西岗、唐王以北。附近薛埠、朱林有鬼子、伪军据点。张校长说，后旸村这个地方日本鬼子与新四军都不大来。村庄很大，几个张炳元的本家学生也住在这里。我们下午离开自醒中学，走不了几里地就到。走时，除张校长外也有学生，学生中还有一个他的二儿子。路上学生都谈校长如何有学问，说这方园多少里路找不出这么有中文根底的人。学生都是慕名而来上这个学校的。一路上，张炳元就说新四军力量太小，能这么坚持真是不容易，他感到国民党顽固派打新四军，老百姓也反对，应团结抗日。到村庄已傍晚。

我和老吴都很着急，县区支队都联系不上。第二天，要学生去打听，情况还是不明。张炳元已出嫁的大女儿回娘家来说，各村鬼子不走，交通中断，各处都封锁着。

1943 年 7 月 11 日中午，大家正在吃饭，门口有人进来说，二鬼子（即伪军）进了村庄。我们还来不及放下碗筷，已经到前面晒场上了。脑子里第一个念头就是跑，可是已来不及，后面是河滩。你躲，搜出来反而麻烦。张炳元还说不会进来，进来就说是外地老师，暑假来度假的。一群伪军进来了，我们照样吃饭。伪军问是些什么人，怎么你家这么多人？张一一介绍：老婆、儿子、媳妇、姑娘。这是吴先生，来度假。最后说我是程先生。伪军要出去了，这时忽然从后面人丛里过来个十七八岁的伪军，对我细看，指着我说，这人不是先生，这人我在新四军县长陈连升那里见过，她与溧阳县政府有关系。这么一来顿时乱了。

门口晒场上挤满了人，真像水开了锅。张炳元与伪军头目打招呼说这是个老师，刚来，来找工作的，可能去溧阳县政府找过工作，她父亲与张是世交，他担保。可是这个头目指着那个伪军说，他是从新四军溧阳县政府刚过来的，他见过这个女的。我想坏了，那个伪军一定是溧阳县大队的叛徒，最近投敌的。就这样，老吴看着我给伪军五花大绑带走。临走时张炳元说，他明天就设法看我去。

伪军把我押到朱林镇，这是个伪军小据点。一进伪自卫队的门，看到个涂脂抹粉、穿得像花蝴蝶似的大姑娘，大概是这个头目的小老婆或是这个据点里的娼妓。晚上，伪军头目把我放在他大老婆的房内。这个女的看起来是个三十多岁的农村妇女，还带着个岁把的小孩。不一会儿，抓我的伪军进屋来了，他与这个妇女聊天，叫她太太。他指着我说，你可能是“先生”，不过确实在县政府见过你，你找陈县长，与县长说话。他说他是溧阳县钱震宇县大队的，那里日子不好过，不如当“自卫队”。我不理他。他又说他是唐王人，哥哥叫王锡禄，他叫王锡虞。他说他哥哥也是暗通新四军的“傻瓜”。我想，我去王锡禄家幸亏是夜里，而且可能这个叛徒不知道他哥哥是党员。这个叛徒的情况我大体心里有个底，他到溧阳县大队也不久，他对我详情是不知道的。

当晚，我与这个妇女及小孩睡一床。想了许多，逃，逃不了。同一张床的妇女和小孩，杀他们，一个小孩和一个家庭妇女，她们也无辜。又想，还不知老吴走了没有。

第二天一早，押往金坛。金坛是江南地区的小城市，街道两边都是商店，最近敌顽勾结，我县区人员多有被捕，日寇残暴，而沦陷区的老百姓还是心向新四军的，所以人们很同情我们。今天我在被押送的路上行走，引起两旁行人注目，都凝视着我，我也无心观看。

伪军把我押往金坛日本宪兵队。门口似乎有个牌，房子很大，一重重进去。一进门，我心里想：我如果死在这儿，也要死得堂堂正正，与过去所有牺牲的同志们一样，不能给后人取笑。想着入党时宣誓的“永不叛党”四个字，也想着尽量不能暴露身份，要保守党的秘密，保护党的组织。现在敌人是把我当教员抓的，那么我也要像个中国教师的样子，保持民族气节，为人师表。因此，我是直着身子进去，没有卑躬屈膝的样子。

进到屋里，一个翻译，一个白脸便衣鬼子，把我带进一个小房间，一张小桌子，三把椅子，门窗紧闭，觉得十分气闷。

我的口供大意是：江苏锡北人，初中毕业，1937 年后在无锡工作。我父亲与张炳元是世交，想找张炳元校长在中学校教书，因身体有病，在他家休息。

日本人并不进一步问我许多，开门，有个便衣中国人在外面等着，翻译叫我跟他走。翻译讲的普通话很好，似乎是东北人。我走出宪兵队，那个便衣人员带我走，又过大街到小巷，那人领着我，指着一排房子的一个门说："进去！"看上去像一个普通居民之家，进门有旁屋，住一家，进去有个穷老头及老太，靠墙生个小行灶。再进去是正屋，是这个人的家。有个小天井，后面是一间堂屋，两旁茶几椅子、八仙桌，还供着个什么菩萨，挂着对联，一看是个暴发户，是这些年头靠日本人起家的户头。

这个把我带来的人自我介绍说，这是他的一个家，他姓钱，赵钱孙李的钱，名发宜，发是发财的发，宜……他讲不出来，只说上面有一个点儿的宜。他要我准备，说明天宪兵队肯定要我进去的，今天在此洗洗刷刷，写信都可以。他家里有个大老婆，四十多岁，一个大烟鬼。有个女佣大嫂子，有个五岁的小孩，还有一个十五岁的侄女看孩子，名叫爱庆。这个大烟鬼大老婆招呼我在他家吃饭，钱发宜就走了。

下午，来了一屋子的人，张炳元校长来了，于婉贞、于诗蘩、于诗苹、小陈都来了。从这儿了解到张炳元及两位老师今天上午被宪兵队叫去，讯问我是什么人，他们一致说是自醒中学新请来的老师，准备下学期开课，其他情况不知道。老师、同学们告诉我，钱发宜是日本宪兵队的便衣队长（特务），过去是金坛饭馆里"跑堂"的，这里是他大老婆住的地方，还有一个小老婆住别的地方。于婉贞老师给我送来了夏天的替换衣服，女同学有送草纸肥皂日用品的。张炳元校长告诉我，已与我家属联系，设法营救。我写了个条给他，要他转给老吴，嘱咐立刻离开金坛周围，以免鬼子继续抓捕。鬼子并不知道我与老吴的关系，也不知道老吴这个人，他们与我的口供一致，如果老吴暴露对张校长也是不利的。这时钱发宜的大老婆出门抽大烟去了，家里只有女佣、小孩和看孩子的爱庆。

祸不单行，下午四五点钟，钱发宜的大老婆从外面进来。这个大烟鬼像得了什么新闻，说有个名叫陈仲周的，认识你。我心里想不起有这么个人，正说着，进来一个中等身材二十多岁的男人。我不认识他。他说他在竹箦桥镇帮新四军收税的，最近到金坛城里，在李翻译的洋行里做售货员。他在竹箦桥收税时曾见过我。我想这又是一个叛徒，我竹箦桥充其量走过一两次。他说他很倒霉，只是见过我一次，也不知我到底叫什么。昨天早晨我被押着过金坛，他在李翻译洋行内见我走过，就脱口说这个女的似乎见过。李翻译在旁问他这个女的是什么人，怎么认识的，他又说不出什么，被李翻译打了一个耳光。我说我根本不认识你，也未见过你，你的名字我也第一次知道，你根本不应该胡说认识我，这是你自讨苦吃。他说他也不知道我是干什么的。

那天夜里住钱发宜家。堂屋两旁有东西厢房。一个房间是大老婆与五岁的小孩住，钱发宜有时也回来。西厢房有张大床，佣人、爱庆与我住。这一夜真叫千头万绪。我身陷囹圄，被日本宪兵队所抓。宪兵队是杀人不眨眼、嗜血成性的地方，是有进无出的，大概我这一辈子就在这儿结束了。又想，死，没有什么，袁先锋、任迈、林心平多少同志不是死了吗？又想，最主要的是保守党的机密，保护党的组织，最重要的是以党的利益为重，个人是没有什么了不起的。我的口供是：自醒中学教员。敌人信？不信？有两个叛徒，一个在溧阳县政府县大队，是个新兵，来县大队不久就叛变，见过我也不知我的姓名和身份。另一个收税的在竹箦桥见过面，也不知我名字和身份。那敌人还不知我的身份，我就不能暴露，我的口供不能变。

第二天一清早，钱发宜把我带进宪兵队交给翻译。这翻译叫李永华，粗皮浓眉，像个凶神。我一路进去，后院有口井，有个长竹竿挂着吊桶。这大院后面有排房，中间有一间新修的简易粗糙的房间，把我带进去。里面有张小床，有个小桌。大家一声不吭。翻译出去时把门锁上。隔院子是鬼子食堂，中午鬼子集中在那里稀里哗啦吃饭，听得见叮叮当当碗碟的声音。下午，小鬼子开锁开门拿进来一些吃的，是鬼子的剩饭，上面有些土豆，用日本军用搪瓷缸盛着。

关了三天不理我，也不讯问。我心里纳闷，人像在火山口上转，不知火山何时冒火。

7 月 15 日，翻译把我叫出去。还是这个白脸鬼子审问。我的口供不变。翻译说，你说你是准备当老师，可是有人在陈连升那里见过你，也有人在竹箦桥见过你，那是什么地方，你心里明白。还说，人家知道溧阳一带有个“小陈”，准是你。我说中国人姓张姓李姓陈多得很，翻译说你自己去考虑吧！

17 日，翻译开门叫我出去坐在院子里树下，有个日本鬼子像混血儿，大高个，高鼻子，深眼珠。翻译介绍说：这是我们的队长，他今天回来，要与你谈谈。小鬼子还搬了个桌子放上西瓜。大概他就是金坛日本宪兵队的大头目田中队长。我在钱发宜家听说，审问过我的白脸鬼子是班长叫斋藤，队长叫田中。我这时大概已成为金坛城里议论的著名人物了，这个队长想在我身上花些功夫，但他是注定要碰钉子的。

这个田中先讲了一通目前形势，接着他想试试中国人的爱国心。他问我，中国人为什么要抗日？我说，中国人抗日是日本打到中国来后抗日的，中国人没有到日本去抗日。他碰了第一个钉子后，又讲了一番他们侵略中国的“大东亚共荣圈”之类的谬论。我只有冷笑。他又说：共产国际解散了，第三国际没有了，共产党没有了，你们还执迷不悟？我说，我没有听说，我也不懂。其实当时第三国际解散的事我当真不知道，我也避免谈共产党，因为我的“身份”只是个普通教员。田中又谈国际形势，说法西斯如何强大，说苏联红军不行。我说，法西斯是强大吗？墨索里尼不是下台了。苏联红军不行吗？但斯大林格勒德国人打不下来。这个谈话鬼子是吃了个软钉子，中国人有爱国心，可也暴露了我有倾向性，我不是什么也不懂，起码是个爱中国的有民族气节的教员。

深夜，翻译又把我带往田中房里。从黑暗里进入这个电灯明亮的屋子，几乎睁不开眼。定下神来，才看出内外套间陈设奢侈，墙上挂着地图。田中叫我坐下，问问一般的家常，父母兄弟姐妹是否婚嫁之类。翻译说人家都说她是无锡人，无锡在江南是很富的地方，是鱼米之乡。我感到敌人是在试探我，正在用各种方法调查我，用物质引诱我，要我投降。提醒自己，不能麻痹大意，不能暴露身份。

几天内，田中白天在院内试警犬，狗在院内奔跑转圈，田中又打枪。我关在房子内隔窗看得见。打枪似乎就在我屋顶上，这是鬼子吓唬我，我不怕，我想我至多像小林一样给鬼子的狗吃掉。可是我也心焦，鬼子还在调查我，研究我到底是什么人。

接着，一天下午翻译说，田中队长叫我去吃饭。一桌饭菜旁，坐着田中、斋藤、翻译，小鬼子站在一旁。我想不知今天葫芦里卖什么药。吃饭时，田中是主位，斋藤是陪客，我是客位。田中说，翻译翻。翻译说：田中队长要你在我们宪兵队做事，叫你当秘书，每月 500 元作为薪水。至于“外快”（小费之类）那由你自己，要多少有多少。我说我不做。翻译问我为什么不做，我说你们都是日本人，我是中国人，我一句话也不懂，我如何做？其实我知道他们在试探我。我也想，既然是教员，讲道理，现在还用不着把桌子踢翻，因为他们还不知道我是共产党员。接着鬼子说，你不是要找工作吗？你说宪兵队都是日本人你不干，你不是老师吗？那你留在金坛城里做老师吧，城里需要教员。我说我不教，我身体不好，经常生病。日本鬼子说，你总得生活，你不做事哪来饭吃？不然在洋行当职员吧。我说不当，我算盘不行。临走时翻译说你同意了吧，我说我什么也不同意。我还是被锁在房子里，我预感我的事情很严重，为什么鬼子不把我马上杀了，鬼子是企图在我身上捞些什么。

囚禁黑牢

7 月 23 日早上，斋藤、翻译提我审讯，把我大骂了一顿。我想，你们到底是鬼不是人，前几天还叫我吃西瓜、吃饭，今天骂我一场，又是一种手法。斋藤白脸发青，翻译怒气冲冲。他们拍桌子，说：明明有人在溧阳县政府见过你，明明有人在竹箦桥又见过你，你还不承认？你来了，我们一根汗毛也没有碰你，你不识抬举。翻译说，这样没有人同情你。我想，要敌人同情我岂不完了，我白革命了几年？敌人的话我拒绝回答，不吭声。于是翻译、鬼子七手八脚，把我拉着往前面黑牢里送。

黑牢是怎么样的一个地方？出审讯室，过前面天井，有一排过道房子。在房子一边，有两扇大厚门，不注意看不出是门，门与墙砌的颜色一样。每个门里面关人，这个门有七八寸至一尺厚。门里是铁栅栏，里面只有两米见方，四面是厚墙，有一边上面顶上有几寸宽的洞，这个洞上也有铁条，墙一角有个粪桶。把人丢进去时不准穿鞋，不准用裤腰带，大概日本人怕你自己勒死了他得不到什么。把人丢进去铁栅栏和厚门均关上。借上面小洞里的光，依稀可以看见墙上涂满了血污、粪便，还有不知何年何月何人在墙上划着初一、初二、初三……大概这个被押着的人不知地球依旧转动否，就借点滴微光在墙上刻上个符号，到死时为止。

鬼子上午把我扔进这个黑牢，下午把我提出去审问。我拒绝答复，一言不发。翻译说，你尝到黑牢的滋味了吧，你不说，关进去。他们如狼似虎把我又拉又拖，又扔进黑牢。

在黑牢的第二天上午，翻译开门拿进三张白纸，一支铅笔，说你不愿说你就写，写溧阳县政府的事，写了放你。这是对党员、对干部、对中国人民的考验，是贪生怕死还是为国尽忠，是维护党的利益还是出卖灵魂。人到这个地步但求速死，可是怎么死？没有药没有电，只有饿死。一天、二天、三天，我点滴不吃不喝。饿得肚痛头晕，躺在地上。这时实际是秋天了，晚上一夜雨，屋顶小洞里有一线光的时候很凉，于是满地的粪蛆向身上爬，满头的虱子向皮肤里咬。最倒霉的是：我还是个女人，月经来了，我把里面衬的短裤叠起来垫着，满身污血蛆虫。三天，我还未饿死，我想为什么死也那么难。

我借着微弱光线在三张纸上分别写着，第一张纸写给父母，我说，我要死了，但我没有做坏事，我对得起国家、民族、人民，对得起父母。第二张纸写给宪兵队，我说我是个女的，我什么也不知道，你们可以把我杀掉。第三张纸我画了一个人一把刀，意思是你们可以杀掉我。

第三天下午，翻译开牢门，看我躺在地上，纸上似乎写了什么。他开始觉得可以捞到一些什么，但伸手一看，黑脸横了，说，你这么做没有人同情你，你就死在这儿吧，你死还不如一条狗。我心里想你才不如一条狗呢！我躺着一言不发。

三天中，他们拿来一些剩饭，我不吃不喝，第四天、第五天，他们也不拿来了，我饿得迷迷糊糊，闷得透不过气来了。翻译开了门，看我快完了，就把牢门露一丝缝，只关着栅栏。我想我是死定了，反正他们已经知道我是溧阳县政府的人，我得死得堂堂正正。我把最后剩的一口气，唱出我心头之恨，唱出人间不平事，我唱《石臼湖》(这是我们新四军编的歌，自醒中学教的)，唱《渔光曲》……鬼子大发火，拿了长竹竿伸进来打我，并把厚铁门关上。隔壁是男牢房，可能一个黑牢里塞着好几个男的，那根本躺也躺不下来的，可能只能站在里面。半夜听到墙外鞭打与嚎叫声，十分凄惨。

有一天，鬼子把两个牢房打开，我一个半死不活的人差不多已不能动了，把我抬到外面，坐地上靠着墙。男牢房放出来五六个人，头发朝天竖着，眼珠深陷，瘦骨伶仃，脸是黄绿色，人像骷髅，衣服撕成条条，满身血污。开门时人一涌而出，看到天井里地上的瓜皮拿了就啃。我不知这些是什么“犯人”，是否其中有我这样的人。翻译、鬼子要他们把粪桶抬出，地上扫一扫，可能这是每周一次打扫卫生。

关在监牢里的人，如果下了死的决心，就往死的路上走，毫不犹豫，坚如磐石。但组织、同志们、家属及周围的老师、同学，用尽一切办法营救我，不让我死。我被捕的第二天，溧阳县组织上就派人去后旸，把老吴接走，带着他过封锁线去溧阳，以免遭逮捕。金坛县的地下工作人员密切注意着敌人的一举一动，也关心着我被捕后的表现。组织上及张炳元校长很快与我老家联系上，我父亲要我 19 岁的兄弟中民与 23 岁的妹夫须士雄（这时小兰与士雄已结婚），冒险从无锡来金坛。这两个青年都是 1941 年夏江南东路何克希保安司令部青年训练班里的学生，“清乡”时布置他们留本地坚持工作的。他们对敌占区的工作如何开展有些经验。他们筹了一笔款，来到金坛，同张炳元、于诗蘗、于婉贞联系上，一起商量。张炳元带他们去找一个叫“三师娘”的妇女。这个妇女四十多岁，八面玲珑，广收徒弟，是个帮会头子，在金坛城里颇有势力，鬼子在金坛都要听她三分。两个青年用钱财送给“三师娘”及李翻译、钱发宜。小小金坛城都在传说，来了两个无锡青年，白纺绸长衫，黑皮鞋，一表人才。他们来营救从自醒中学逮走的女老师。

营救教师一时成了金坛城里的头条新闻，到处谈论。舆论认为，日本人应该放这个女老师。不过大家也得看看这个女老师有无骨气，是帮日本鬼子干活做事，软了骨头留在宪兵队呢，还是保持气节横着抬出来。

翻译得了四千元储备票，因此我在黑牢关到第九天，大厚铁门开起来，翻译让小鬼子把我拉出来，住进一开始进来时的简易房子里。第二天给我理个发，洗洗澡，吃一碗面。我想大概要枪毙了，就等着吧。翻译向我摊牌，告诉我前几天来了你兄弟及妹夫，送来了衣服。这几天田中队长不在家，等队长回来时他可以替我说句话。他说，你是新四军溧阳县政府的人，人人皆知，你一定说是老师，这说不过去。你承认是溧阳县政府的人，他在队长面前就好说了。不过你得答应在宪兵队做事，改个姓名谁也不知。姓名已想好，叫“张雪治”。还说这名字挺漂亮。我说，我在溧阳县政府待过，溧阳县政府堂堂正正为民办事，为民族抗日，为国家争光。

我早就表明，你们可以把我杀了，我姓程，不改名换姓，我什么也不做。我早说过，不要说宪兵队，我教员也不当。

这样我还在破房里待着，过几天小鬼子叫我出来帮几个伙夫一起洗菜，还叫我洗衣服，一个冬天“犯人”的衣服都拿来洗。翻译说，你不答应做事就罚你做苦工。我说我不做事。这样过了几天也不再审问，每天上午开门叫我出来洗菜搬柴火。

过了几天，翻译说队长已从外地回来，我的案子已告诉他了。意思是说他在日本人面前帮我说了话。我想你们都是一丘之貉，你与日本鬼子还有什么区别。翻译送来一套衣服，一双鞋，说这是队长送的，是宪兵队的规矩。我说我不要。他把衣服放着就走。我不穿，还是穿于先生带来的衣服。我心里明白，先来软的再来硬的，再来软的，软硬兼施，万变不离其宗，要我投降鬼子，帮他们做事。这是休想。

有一天我正在院子里洗菜，翻译走过来说：明天要下乡，请你带路打溧阳县政府。我说：“休想，这不是我们中国人做的事。你要我去，我就投井。”我指着那边一口井说。翻译说这是试试你的，我们明知你不肯的，那你洗一辈子菜，罚一辈子苦工吧！不过这一夜我一直想着我们的机关和同志的安全。其实鬼子翻译是吓唬我，真的下乡会告诉我吗？

到 9 月里，我还是每天做苦工，搬柴烧水洗菜。敌人不放我，也不审讯我，把我丢在一旁。有一天正在洗菜，小鬼子把我的东西搬进另一个房子。翻译带着一大群人进来，经过我洗菜的地方，走向原来我住的地方，大小鬼子进进出出，忙忙乱乱。我张眼一看，其中簇拥着的不是别人，而是我们金坛县长诸葛慎。他穿了件毛巾布的浴衣，脸如菜色，瘦削不堪，步履艰难。唉，诸葛慎县长被捕了。翻译从屋内出来走过我身旁时，问我认识不认识，见过没有？我说不认识，没见过。他说这是地地道道的金坛县长诸葛慎，你看我们对他多优待。鬼子又用那一套笼络的手段，但显得多么粗俗和卑劣啊！

诸葛慎被捕后，鬼子又用“优待”办法对他。下午我看到一个二十多岁的青年妇女，身穿蓝布旗袍，满脸愁容，携一个五六岁的孩子进来。从伙夫们的轻轻议论中，我了解到，诸葛慎的岳父是金坛城的小资本家，开一爿绸布店，就在日本宪兵队的斜对门。这青年妇女是他前妻，孩子是他儿子。不过，诸葛慎在根据地结婚的小林（林心平同志）无人敢提起。小林死于哪个据点，鬼子如何把小林让警犬吃掉，这些惨无人道的事，人们不敢说，也可能人们不知道。鬼子自作聪明，来个巧安排，把诸葛慎的前妻接来，还带着孩子。每天进宪兵队，带上些吃的东西，大概日本人要他老丈人家送来的。还要他前妻、孩子陪着。其实这种情况下，前妻哭笑不得活受罪。孩子呢，尽管翻译鬼子哄着、逗他笑，也活泼不起来。

从诸葛慎县长的被捕，我深深感到溧阳、金坛环境紧张。我日夜担心着同志们的安全。从鬼子对诸葛慎的态度我也在思考鬼子对我们的政策，为什么林心平同志一年前被捕，鬼子是这么残酷对待，现在又来个假仁假义。还有，鬼子对我与对诸葛慎的态度又不同，把我丢进黑牢、罚苦工，对他“优待”。我很费解，难道诸葛慎同志会有什么问题？那是不会的。一个县长的态度影响着人民的抗日情绪，我相信这些同志“宁为玉碎，不为瓦全”。

有一天半夜，敌人把我叫去。有宪兵队长，有警备队长，还有好几个鬼子。屋内灯很亮，大概鬼子正商量什么事。警备队长看看我，摇摇头，翻译说那不是这个人。我猜测，可能在一次敌人与新四军打仗中，警备队俘虏了一个女同志后放了，看看是不是我，结果不是。接着他们问我溧阳县几个区里的同志。我说不认识。我估计这些同志都是被警备队抓了牺牲的。

我还是每天搬柴洗菜，鬼子既不审问，也不放我，好像把我忘了似的。有时在厨房边弄堂里拣菜，坐在小板凳上。弄堂很长很窄，旁边是高高的围墙，爬不上去也跳不出去。有时似乎听到墙那边有讲话声。我只能唱唱歌，心想，隔壁的人家能否把我的歌声带到远方，带给认识的同志。

我每天摘菜，天天碰到的有四个人，两个小日本鬼子，其中一个是指挥做饭的，另一个像是队长的勤务兵打杂，每天也给我送饭；还有两个中国人，一个姓王的洗碗烧火，另一个又高又大的每天担水，都是二十岁上下的人。指挥做饭的鬼子每天告诉我摘哪些菜。有时他也来摘，有时搬个藤椅一坐，抽口烟。可惜我不懂日本话，他也不懂中国话。日子久了，我摘完菜他也表示谢意。他告诉我他是京都人，写了“京都”两个大字，是征兵出来的，家里有老有小。有一次他还把照片拿来，一家人穿着整齐。他恨打仗，一家离散。当听到弄堂那边翻译的声音，赶快把照片往内衣藏起，不让翻译看到。从这儿我了解到日本兵下层不是个个愿意来打中国的。他们也思亲想家。打杂的小鬼子每天烧字纸篓的纸，给犯人送饭。他曾企图对我无理，我要打他告他，他就不敢了。中国人中那个姓王的有点驼背，每天烧火洗碗，早来晚归，低头不语。有一次鬼子吃完饭，姓王的正洗碗，我准备去厨房里拿扫帚扫地。这时两个小鬼子和一个中国人刚走，我看到这个驼背对着洗碗池撒尿，池里是碗碟。我看到他急忙走出来，很难堪的样子。我说我只希望外面有什么事能告诉我一点，日本人有什么动静也告诉我一点，我们都是中国人。那个担水的中国人不说话，我开始一直以为他是日本人，或是个哑巴。他从早到晚在井上挑水，供烧饭和鬼子洗澡用。以后偶然听他说话，是个结巴，知道他是中国人。我每天洗菜用的水是他挑的。慢慢地我了解到他原先是国民党63师的，被俘在此三年多。敌人看他有力气，就叫他天天担水。他告诉我一件事，他认为我快释放了，按他的经验，日本人开头问几次，坐黑牢，但到后来就不怎么问了。在宪兵队至多关三个月，不是放了就是转到什么别的地方，或者杀了。他的看法是：最近杀得少，前二年杀得多。他只能告诉我这些。

过几天，诸葛慎县长不见了，听说是由岳丈的布店担保，住在岳丈家，软禁金坛城内。

又过了些日子，有一天翻译进来，叫我收拾东西。我就这一些零散东西，一个小包。跟他走到大门口，看到钱发宜站在那里。翻译指了一指，钱发宜领我出大门，过大街小巷到他家。他大老婆说这回放了吧，钱发宜没正面回答。在日本宪兵队的日日夜夜算起来整整三个月，离开的这天是1943年10月12日。

软禁金坛

日本鬼子释放我不甘心，杀掉我又怕遭到金坛城区群众反对。我的案件，全金坛家喻户晓。因此把我从宪兵队放出来，又不让我走，就押在金坛城内。一到钱发宜家，张炳元校长、于婉贞先生、学生都来看望我。他们都问钱发宜是不是能让我回去了，钱说还不行，还要看我态度。老师、学生还给我送衣服、送书、送照片。后来，我知道押在城圈里的还有好几个同志，除诸葛慎县长押在他老丈人家外，还有溧阳钱震宇副县长押在城里一个徒弟家里；张超区长押在他舅舅家，他舅舅是开木匠铺的。我深深感到在江南，在溧阳、金坛坚持工作真不容易。张炳元来探望我，我才知道我兄弟及妹夫来金坛城内奔走营救的事。张炳元还告诉我，我被捕的第二天，新四军就派人接走了吴先生，现在吴先生在溧阳县政府工作了。

钱发宜每天早晨出去。摸不清上日本鬼子那里，还是上小老婆那里。大老婆 9 点钟起床，就出去抽大烟，中午回来吃饭。大嫂烧饭，侄女爱庆抱孩子。爱庆说她是宜兴官村人，父亲种田，生活苦，钱发宜是她叔叔。她也说这个叔叔是日本人密探。我还了解到爱庆的哥哥是看城门的警察。我想这个麻烦，钱发宜可能叫爱庆当心我跑了。可是爱庆对我很好，什么事都告诉我。可惜她年龄太小，胆子也不大，她同情我，但只能小帮忙，不能成大事。烧饭的大嫂对我也好，可也不敢帮大忙，太危险，而且她的女儿在鬼子饭店里当招待。

那是 1943 年 11 月了，我还是押在城里。有一天，钱发宜老婆出门抽大烟去了，爱庆带孩子在门外看邻居孩子们跳绳、丢砖头玩，我倚在大门上，好像穿了件烟色棉旗袍，是家里带来的。只见有一个人在与爱庆说话，爱庆说程先生有人找你。我想，从来没有人找过我。这人三十来岁，身穿长袍，戴金丝眼镜，脸白略有麻点。他与我点头，请我进屋。我们坐在茶几旁，来人自我介绍姓缪名昆，是《金坛日报》记者，来采访。我心里一沉，是敌伪报纸记者，得警惕，不要给敌人捞到什么，造成不良影响。新闻记者先开口了："听说程先生已从日本宪兵队出狱，不知有何感想？在狱中生活如何？日本人对中国人怎样？"我想，是日本人叫他来探口气的。我说："在狱中生活很苦，暗无天日。"他又问："中国的前途如何？"我说："如果中国人帮日本人做事，中国就没有什么前途，如果中国人为自己的国家、民族谋幸福，中国会有前途的。"双方好像都在试探。他说："听说日本方面要聘请先生，为先生谋职业。"我说："我什么也不会，什么也不做。"他说："来报社如何，不知能屈就否？"我说："我连报也看不懂，如何办报？"后来他说，实际程先生在狱中一举一动、一言一行我们全部了解。我们相信你没有失掉民族气节，是好样的。我不说话。缪昆接着告诉我，他与新四军溧阳县有联系的，我的表现大家都知道，今天他是来与我接头的。我想如果敌人来试探的怎么办？我不响。他说他带来了信。我还是说我与溧阳县无关系，也不认识什么人。他说："吴宝康你不认识？"我吓了一跳，但还是镇静地说："我不认识。"他从里面衣服里掏出来一个一寸半长、一寸宽的白报纸包，放在茶几上。他说你快收起来吧，一会人回来了不得了。你看后烧了，今晚设法写个信，隔天来拿。我斜着眼一看，是吴宝康的笔迹。外面有脚步声，我赶快把这纸包收起来。爱庆抱着小孩进来，缪昆问她几岁，从哪儿来，念书没有。爱庆说没念书，只认得几个字。缪昆自我介绍说，他是金坛城小学的老师，说爱庆应念书，还说，你不认识的字可请这位程先生教教。接着，钱发宜老婆进来，缪昆叫她钱师娘，说报社要请这位程先生写文章。钱发宜老婆是个大粗人，过去帮人洗衣服过活，现在丈夫当了汉奸，大家叫她一声师娘。她说程先生会写什么文章，她也识不了几个字。他们敷衍一番。缪昆走时说，钱师娘，这文章以后我还要来拿的。缪走后，钱发宜老婆骂道，来了个废物，这个缪凤生，是金坛城里有名的书呆子。缪昆在这些人眼里如何评价，我心里有了个数，而且知道缪昆叫缪凤生，他不光是《金坛日报》记者，还是金坛城区中心小学教员。

缪昆的来到（接通关系并带来信），真是喜从天降，我像在地狱里见到了曙光，像黑夜里航行见到了灯塔，绝望中有了希望。

傍晚烧晚饭，我在灶膛口一面烧火，一面借着火光，把纸包打开，颤抖着把这个"宝书"拿出来看。吴宝康信的内容是：你的情况知道一些，现正通过各种渠道设法营救。可能要物色人物来城与他们谈判。你家庭也在设法营救。金坛城内的老师、学生、地下工作人员统统在帮助你、支持你。要继续坚持立场，保持气节，不能动摇，注意身体健康。我就在城外。信看完，真有说不出的高兴，我满怀信心，把信又看了一遍，然后放在灶膛里烧了。

当夜，钱发宜老婆出门抽大烟，我们这边床上爱庆和大嫂已熟睡。在暗淡的灯光下，我不敢尽情倾诉一切。第一封信我只能把埋在心里最重要的话写上。一是要对方立即离开金坛周围，敌人在窥探我们的关系，以防不测。其次是我不愿意公家花钱来赎买。我们的钱来之不易，敌人贪婪，挥霍无度。以有限的钱投无底之渊不上算。还有与敌人谈判是与虎谋皮，是很危险、靠不住的事，我们不能乞求。再有讲到我的态度：坚持到底，拒绝敌伪提出的一切条件，不干任何伪职务，至死不屈。

缪昆来取信时告诉我，以后继续联系，还可以上金坛小学去找他。设法叫爱庆陪着，爱庆可以教育。

爱庆的父亲是庄稼人，爱庆因家里穷来到金坛亲戚家，实际上是钱家的丫头，带着钱家抱来的一个小孩，四五岁。爱庆常说，程先生你真是个好人，要陪我出去玩玩。她陆陆续续告诉我城里的不少事：张超住在开木匠铺的舅舅家，在做木匠。这店铺沿着大街，要去可以看得见，爱庆愿意陪我去看。为了解外界情况，我同意了。

缪昆后来来看我时，我也与他商量帮助我逃走。他说他们研究过，到最后实在无法再逃。目前被捕的人好几个。一个逃了，怕敌人杀其他几个，而且说我身体不好，走不动。还有，怕引起敌人注意，对城内地下工作搜捕、镇压、破坏。组织上要我放心，一定设法营救，很快会找人来与钱发宜谈判。

我妹夫士雄、弟弟中民又带着我父亲筹划到的一笔钱到金坛来营救我。张炳元和两位于老师又一起商量办法。由于缪昆是金坛城内文化界著名人士，因此他们又以参观金坛小学、文化馆为名与缪昆联系。他们第二次送李翻译四千元，给“三师娘”也送了礼，又给钱发宜一千元。李翻译说等队长回来马上就释放，最后放要队长批。钱发宜说这案已完，等上面来人就可走，不能老在他们家里。组织上与家属研究，认为可能是敌人哄骗，也有可能释放。

我也去小学走走，缪昆给我介绍老师们，他们对我都很尊敬。

钱发宜家得了钱，对我客气了一点。钱妻说他们家真想放我，但走要队长同意，而队长常在外地开会。她还告诉我一件事：陈仲周的哥哥叫陈法根，宪兵队要他到无锡调查你这个人，也没有结果。说无锡城外都是国民党忠义救国军，他不敢去。她又告诉我，不少人劝他们放我走，唐王华罗庚的妹妹也问起过我，要她家放我走。

于诗蘩老师送来了字帖，行书、楷书都有，还有小说诗词，我就买些纸张写毛笔字。到年底时，钱家成了大赌场，流氓、汉奸，还有的像日本浪人，有男有女，在堂屋里掷骰子，推牌九，又叫又喊，简直是魔鬼世界。我就到于婉贞老师家去。她家正忙着做糰子过年，她与我谈谈根据地的情况，溧阳县政府还经常在那一带活动。讲老吴在县里。谈到自醒中学要改组，她愿意留校，要我给溧阳县政府写信。我在她家给吴宝康写了个信，请她带去。

有一天，我正在中间屋里写字，来了个穿藏青呢长袍的青年人，找钱发宜。钱发宜一般不大在家的。这个人见我写毛笔字，心里有几分明白，问我是做什么的？我说我是犯人，软禁在金坛城里钱家。他问我怎么还没有放走。我说日本人不放。这个人叹气说，前一阵都说要放了，怎么还没给走？他告诉我，我的案子金坛城里都知道：自醒中学的一个女老师被捕，鬼子要她在城里教书，她不愿意，鬼子就不放。他告诉我，他原在新四军的一个地方武装，主力撤退时，要他们全跟着走，他自以为地方情况熟悉，不撤退不转移，结果被敌人包围。现在押在伪军王志贤的队伍里，逃也逃不了，杀又不杀他，关了几月，软禁在城里，他的名字叫朱者赤。我说地方武装不听部队指挥那是很危险的。他说现在懊悔也来不及了。王志贤的伪军部队离钱家近，大门口望得见。有一天他又来，他说他被释放可回家了。花了上千上万的钱。他父亲卖了水车、牛、田地、房屋，倾家荡产。我说你出去后怎么办？他说他一出城就去找新四军，他也愿意为我奔走，可以为我设法去找朱专员，他们是老乡，又是上下级，熟悉情况，如果我有信他一定带到。他走时也嘱咐我，目前只有两个办法脱身，一个是“逃”，但恐你走不动；还有办法就是出钱，他说现在鬼子不行啦，汉奸也在找出路，只要钱，有钱能使鬼推磨。

有一天钱发宜家来了个女青年，专门来看我的。穿学生蓝旗袍，上海人，我们互不认识。她报了姓名（我也忘了），说明来意。她是新四军的被捕人员，走不了，在金坛做了几个月事，现放她去上海家里。问我如何？我说我不准备做事，不放就不放。她也不一定劝我非帮敌人做事不行。可是照她看来，不承担些什么，什么也别想，这个牢门是出不去的。她来得匆忙，简单地说了一说，也没坐就走了。我不知道她帮敌人干过些什么，不过我觉得答应担任伪职是失节，是向敌人低头，我不干。押就押吧，火坑就火坑，就烧死在这儿。人生总有一死，何苦还留个污点。

没过几天李翻译来了。我押在钱发宜家后他没有来过。他后面跟着钱的老婆，她抱着孩子。我心里想，这些汉奸，没心肝的，把我从黑牢里放到普通牢房，拿了我家四千元，这一次又是四千元，还不放我走。我不对他们卑躬屈膝、阿谀逢迎。看到这个民族败类，跟着鬼子为虎作伥，他从东北横行到江南（人说李翻译原是东北伪满洲的汉奸），在金坛城里帮鬼子为非作歹，我心里就痛恨。钱妻在房内说李翻译请程先生谈谈。我进去，李翻译说前几天那位上海小姐你见到了吧。我说她来过。李翻译接着说，像她这么个结果是最好的了，没有杀她。但马上释放是很困难的。他希望我像她那样，待一个时候就好走了。本来我已来半年，该走了，可是我什么也不愿意干，不要说教员、职员、店员，连个起码的态度还未表示，旁人不好帮忙。他说其实所谓做事，不愿意的话担任个名义也好。我说我不担任。他说，要不，你就算是钱家的家庭教师。钱妻指着孩子说，小孩五六岁了，快上学了，有个老师更好。李翻译说这不是现成的，你教教小孩，对外我们宣布你是她家家庭教师。我说我不是。他说你这个人死心眼，那什么人也不会同情你，你不想想你关在金坛，家属那么远来，家里那么着急，最后还是没什么结果。我想，有一点儿表示岂不是投降，宣布我是家庭教师，岂不是败坏了我名声。钱发宜老婆骂人说，养条狗还看家，这个养着算什么，什么也不肯干。

组织上还是在时时关心我，我又给组织写了信，向李大姐汇报，给县政府、给吴宝康写求援信。缪昆也来或要我去学校商量，但一天天过去真是度日如年。钱发宜隐隐约约表示，城外有朋友与他交谈，他说愿意出把力，但还是有难处，似乎放不放不在他。这已经是 1944 年 4 月了。

有一天钱发宜带来一个人，四十多岁，本地人，像颇有社会经验的经纪人。钱说这是城外新交的朋友。钱发宜请他在堂屋里坐，自己进右边房内换衣洗脸。这个人与我打招呼，自我介绍叫李士英，是朱春苑专员请他进城来的。他要我放心，再耐心等几天，快了。已经过两月交谈，虽然几经波折，困难不少，目下已言明下一次一手交钱，一手交人。钱已筹备好，在乡下，下一次他把我带出城去。他告诉我：凡是我认识的人他都知道、认识，并问我好。说吴先生问我好。我们匆匆交谈了最重要的几句话，我进左边房间，心里突突的跳。钱发宜说，他也邀请金坛城内朋友一起打牌。不一会，来了一些人，互相应酬，于是打麻将。中午这群人都走了，大概到外面吃饭。临走时李士英说：程先生留步，后会有期。

李士英走后一段时间，金坛城内城外发生了变化，这已经是 1944 年初夏了。组织上发现城内汉奸是大敲竹杠。因形势是：敌人败局摆着，鬼子已日趋忙乱，惶恐不安，伪军汉奸抓钱，准备逃跑。逃跑前都要捞一批，所以凡关押我们一个同志，扬言要一百担甚至一千担的米价才能放走。是放了一些人，可是是阴谋，不仅是勒索敲诈，而且是要我根据地经济上陷入困境，政治上软化我们。组织上发现后，研究决定，关押在城里的人，在地下工作人员协助下各自奋斗，与敌人斗争。不要依赖组织用钱收买汉奸，这个办法不好。这个指示一下，李士英与钱发宜的谈判告吹，李士英不进城了。钱发宜没有到手一批钱，立刻变卦。他说，不是不肯帮忙，是帮不上忙了。我一肚子的不满、懊恼。在缪昆那里，他也安慰我别着急，再另想别法，一定跑出这个虎口，要我注意身体。

没有几天，传来消息，张超已取保释放出金坛城，钱震宇、诸葛慎等溧阳及金坛县长都逃出金坛城了。老百姓中讲得很神，说多少徒弟把他们带出城去的，也有说是撑把伞从城墙上跳下去的。这边送那边接，新四军天兵天将，几天中把他们统统救出去了。我知道后，一方面为他们高兴，暗里祝贺他们脱险，但也怨恨自己没有本事。一没有徒弟，二又走不动路。地下工作的同志认为我跑是不行的，我认为等待只有增加危险，也得赶快设法。

不出所料，一年来宪兵队鬼子没有再对我审讯，大家也以为此案已了，我快走了。有一天，忽然又把我押进宪兵队审讯，把我大骂一顿。鬼子因我们的同志都跑光了，汉奸捞不到什么油水，于是拿我出气。鬼子像三堂会审，队长班长统统到齐，说一年来没有动我一根毫毛，可是我执迷不悟，什么也不干，说我一定是共产党员，而且城外还有男人。他们一再问是否是党员，是否有男人。我不答复，一声不吭。他们像狼一样凶狠，把我在地上拖来拖去。我只觉得天昏地黑，房子像倒下来一般，我晕过去了，什么也不知道。

迷迷糊糊醒来还是在钱发宜家。听爱庆说，我是从一辆木板车上抬下来的。这辆车有七八个人拉着推着过大街。街上两边的人都瞧着。钱妻感到日本人又把这么个人放在她家，也腻了、恼火了。在堂屋里等人走光后破口大骂：短命东洋人，又把这个死尸抬到这儿来，杀又不杀，放又不放，是啥道理？我家是牢房，专门押犯人？钱发宜也可能有所考虑：第一，在我身上已经捞了好几千，再也捞不到什么了，李士英不来了，我家里来信表明：店铺营业不振，无钱营救。第二，如鬼子把我杀了，将来鬼子败走，这个杀人的罪名落到钱发宜头上，他也担当不了。他也明白，张超一出金坛城，还是回到新四军去了。钱震宇、诸葛慎逃出去也是回新四军。将来这些人打回金坛城，钱发宜有几个脑袋？

到 1944 年秋末了，鬼子日子不好过，汉奸也觉得末日将临。杀了我吧，全金坛城里人得骂他们，李翻译、钱发宜是拿了“重金”的，“三师娘”

是帮着说情的，他们怎么交代？这时汪精卫、李士群等大汉奸都死了，他们是几类汉奸有几条命，将来往何处去，也得考虑考虑。组织与我家前后花了一百多担稻钱，虽然钱发宜扬言还要一百担稻，实际没有人理会他们了。而且新四军经常烧他们仓库，抓汉奸，他们也害怕，也要想想往后怎么办。

有一天钱发宜说，日本人与新四军打仗时金坛城里的警察局长给新四军俘虏了。要我写信给新四军，日本人与新四军交换俘虏，警察局长回城我回家。我拒绝，我说我谁也不认识，不写。

1944 年 10 月 12 日，我被捕后关押在金坛整整一年零三个月。这一天早晨，钱发宜出门后忽然又折回来，告诉我今天离开金坛去丹阳。我说还不放我走？他说这回快了，到丹阳后很快就要放了。我说这儿待了一年还不放，到丹阳后是遥遥无期了。我说好吧，你们可以押我一辈子。钱发宜说今天中午提前吃饭。他出去了，大老婆早饭后抱着孩子上街抽大烟去了，钱家只有爱庆在。我对爱庆说我下午就走，现在赶快去找缪昆。缪昆说，来得真快，这批坏蛋，他们倒赶在前面了。本来地下工作同志正在商量我如何逃跑的问题，现在来不及了。他要我放心，去了再说。我要他与丹阳城地下工作联系，我押丹阳后来找我。他答应我到丹阳后，一定设法使人与我接上关系，反正哪儿都有共产党组织，哪儿都有我们的同志。

被押常州特工站

敌人是十分狡猾的，对外宣称把我转押丹阳，实际上敌人把我转押常州。我只知押到丹阳去，到了丹阳又要我上火车，我才恍然大悟。到常州下车，押到兴隆巷六号。夜晚，大街小巷黑黝黝，唯这儿电灯亮着。半夜把我带进一个精心布置的房子。我是小市镇出身的人，似乎还很少见到这么阔绰的地方。我估计此地主人大概是与日本鬼子田中一类的货色，但我还弄不清是个什么敌伪机关。这儿的主人坐在一张很大的写字台旁，穿着入时，三十多岁。我一进屋就招呼我坐下，似乎要与我长谈。他先告诉我：这是“常州政治保卫局”，外界人称“特工站”。我心一沉，我想我是从地狱又到火坑，不死在日本宪兵队也死在日伪军特工站，完了。这个人装着毫无顾忌的样子说，这儿没有东洋人。他自我介绍叫葛圣文，原是新四军茅山地区镇江县的一个区长，现在在这儿。我想这是一个叛徒，不过我不认识他，他也不了解我，这一点是肯定的。葛圣文接着说，日本人是肯定要失败了，局势摆着，而且从目前看，罗斯福把延安的地位看得与重庆同样重要。但目前你只能在这儿等着，知道你是被日本人在金坛逮捕来的。现在要走当然不可能，你在这儿先当几个月“见习生”再说。我说东洋人把我关押在金坛城一年多，我连小学教师、职员、店员都不干，你们这儿的事我是不会干的。

我被关在楼梯下面的一个小房子内，坐在床上一抬头楼梯背斜罩在我头上，仿佛压着块大石头。隔壁住着俩夫妻，带个女儿。男的五十来岁，是这儿的勤杂工。女的四十来岁，跑单帮的。女儿是帮葛圣文洗衣服搞卫生的勤务员。他们说话我这边听得见，我这边的动静那边知道。把我关押在这么个地方自然要他们监视我。开头两天吃饭是像送牢饭一样送来的，以后就叫我到饭堂吃饭。普通饭菜，吃饭的人约四、五桌，大部分是家属、小孩、保姆，也有十几个小特务。

葛圣文第一天谈话以后，有两三天没有人理我。我明白暴风雨还在后面。不出所料，过了几天押我去审问，是个年纪虽轻却十分狡猾的特务。我想，这回葛圣文不出面，大概葛是白脸，田中一类人物，这个审我的特务是红脸，斋藤一类人物。我的口供与金坛一样。特务却说，你一定是共产党员，你们这些人骗得过日本人，骗不过我们（我想你们比日本人还坏）。他说，你们在一个小屋里，偷偷宣誓，忘了吗？

特工站特务是地头蛇，对我连续审讯，甚至两个特务一起审，重点还是问是不是共产党员。到第三次时，那第一次审问我的特务说，你如果不承认，那好，我老实告诉你，你的情况我们全知道，就是日本人不知道。你是无锡人，无锡人参加抗战的都是共产党员。我老婆就是其中之一，你不信，我叫她出来与你对质。当时这个特务还未叫他老婆出来。审完回房我心里直嘀咕，这个特务的老婆是谁？入党时与我一起宣誓的女同志里谁叛变了？

过不了两天，有个女的叫开了锁，到我房里来。一看认识，她叫顾颖，无锡人。1937 年 8、9 月间我们一起在无锡周新镇伤兵医院待过，一起做抗敌后援服务工作的，事隔七年，想不到成了敌人啦。不过我当时与她不是一个班一个队。无锡撤退时没有她，她没有走，详细情况互不了解。她一见我倒是很亲热的样子，说：“哟，程，原来是你，你换了名字，我想来想去，要么是你，没有别人。”我心里想，叛徒比日本人还厉害，一年来日本人还没有弄清我的真姓名，叛徒几天就对上号了。我说，我是犯人，你来没有什么好处，你走。她说，别这么说，听我丈夫何维彬讲，有这么个人，开始还不相信，原来真是你。她给我解释她也是没办法。她碰了个软钉子，走了。

隔了一天，顾颖又来，抱了个小孩大约一岁左右。我想她脸皮真厚，来吧，也不知道最后是她做我的工作，还是我做她的工作。但共产党总不会输给汉奸特务。顾颖先诉苦说，无锡沦陷，你们都走啦，我们留下的倒霉，半夜三更给人翻墙抓走。我说，那你就投降了？她说，说来话长，以后嫁给何维彬。何是南京人，家里只有一个姐姐，全靠顾家供给，现在还是每星期回无锡顾家。顾颖当然要问我参加共产党没有，她们留无锡的后来都参加党了，还问流亡出去的现在不知都在何处，她还问小兰上何处去了。

我给她摊牌，我说我后来没流亡，没走，我回家了，小兰嫁出去了。至于参加党，我在周新镇参加工作时还没有条件。而无锡人参加抗战工作的那些人，你们何维彬逼着要我讲，这些人我认识你也认识，不过你得想想，这些人将来回来，你还想见他们吗？现在是什么时候了，你们心里明白。我又说："我第一天来，你们的头子葛圣文就说日本人肯定要失败的，局势摆着，而且目前看，罗斯福把延安的地位看得与重庆同样重要。这是葛圣文的原话，你不信可以去对证。"我说："你们的头子还估计到东洋人将失败，可是你的何维彬比葛圣文还忠于东洋人，逼着我一定要承认是共产党员，逼着我讲出'锡流'的人，那样死心塌地为东洋人办事有什么好处。老实讲，我看这座楼里大概你家何维彬是真正忠于东洋人的，将来你抱着孩子与他们共存亡，或一起去日本吧。不过，我看东洋人还未必看得上何维彬，东洋人连汪精卫都不放在眼里，汪精卫怎么死的谁不知道？特务李士群是怎么下场？你们干这一行的心里该明白。"

顾颖似乎有所触动，而且很惊讶，她说："葛局长是这么说的？要是下面人这么说，那是犯纪律要挨打的。"顾颖接着说，我那何维彬是个死心眼儿，着实犯不着。我说："本来何苦呢？日本人把我押了一年，我什么也不愿干。这儿别人也都在找出路，只有何维彬在往牛角尖里钻。我参加不参加共产党要他来逼我查我？向东洋人汇报会奖他什么？将来'锡流'人回来，你们多一条罪状，你们比东洋人还要狠。"最后，顾颖讲，这儿情况不是那么简单，她说上面要他负责审讯，上面自己又那么讲，我要告诉何维彬不必那么认真。

我关在兴隆巷，敌人对我第一个回合来势很凶，但击退了。审讯几次没有什么结果。虽然我曾连续多少天闭不上眼，但敌人也没有捞到什么。

此后，我可以走出房子，在院子里走走，门也不上锁了。到吃饭时自己去饭堂吃，吃完就走。

有一天，我正在院子里走，后面有人直呼“小程”。我想这两年还未有人如此叫我，回头一看，一个青年人笑嘻嘻地看着我。这人中等身材，普通人打扮，他环顾四周无人就对我说，小程，我认识你，你可能没留意，不认识我。我想，天哪，冤家路窄，又是何方人士认识我耶？这个人直截了当告诉我，他叫叶刚，过去在茅山句容工作，茅山几次大会上都见到过我，我唱什么歌他都记得起来。他说，我被捕后在金坛情况及到此地后审讯情况，他全了解，所以他相信我。我目前的情况他也都了解，他说我做得很对：第一，没有承认党员，以后坚持；第二，不愿干伪职务，以后也是千万不能同意担任任何伪职务。他说，敌人对你我吃不准是不是党员。他告诉我，他是与根据地有联系的人。过去是彭炎派人来联系，以后可以帮助我。他告诉我，何维彬原是国民党蓝衣社的特务，十分反动，专门对付新四军、共产党的。另一个审我的人叫何慕贤，也是国民党特务。不过他们两人不是一个系统，也有矛盾，可以利用。我问他葛圣文是叛徒还是与地下工作有关系的人？叶刚讲此人在镇江任过新四军区长。现在表面上他也不喜欢日本人，是否与地下工作有关系看不准。有时讲一些漂亮话。此人可以利用。叶刚说，他的话葛圣文有时采纳。我表示：要我相信你，你最重要的是不要把我身份暴露，敌人不知道我是党员，也不知道我的历史。其次，要设法不让何维彬来审讯我。还有在葛圣文面前做工作，要他不要强迫我担任什么事。否则，我怎么相信你，你也怎么相信我。正谈着，有人来了。我们约好，他以后把情况告诉我，并上上下下都帮我忙，取得无条件释放。

夜里躺着，我来回琢磨叶刚的身份。我想，如果他是坏人，既认识我，那我一进这个大门他就会揭发我了。还有，他当然得看我的表现才决定是否与我联系。所以在我审讯告一段落后，相信我才与我联系，没有错，是好人。我好像夜时走路遇到了月亮。

有一天吃中饭，对面坐个彪形大汉。一抬头，他愣了。我匆匆吃完就走，他跟出来，到食堂门口，他对我说，想不到在这儿见面。我说你别理我，我是犯人，你不要与我啰嗦。他说，你不要以为这儿是铁板一块，也不要以为这儿每一个人都是坏人，你要这么分析估计那就错了。他说，我们不是都学过辩证法吗？我说，现在的人学了没用，管不得这许多了。可是，一连三天吃饭都遇到，他又偏偏要与我说话，真叫我为难。这个人叫蒋士良，1937 年一起在周新镇伤兵医院做救亡工作，记得他是个运动员。

我抽机会问叶刚，叶刚说这人又名蒋世钦，不是死心塌地帮鬼子的，整天打球，什么事也不愿管。但现在各人都在找关系，找出路，他是否有什么关系，他也不会暴露的。表面看来似乎装得像玩世不恭的样子。叶刚也说，在这儿吃饭的都是一些小特务，跑单帮搞钱。现在是什么时候了，他们都在找出路，当然也有人找叶刚，叶刚说争取他们做一点好事。

吃饭时大家叽叽喳喳，有人说昨夜中国飞机来了，也有人说昨晚什么地方仓库烧了，空气不像初来时那么静寂。有人谈跑单帮赚多少钱，都说这个地方不是久留之地，快积点钱走吧。有一天饭后，叶刚在饭堂，几个小特务围着他，叶刚正与他们讲什么。叶刚看我走去就说，像这个程小姐，我们就不要难为她了，现在是什么时候啦，将来谁还不知谁怎么着。我站在旁边，其中有个小特务就说，这一次他去金坛，人家告诉他程小姐怎么到常州来的，据说葛圣文与金坛宪兵队长等一些人开会，宪兵队长说有这么个女人，想杀了，又顾虑金坛城里人反对，不杀放走不甘心也不放心，长期押着没有办法，后来是葛圣文提出，要么放到常州试试看。这个小特务说，程小姐，我们真想不到东洋人要杀你的，好险！

看样子，叶刚在常州特工站下层里争取了一些人。我与叶刚商量，形势似乎对我们一天天有利，日本人真快垮台了，但是组织上目前没有人来，得想办法联系上，否则如何应变？如何在底下工作？叶刚说对，过去是彭炎派人来接头，最近，好久不来人了。于是我们商量去找丹北地委。丹北管寒涛、陈光等同志过去都见过，去找他们或找政府机关，要他们指示。特别是我，怎样争取无条件释放，最好组织上有人来指点。于是叶刚借口办事，就出城找组织去了。走以前，叶刚找了一张地图，在他房里摊开来，研究如何找法，还不知丹北地委现在何处？政府机关又在哪儿？

我问叶刚，走后有事与谁商量，蒋世钦靠得住吗？叶刚认为可以与他谈谈，重要的是不要暴露自己，特别是在茅山地区的一段历史。现在何维彬他们也只知你抗战后回家了。还有，顾颖也可与她谈谈家常，争取何维彬不再参加审问。葛圣文虽是在镇江做过一段时间新四军区长，但对整个茅山情况不知，葛圣文不了解你。叶刚说他也做葛圣文工作，要他无条件释放我。

蒋世钦有一次饭后邀我去他房里坐，我去了。像他们这样的“地位”，在特工站一人一小间房子。我坐下，他叹了口气说，想当年多好，现在落在这么个地方。我说，你们来去还是自由的，又不关着，拴着，自己愿意怎样就怎样，路是自己选择的。后来他告诉我，葛圣文要把那个女公务员嫁给他，实际是要束住他的手脚。他说他不要那个“傻丫头”，他倒看中一个擦皮鞋的姑娘，今天下午他约了要去看她。他说，这个姑娘别看她擦皮鞋，倒是纯洁无邪。他说，如果我看得起他，与他一起上街去瞧瞧。他还恭维我，过去你像大姐姐一样很有主见的，这次也帮着参谋参谋。

兴隆巷常州特工站的食堂，是外界政治气候的晴雨表。许多情况在这儿反映出来。有一天，食堂又来了一个中年男子。个子不高，商人打扮，蓝呢长袍，黄皮鞋。坐下来与大家一起吃饭，匆匆吃饭，匆匆出去。于是大家议论开了，说是个做生意的，但不知是真商人还是另有什么别的事。吃饭时众目睽睽，此人走出后议论纷纷，好在这儿吃饭的就是保姆、家属、孩子及下层自己做不起饭的一些小特务。我心里自然嘀咕，是不是给我们运送物资的什么人，还是一般商人，特工站抓他敲竹杠。

这个人扣押了好几天。我们互不说话。可能他也知道我是扣押的，多一事不如少一事，少说话少生是非，也可能他是与新四军有关系的人，他的事情才开始，为避嫌疑互不交往好。几天后，我冷眼看他常与一个十几岁的小翻译在一起，又说又笑。有时与小翻译一起出去吃饭，同进同出。看样子他在挥霍钱财，贿赂一些人，似乎又不像新四军的做法。何维彬不审问我，别的人的审问也算告一段落。可何维彬要我写一写“被捕后的感想”，我想这个好对付，我的感想就来个：“……光阴似箭，日月如梭，被捕一年多，尽想回家乡……”像蹩脚学生写作文一样，写个“八股”交卷。

几天后，叶刚回来了。叶刚说他走了许多地方，找不到丹北地委，只能等待城工部来联系。目前，他帮我设法在葛圣文那里争取释放。有一天中午，吃饭时开头寂静，后来有人发牢骚说：这碗饭早就不想吃了，天天吃豆芽菜也腻了，该换换地方，换换口味了。我估计发生了什么事，事后我知道，原来星期一那天上午“纪念周”上葛圣文训话，还打了小翻译的手心。葛圣文训责部下，大意说，自从这儿押了两个新四军，我们这儿就闹得乱哄哄，矛盾百出，快要到分崩离析的程度了。葛圣文说小翻译给新四军商人“收买”、“腐蚀”，所以打了他手心。我估计说的新四军一个是指那个“商人”，还有一个指的是我。可是我也看不出对我有什么变化。

有一天，快十二月了，葛圣文叫我去。他坐在写字台旁，恶狠狠地，与第一次见我时完全不同，不叫我坐。我站着，他低着头，眼睛像没有见到人，生硬地说，现在决定放你走，你通知家属来领，在城里看看有无亲戚朋友，找一个店保。我与叶刚商量，叫我弟弟中民和妹夫士雄两人来常州。我关押常州后，中民曾单枪匹马来常州送衣送被。这次接到信，立即赶到常州，可是店保却不大容易找。我想到我有个高中的同学叫程杏英。她家经营汇源钱庄，我想请她家帮个忙。谁知我与兄弟碰了个钉子。这个店铺在常州城内气派不小，可是程杏英不在家，她的弟弟与我们敷衍，一味推辞，我也不愿人家为难。士雄、中民与叶刚反复商量怎么脱身，叶刚说，这保单的事，你们不熟不好办，他负责帮忙办理。那天中饭后，叶刚找了几个人说话，我听叶刚在对那几个人说，今天下午局里要你们几位把一张保单去“对保”，希望各位帮个忙，这保单是不起作用的，因这个保单图章已过时，这家商店早已倒闭关门了。那几个说，有数有数，照办照办。于是这张所谓保单，就这样由叶刚帮忙办妥了。

第二天早上，葛圣文放我走。临走时叫我去，冲着我说，你今天可以离开这儿回无锡。可是我得告诉你，如果你又去新四军，我们再抓到你，那就不是这个情况了。我不答复，不吭声，一句话也没说。他又叫我家属去拿了一张释放犯人的领条。隔夜，士雄、中民、叶刚和我在特工站前面马路旁一个小屋内，商量明天走的事。叶刚说，葛圣文已同意放你走，估计何维彬也阻挡不了，如果他还要在下面搞什么“小动作”，有意刁难，那不理他，你们走你们的，到万不得已的时候他出面。

1944 年 12 月，程桂芬从常州特工站释放后，与前来接她的大弟中民合影

这是 1944 年 12 月 12 日，押到兴隆巷特工站整两个月。早上，士雄帮助我捆行李，中民与我先走。我吐了口肮脏气，我要与这个魔窟再见了，鬼子、汉奸关押我实足一年五个月，两个年头，在这些日子里，我想着外面的同志们、朋友们、根据地的老乡们……可是快到门口，刚要跨出门去，后面追来两个小丑，说，程小姐留步。我瞪着他们说，干什么？他们说，上面吩咐，还要程小姐写一个纸条。我说，什么纸条？他们说，写一个"中国的前途"。我说什么？他们说，对中国前途的看法，即希望中国将来成为一个什么样的国家。我说，写作文也来不及了，简单的，这个好办。他们拿出铅笔和一张白纸，我就在走道上写着："我希望中国将来是个民主、自由、独立的国家。"至于他们出的题目，什么前途等等，不管它，无题目，无落款。他们两个中的一个说，这太简单。我兄弟从后面走来，问：什么？他看了看说，不是"领条"都有了，要我们立刻就走，还写什么？他们说，要留个条，这个写得太简单。中民看了看说，太简单？好办，我来修改。我的兄弟年纪虽小，有点文才，而且又是锡北的我

1984 年冬，程兰芬（右二）、程中民（右三）、须士雄（右五）由程中原（右一）、夏杏珍（右四）陪同，重访常州敌伪特工站原址兴隆巷 6 号。

地下工作人员，他懂得一切规矩。于是他提起笔来，前面加上字，后面加上字，成了一句“我希望的新中国是个和平、民主、独立自由幸福的新中国，百姓生活得好，过着安居乐业的日子。”其中的一个看了说，还太少，另一个说，算了，让他们走吧。前后不到二十分钟。我们正说着，里面士雄提着个小铺盖急匆匆地出来了，说，火车快开了，还不走？于是那两个小丑进去。我们三人跨出大门，直奔火车站。

火车站里一片混乱，男女警察站在人群里，挥着鞭子抽老百姓，叫喊声、咒骂声、小孩啼哭声，乱成一片。墙壁旁到处是垃圾，污水，粪便。我们三人中士雄能干，让他先挤上车，开窗，中民把铺盖塞进去，然后护送我挤进车厢。等到挤上车，已累得浑身无力。火车开动了，松了口气，没地方坐算啦。我们三人正想舒展一下，我忽然看见那边靠窗户坐着一个活阎王——葛圣文，不知什么时候，从哪里钻出来的。我对士雄、中民说，葛圣文在车厢那边，留神。我们也没有再去管他，车到无锡就下车走了。

找　党

无锡崇安寺、公花园是热闹的市中心，南阳里是一条离这些地方不远的巷子，都是住家。南阳里七号是个大杂院，房东姓过，主人常年在外地做事，只有其师娘及女儿在家，女儿是个中学生。我妹夫须士雄叔叔须煜泉，是做买卖的，士雄的哥哥也做生意，在这个杂院租了两个大房间，进城就在这里落脚。

程桂芬从常州特工站释放出来后，暂住无锡光复门内南阳里7号。1944年12月，与前往探望的妹妹兰芬(右)、妹夫须士雄（后）合影。抱着的孩子是他们的女儿须旅

我从常州兴隆巷放出来，因忠救军包汉生的部队在锡北一带猖獗，不能立刻回严家桥家里，暂时在南阳里七号住下来。鸟儿飞出了牢笼，但还得找到树林栖息。我的父亲、娘娘为了我，几乎倾家荡产，店门也快关了，所以虽然我已脱离虎口，父母也不能进城来看我。一是进城要花费，二是进城不安

全，城内有鬼子，镇上有忠救军，虎视眈眈注意着我们一家的行动。但思女心切，当我在南阳里住下后，父亲、娘娘要人捎来三斗米，一大块生羊肉，略表父母心意。要我暂时先休息调养，等待时机。

1944 年 12 月 25 日，小兰、士雄抱着刚满周岁的女儿从严家桥进城来探望我。小兰是锡北地下工作负责人之一，她轻易不进城，我也不愿她来，怕万一出个什么岔子。不过，见到她来我当然是特别高兴。士雄俨然是个做生意的小老板。夜里，我们在南阳里七号商量我今后去向，分析家乡情况。自新四军严安区区长沙鸥被忠救军杀害，士雄的三哥（做民运工作的）士英被鬼子抓去在苏州活埋后，新四军工作在严家桥转入地下。小兰以须家的媳妇出面，团结了不少进步青年。可是忠救军在严家桥与我争夺青年。目前他们有武装，以金钱名利收买了一些人。小兰告诉我，过年前后，可能有些青年人进城，来此落脚，要我注意。她告诉了我一些名字，哪些是倾向进步的，哪些是倾向国民党的。

讲到我去根据地，现在看来从锡北走有困难，与苏北“交通”已断，只有从锡南设法。锡南有我政权，长荡湖、滆湖周围都是新四军。我们又商量找城区地下组织，商量找老关系试试。记得 1941 年皖南事变后，撤退到无锡城里的，有原新四军军部服务团回来养病的徐雪映，有皖南事变突围的朱祖武的妹妹朱凤娟，还有罗朴（张惠英），还有陈辛、王婉珍夫妇，但各人情况不明。我们分析后分头去找。小兰找到了徐雪映，徐已出嫁，与丈夫开了爿文具店，可是没有关系。我去找朱凤娟，她家住熙春街 74 号。她很热情地接待我，我在那里住了一夜，可是祖武没有信。当时，我也想就我自己往锡南地区去找，但路上没有“通行证”，遇到鬼子搜查怎么办？朱凤娟想给我偷一个日本人的公用信纸写个证明。我一来因为她年轻经验少，二来想这个办法不妥，万一鬼子查问我，答不上这个信纸图章从哪儿来怎么办？于是我只能说再考虑。我住在她那里，两人睡一张小床，讲了半夜话。她也想快去解放区，可是祖武又不来信。凤娟在抗战初期，就在无锡梅村抗战服务团的，因年龄小身体不好回家。哥哥朱祖武原在皖南教导队，皖南事变后突围，他们都比我年纪小好多。我离开她时，她还给我钱帮助我，要我到了解放区找她哥哥，大家联系。还有，我从她那里知道罗朴 1941 年被捕，以后往根据地去了。陈辛、王婉珍夫妇动摇，逃跑回无锡，听说帮伪政府办事了。我想真危险，我幸亏没有去找他们俩。老的关系找不到，我想找过去进步的同学试试看。我找了竞志高中时的同学吴蔚兰，看她忙着为她妹妹办嫁妆，佣人在缝花被子。她妹妹有病躺着，估计是怀孕。她进进出出忙家务，自己还未结婚，也无工作，看不出有什么与新四军的关系。找了苏州中学的同学向顶，向顶满口客套，似乎也在家无事，更不像与新四军有关的人家。还找了几家在中学当老师的，也看不出进步的迹象。不过，大家有一点是共同的，都对东洋人不满，不愿为东洋人做事，还都感到我过去在学校里功课不错，现在生活困难，得想法帮助。

严家桥的周近韬是我的小学同学，家乡建立民主政权时曾与沙鸥老师等共同工作。家乡被顽伪控制，他进了城里协新厂工作。他知道我出狱，来南阳里七号探望我。我想，近韬工作的协新厂，准有我们的党组织，便问周近韬工厂有无工会，他说有。我说如果我什么事也找不到，你给我在工厂想法子。他说，你愿意可以先去看看工厂。我说好，我们饭后就去。可是这么大的工厂，目前在日本人、资本家统治下，找党组织谈何容易？我参观了一下，临走时我说，你先帮我问起来，看有什么工作好做，我自己也想想别的办法。我也不好问他是否是党员，他也不好问我被捕有没有问题。不过，他是很相信我的，否则他也不敢把严家桥一些青年人的情况介绍给我听了。

快过春节了，吴佩煦从严家桥来。她是我表弟顾乃昌的妻子。我上初中时姑妈家是大力帮助我的，对他们家很有感情，不过分离多年详细情况不清楚。她告诉我，乃昌弟及姑妈老生病，表姐顾亚倩已几个孩子了，表妹顾曼倩也已出嫁。当我离严家桥时，佩煦与乃昌尚未结婚。佩煦是来办点年货的，我们谈得很亲切。第一天她出去忙了半天。第二天中午，我们俩正一起摘黄豆芽，忽然大门一推开，闯进了几个穿黄军装的日本鬼子。一进院子就往我们这间地板房里来。这时隔壁老汉夫妇、大嫂都不在。佩煦是个小学教员，有社会经验，虽然比我小一些，但由于父亲早死，我姑妈是寡妇，乃昌弟有肺病，家里没有个顶事的男人，里里外外靠她一个人，她是很聪明很机灵的。她把黄豆芽交给我，叫我去厨房烧饭，她在这儿顶着。鬼子进门我拿着篮子去厨房，鬼子似乎不在意。我在厨房烧火，从灶门洞看见这些鬼子，翻翻桌上的书。佩煦与这些魔鬼打交道，我看她镇静自若，好像与熟人说话一样。正说着，隔壁老汉打酒回来了，大嫂也抱着孩子回家了，一手还提着一篮黄豆芽。大嫂说，程先生你先烧饭吧，我后烧，你们家喜欢吃炒黄豆芽吗？我们家也爱吃，放点酱油才鲜，别舍不得。大嫂说着进厨房，两家在一个灶做饭了。日本鬼子走出地板房，过院子，出门去了。实际上佩煦是知道我从哪儿来，准备上哪儿去，她怕鬼子盘问我，一下没有思想准备，答不上，出岔子，所以由她来招架。事后，我们一块吃饭，嚼着豆芽。她提醒我，不要老在房子里整天待着，出去走走，到街上、公园里走走。目前形势下，鬼子不敢白天在公共地方抓人。她说，这个南阳里是市中心，鬼子可能隔一段时间挨家闯，像巡逻似的。佩煦住了两天回严家桥了。

过春节没有多久，我家里给我送来了“通行证”。不过我还发愁，出来一个月了，现在是1945年了，可是还没有找到去解放区的路，拿了“证”还通行不了。有一天，我正坐着气闷，忽然来了我高中时同学龚瑞芝。自从在竞志女校分别后，还未见过面。我们不是一个班，但曾经住过一个宿舍。这是个痛快人，黄头发，大眼睛，高个儿，像个西洋人。我们参加学生救亡运动时，她还是只管勤奋学功课的人。她来看我真想不到，她直截了当告诉我说，她在同学那里知道我在找工作，知道我处境困难，所以来找我。她自我介绍并告诉我这些情况：丈夫叫胡锡琪，共产党员，原在浙西工作。谭启龙同志领导的部队在那边时，她丈夫曾任县委书记。后因环境不好，前年精兵简政回无锡。将来环境好一些再去。她说，他们在锡西钱桥办了一个中、小学，教员都是同学，我都认识的。那里离新四军锡南县政府也不太远，可以接通，如我愿意先去钱桥与他们一起教书，等新四军关系通了就走。她是在同学那里知道了我的情况，与她丈夫商量后要我去的。她说那里环境好，鬼子管不了，离鬼子据点远，国民党也不敢惹他们，因为她父亲是有声望有门第的乡绅人家，有家产，家又在城里，所以别人想不到他们会与新四军有什么瓜葛。他们都是大学生，她说，她不是党员，高中毕业后上大学，大学毕业后结婚。她很干脆，和盘托出，那么真挚热情。她说她相信我，我在学校里的为人她是知道的。我特别高兴，我说，这一回我可真的有希望了，我们走吧。我收拾行李，跟了她就走，钥匙交给隔壁老汉，说："老须先生进城，说我教书去了，快开学了。"

我们先到城里龚瑞芝娘家，约略休息后去钱桥。钱桥中小学也在田野里。校长胡锡琪诚恳、稳重。我们一起谈起谭启龙同志及过去大家认识的熟悉的同志们。他介绍了这儿的环境条件，告诉我，这个学校受锡南县政府领导，要我放心，他们不久才联系过，至迟清明又可联系上，等交通员一来，把我送往解放区。目前要开学，先上课，要我教高小的语文、历史、地理等课程。我改了名字，姓王。我到钱桥中小学时的心情比出兴隆巷到南阳里时的心情还好。因为那时还是从敌人地狱里出来，还在敌人的城墙里面。现在是从敌人的城墙里面出来，快奔向根据地了。

我细细观察了一下这个学校，除了政治条件好以外，教学质量也高。胡锡琪、龚瑞芝、陆惠珍都是老牌大学生。龚瑞芝教英语，陆惠珍教数学，学生提高快，家长很欢迎。还有两位姓陈的先生是兄妹俩，教体育、绘画。别的教师也不错。由此，我这位王先生，当然也得好好备课。我认真读起书来，这个学校没有校工，一切勤杂工作大家动手，买菜做饭，也是老师轮流。

二月份开学，孩子们夹着书包来校，学校整理得焕然一新。我是王先生，上课后学生们对我又尊敬又亲切，说王先生备课讲学很认真。在教师、同事、学生的和蔼亲切的气氛中，这一年多来，我还是第一次过着这么受人尊敬的生活。

我扳着手指头过日子。快到清明节的时候，要开个家长会，征求家长意见。学校里新学期开学稳定后都这样。开家长会照例布置个会场，准备一些茶水，把孩子们的学习作业本摆一摆。家长中有父母，也有兄弟、姐姐。那天我正与胡校长忙着摆成绩本，家长也陆续来了。一个青年见了我，他笑了，我也好奇。他是一个学生的哥哥，他笑着对我们俩说："噢哟，胡校长，你们这儿来了个什么王先生？明明是小程，不是王先生。"

我们也笑起来，他说，他听他小弟弟说，这学期新来了个王先生，我道是谁，原来是你。于是这个家长会由胡校长去挡门面，我与这个青年找地方谈话去了。他说他家住钱桥，1943 年在溧水与邹毅同志一起做青年工作。邹毅同志后来被捕，不幸牺牲了。溧水牺牲的还有李贯一同志。他告诉我 1943 年环境不好，区党委后来精兵简政，溧水、溧阳一带不少干部精简，他是精简回来的，等环境好一些就走。他也说，日本鬼子快完蛋了。他还告诉我，这学校虽好，钱桥镇上别去，那里还是很复杂的。晚上，我立刻找胡锡琪、龚瑞芝，告诉他们遇到这个青年人的事。胡、龚认识他，知道他也是从根据地精简回来，不过详细情况不明白。我们计算“清明”只有几天了，大家要我耐着性子等。

清明节这一天，我怀着兴奋与惆怅的心情在宿舍内坐着。我只想一桩事，就是我校的同志，借着清明节上山接头的事。这个头一接上，就通向光明大道，我就可以飞向远方，飞往自由的天地。深夜，那个不修边幅的青年来了。他给我带来了佳音，他们游山时相互接上了头，路通啦！我向胡锡琪校长提出，我第二天就走，怕坐失良机又出岔子。他同意。龚瑞芝给我收拾行装，陆惠珍送我像片，忙了半夜。天还蒙蒙胧胧，我跟了这个青年人就走，从一个学校连着另一学校传送，许多老师像接力赛跑送我到终点，这条地下工作的渠道一直通到太湖边。

回到母亲的怀抱

1945 年清明节以后，刮着风，下着牛毛细雨，农村小路泥泞难走。天气还是很冷的，我穿着家里缝的棉旗袍，提着一个花包袱，像走娘家的样子，到了无锡南面靠近太湖边的最后一个交通站。我急着要过湖，一个中年交通员就带我走。他说今天天气不好，湖面上船只不知能否平安通行。近日来鬼子封锁了所有船只，仅剩一条破网船，又小又漏，隐蔽在河浜里。

刚到湖边，前面转弯处来了十几个鬼子，荷枪实弹走向湖边，是巡逻兵，几乎碰了个照面。我跟着交通员弯来弯去，甩掉了鬼子。交通员诧异地说：鬼子今天来得好快，本来每天巡逻还要晚一个时辰呢，我们快找船去，乘这个空隙过湖。

一只小船，没有棚，船底有一寸多水，上铺木板，可坐可躺。交通员拿根长竹竿撑船，我又兴奋，又耽心，也无心与交通员多谈，只想快一点过湖。风越来越大，风向又改变了，船在湖里转圈儿。交通员站在船头上，往四边望，说，东南西北分辨不清，糟糕的是水又从船底慢慢渗进来，不止一寸多深了。交通员索性在船头上蹲下来，他说：程同志，我说今天不要走，明后天天晴了动身，你性子急，你看，碰上这么个鬼天气，多烦人。我想，同舟共济，人到这个时候不能互相埋怨，只能互相帮助。我硬着头皮，壮着胆，安慰他说，没有关系，我们慢一点就慢一点，等风停停再说，先让船飘着，反正一下子船沉不下去的。这时我们两人都浑身湿透，他的蓑衣我的伞根本不顶事。往外一望，船舷离湖面只有几寸，船板底下都是水。一想到我与这三万六千顷的太湖只有一块木板之隔，不禁悚然。我们正在虚无缥缈里分不清方向，忽然烟雾中几艘渔船驶来。我们喜出望外，交通员打招呼，原来都是一个村落的渔民，熟悉的。船上的渔民告知，我们要去的地方不远，现在我们走的方向正相反。交通员拨转船头顺风而行，不久到了岸边，上岸即到达目的地。

这是太湖以南我们第一个根据地的县政府——锡南县政府，县长薛斌同志，过去互不相识，一见如故。我向他汇报了三个年头来被捕经过及到根据地去的决心，他完全支持，并告诉我，十六旅旅部及苏浙区党委在苏浙皖边区，交通站可以一站站送去。

第二天，第三天……，有交通员送着，由于心里有了希望，希望又快实现，不管山高，坡陡，道路崎岖，不管下雨刮风，道路坎坷泥泞，不管体弱人累，又咳，又喘，我像壮汉迈大道，日行数十里。有一天傍晚到了一个交通站，天黑，两脚肿胀，正要去打热水洗脚，遇到一个男同志叫刘景兴，他一见我就惊喜地叫起来："好家伙，小程，你没死？是从天上掉下来的，还是地里蹦出来的？"我说："我从魔窟里跑出来的。"他与我虽不很熟，但他与吴宝康过去一起工作过，他们俩要好。于是我们互相谈了详细情况，不仅知道十六旅在长兴附近，白岩、煤山一带，还知道许多老首长健在，最后刘景兴同志开玩笑说："快去吧，机关正忙着搞生产，吴宝康是生产队长，我来时他正在开荒铲草皮，种南瓜葫芦，想死你了。"

我翻过了无数山峦，1945 年 4 月，终于到达了浙江长兴县苏浙区党委所在地——大山丛中名仰峰界的山村里。我中学时每年去惠山，山不高，只是花卉灌木点缀着迤逦风光而已。抗战初期，我到江西铅山、弋阳，去过漆工镇，横峰，那里的山也只是一片红岩。1939 年我离江西去皖南根据地，曾经过黄山。1939 年到 1942 年我曾三进茅山。这些地方尽管都有秀丽美景，却因烽火连天，常与敌人短兵相接，无心观赏。今天，我置身于这一层层、一群群大山中，感叹徐霞客可能未到过此地，否则他的游记会更加生色。我想，起"仰峰界"村名的人，一定是个骚人墨客。"仰峰界"在两峰间的半山腰里，仰首四顾，群山环抱，中间一块平地，疏疏落落的一个村庄。隔不远，又是个村庄，叫"北山园"。周围有树木环绕，共十几户人家。我到达仰峰界苏浙区党委所在地，已是中午时分，找到了组织部副部长李坚真同志。我们见面又惊又喜，这儿是苏浙党的首脑机关。“惊”不能大声叫嚷，“喜”不能忘乎所以。我们与平时一样，约略谈谈一路情况。李大姐安慰我，说几年来难为我了，已经回来了，别性急，好事休息。接着她把吴宝康叫来了，我们与一般同志见面一样握手请坐，他亮了个相，进去了。一会，挤了一屋子的人，都是来看我的，问长问短。大姐说：小程累了，让她休息几天，你们大家回去吧。待人走后，我们又谈起吴宝康。我表示：我被捕后离机关多年，希望组织审查我、考验我。至于我们夫妇关系，待组织作了结论，党的关系恢复后再恢复，反正我已到了解放区，心里踏实了。吴宝康也工作好好的，以后日子长着呢。大姐高兴地称赞我说，就喜欢这样的同志，懂得组织原则，不是一来就找老公，而是找党组织，这样做好。她说，政治上审查，这是个原则，生活上可叫吴宝康同志关心照顾你，目前你先在招待所休息一个时期。我们谈到老邓的牺牲，她说：“你被捕后老邓心痛地说：‘这回你最喜欢的人没有啦。’我对老邓说：‘只要遵守党的纪律，为国牺牲是女同志的光荣。’”我们谈着，我看她眼圈红了。邓仲铭同志是我被捕一个月后的 1943 年 8 月牺牲的，没想到我回来了，却永远见不到他了。大姐要我明天去吴宝康那里吃午饭，说已经关照过了，并要我在招待所写书面报告，准备向组织部汇报。

其实，所谓招待所，也就是在这座大院中靠旁边的几间小房，划出来作为临时来客人住宿用。大间的还用竹子编的篱门隔着，像皖南东南局妇女部里起坐间前的篱门一样。每间房子搁了小床，还有两面新的被褥，大院套小院，大门围小门，不管屋前屋后，大小山峰，高矮树林里，都有战士站岗放哨。

十六旅旅部就在附近，第二天，遇到许多首长及同志。江渭清、吴仲超、欧阳惠林、孙章禄、张真等都一一见到了。我见到了江政委，就问我在据点里通过地下工作同志写给他的信收到没有，我当时情绪不好，信里还发了牢骚。江政委说：得啦，你的信收到了，你骂了我一通，我不计较，你当时的心情可以理解，但作为一个党员，被捕后只有与敌人斗争，没有别的办法，要准备牺牲。作为组织当然全力设法营救，但对敌人不能存幻想。看，现在不是回来了吗？首长和同志们都对我好，我心里暖烘烘的。我想，安心写汇报，对组织忠诚老实，被捕后表现有好的一面，还有什么不足之处要全盘托出。

中午，我到吴宝康那里吃午饭，他每天在另一个地方集中整风，他与欧阳惠林、孙章禄、方克强同志一个组。中午老吴回来，他还是在调查研究室工作，住的地点在一个楼上有一间地板房，搁了一张床。机关这时已经给每人发顶蚊帐，还有缴获敌人的毯子。调研室有个公务员叫朱财庆，是本地青年贫农。我看到楼房檐下挂了几块咸猪肉，笑着说，倒像老百姓家过日子了。财庆说，响应延安搞大生产运动，机关养了不少猪，除集体食堂吃外，每人还分了不少，怕搁不住，放点盐腌了，晒晒，你来得正好。财庆还告诉我，今年雨水多，春天一下雨，老乡们要我们把前后山上有虫的、不起眼的竹笋挖了吃，留好的就行，不要我们钱。于是我们吃了一顿江南风味的"腌笃鲜"，一边吃着我一边说，这比我们结婚时的一斤肉多得多。饭后老吴要我下午四、五点钟再去一趟，他下午开完会就回来。

老吴与我谈话，要我好好给组织写报告，老老实实，一点不能虚假，不能报喜不报忧。如果只讲好的，坏的隐瞒，将来查出就得受严重处分。他们整风刚结束，说这个整风意义重大，把脑子里不符合马列主义、党的路线方针的地方，统统抖出来，这样，人的思想觉悟提高了，认识水平提高了，全党团结一致，轻装前进，抗战才能胜利。他们学习了二十二个文件，并说他们全是自觉自愿，不追不逼，开展批评与自我批评，自己解疙瘩卸包袱。他还给我看了十六旅政治部主任魏天禄同志亲自写的对他的表扬信。原来老吴在本机关整风大会上作了检查报告，领导表扬他，剖析自己严格，理论联系实际，挖得深，讲得透，他的检查给机关整风人员的启发很大，起了良好的带头作用。他说他的检查等以后再给我看，我说机关里现在那么轻松，又拉胡琴又唱歌。老吴说，我们总结了别的地方的经验，整风不是整人，是整顿党的作风，要整顿党的作风，先要整顿党员的作风，是提高人的思想，不是要人的命。我们这儿一贯是团结紧张严肃活泼的，我们的领导不管是江渭清、吴仲超、李坚真，都很有经验，掌握政策很稳当、很正确的。整风前各种复杂思想都有，因各人出身不同、经历不同、地方不同，那能完全一致。整风后精神焕发，团结一致，组织更巩固、纯洁，党的战斗力更强了。苏浙区党委机关整风中没有一个人自杀。

我正正经经写了书面报告，又向组织部作了口头汇报，组织部长是吴仲超同志，副部长是李坚真同志。张真同志也在组织部工作，她记录。当我汇报到我住在无锡南阳里七号，曾留张志平夫妇住宿的时候，李大姐说，真危险！这时张真同志的笔也停下来了。李大姐继续说，张志平是被捕后有问题的人，你也不了解清楚，只知道对什么人都“热情”，你被捕一次还不够，差一点第二次被捕。我说他不敢，好在不久我离开无锡了，没有等他的“联系”。

书面的、口头的汇报完后，组织部要我参加整风，与几个工作忙、刚腾出手来的老同志们一起，其中有朱春苑同志，他是老专员，在前方一直忙，才调回补课。一开始接到通知后，我思想不通，我说我对朱春苑专员有意见，我不愿与他一个小组整风，整不好。我还是对被捕后“谈判”的事不满。我说，开始我说给钱不行，你们要这么办，等“谈”得快成了，又不同意给钱，害我多吃半年苦，差一点丧了命。组织部的同志说，所以要你整风，让你提高认识，大家思想一致。我还是通了，高高兴兴地拿了二十二个文件去参加整风。整风地点在一家老乡的楼上，红漆地板房，窗明几净像个新房。其实，我这个人，心里有事搁不住，对同志们还是很友好的，组织上一谈，思想马上就通了。朱春苑同志进来了，他还是乐呵呵的，说，小程你可吃苦了，好容易回来了，与老吴团圆了吧？不知是谁打岔说，已“团”了还没“圆”呢。大家笑开了。我说，不准你们拿我作笑料，我是来整风的。我虽然这么说，心里当然也是开心的。

我们虽身居深山青云里，机关里还是很热闹的，仰峰界、北山园一带，经常人来人往。有一天，说从上海来了几个“洋娃娃”，大家都去看。原来是区党委副书记兼组织部长吴仲超的妹妹吴蕴芝，带了几个孩子来。同志们抗战几年一直在山窝窝里，没见过大城市来的孩子，于是一下班迫不及待就去看。

没过几天，我们正学文件，朱财庆来找我，说，小程，你们家的贵客也来到了仰峰界了。我说，没有的事。财庆说，还是你兄弟呢。我心里想，可能是中民，是否锡北地下工作出了岔，耽不住来根据地了。我请了假，到组织部一看，是中孚。中孚比中民小两岁，我1937年参加抗战时，他才11岁，现在还不到19岁。他参军心切，自我离开钱桥中学来根据地后，他找到了锡北陈墅地下工作者姚品华的关系来了。姚品华同志与我们一起在江西、在皖南工作过。我离开后，她去皖南军部教导队学习，被分配到外地工作。后去锡北与小兰、士雄他们都有联系。与姚品华一起来的还有她的一个舅舅。她舅舅是一个老同志，像地下交通员，五十来岁。中孚跟着他们离开锡北到锡南，一路跋山涉水，到了仰峰界。我被捕出狱后还未见过他，已经长大成人，但瘦小得很，比中民小两岁，看起来小许多。我耽心参军不知部队要不要他。组织部的意见，要他先去苏浙公学学习后再去部队。

第二天，我送中孚入苏浙公学。苏浙公学比过去江南保安司令部的青训班学习时间长，内容也丰富。江南澄锡虞一带地方小，环境紧张，条件差，这儿旅部在此，根据地又巩固，学校很少搬家。许革夫同志在这所学校负责。饭后走过苏浙公学的操场，有人正在打篮球。忽然有人叫我，回头一看，真想不到是蒋士良。他原在打篮球，看到我，扔了球过来，我们握着手说不出话来。他说，小程啊，想不到我们在这儿遇到。我说，想不到。他说，那时你不相信我，我也不敢轻易暴露，只能暗中保护你。于是，他简单告诉我，他是与城内地下工作有些关系，这次敌人叫他驻防张渚，他带着十几个人和枪一起过来了，现在正在苏浙公学学习。我说，你真不容易啊。我很高兴地到组织部，汇报我碰到了被捕押在常州时遇到过的蒋士良，也是一个证人，可以证明当时我的表现。

我参加整风没有几天，国民党反动派向我根据地进攻，天目山前方打仗十分激烈，我们的整风补课都停下来了。大家到前方去，组织上要我到前方粮站去工作。我收拾行装立刻就走。路上是一条人流，干部带着村村户户的青年男女，挑米上前方。从苏浙边区到天目山前方，虽不算路途遥远，但肩挑几十斤大米，走崎岖的道路，也不简单。送粮的人一条扁担两个口袋，一头是送的公粮，一头是路上的吃粮，等到粮食送到前方，米已吃了一半，人也累了。于是沿途设粮站，像过去的驿站一样，挑一天，到粮站换班，一路接力到前方。因此，路上有去前方的，有从前方或上一站回来的，来来往往络绎不绝。在送粮中出了不少有名的送粮模范，还有不少能干的女干部。我就遇到一个有名的女干部，不仅带队而且自己挑与男子同样重的大米。

我好容易找到了指定去的粮站。讲是在前线，实际离火线还很远，这儿没有兵，也听不到炮声，只是人来人往，川流不息。我有点失望，我以为前线是开火的地方，想看看刀光剑影。粮站的同志说，开火的地方拼刺刀，粮站若设在那儿如何保证安全？怎么前进与撤退？这一房子的米怎么办？我起初的想法是不切实际的。这个粮站设在一座大房子里，实际是个中间转运站，前面后面还有粮站呢。这座大房子，楼上地板上、楼下大厅里都是大米，像一座座小山一样堆着，但很快运往前面，再接收后面运来的。四万斤粮食只有三个人管理，站长、小朱和我。老站长管全站工作，掌秤；小朱记账；我刚来，招呼来往挑夫，指定运放粮食地点，注意安全。其实，我们三人身体都不好，可是我们管理这么多粮食责任重大。我们虽忙，可心情舒畅，觉得为人民做了点小事。

这时天气炎热，有一天老吴到前线去接收档案，经过我们那儿给我送了顶蚊帐，还给我们讲讲形势，说说前方我军的胜利消息。国民党向我们根据地进攻失败，逃走时除武器外，满山遍野尽是文件档案，一丢几十箱。老吴他们去接管、运送。老吴说，这场战斗快结束，国民党全部溃退。老吴又说，这些胜利都有你们一份功劳。老吴最后鼓励我：安心做好粮站最后一段时间的工作，要经得住组织审查的考验，要相信组织。我表示：你放心，没有问题，虽然我谈不上是顶天立地，但也不是窝囊废。

1945 年 7 月，我在苏浙边区前线粮站工作快结束的时候，苏浙区党委组织部通知我回去，于是我离开浙西。李坚真同志、张真同志等与我谈话，告诉我，根据组织上的审查了解，决定恢复我的党籍，组织上经过了金坛县委及各方面的调查，作出了结论，给我看了金坛县委书记徐明同志写的报告，说我被捕后的表现：对党是忠诚的，但牢骚是有的。我看了认为他写得对，就是这个情况。组织部也指出，根据我本人的汇报交待，被捕后也是有缺点，要总结教训，引以为戒。但总的讲，被捕后表现是好的，所以恢复我的党籍。恢复自 1943 年 7 月 11 日被捕至 1944 年 10 月 12 日离开金坛这段关系，至于 1944 年 10 月 12 日押至常州及到区党委来的这一段暂时保留，因这一段尚未找到党员证明。由此，恢复我党籍，恢复我组织生活，并调往苏浙区党委调查研究室工作，调研室主任还是吴宝康。不用说，我们夫妇关系也就此恢复。这时调研室已在北山园办公，老吴已从前方回机关了。

十六旅还是老政委江渭清，旅长王必成，江政委兼区党委书记。区党委还调来了新的副书记金明同志（淮南人）。原有副书记吴仲超同志仍在，秘书长是欧阳惠林同志，孙章禄同志任城工部长。这时，我的老上级彭炎同志也调到区党委机关来了。我想，孙章禄任城工部长，彭炎也调来工作，那金坛、丹阳、常州城里的地下工作的领导一定进一步加强了，组织了解那些情况，会对缪昆、叶刚等地下工作同志更有帮助的。行政机关有苏南行署，行署主任是宋日昌同志，秘书长、副秘书长是陈志方、方克强等。区党委机关和行署靠得很近，都在大山脚下几个村里。前方正打仗，机关十分忙碌，调研室只有几个同志日夜整理材料。这时机关还投入了大生产运动，种的庄稼要上肥、除草，上交的菜粮落实到每一个人。为了改善伙食，公家集体喂猪，每个单位各科室都喂鹅，因鹅不吃粮而只吃草。此外，大米只给军队吃，前方吃，机关人员磨麦子。调研室的生产任务繁重，老吴兼机关生产队长，公务员朱财庆，是个种庄稼能手。一大清早不管下雨刮风，老吴穿了双缴获的日本鬼子的大靴子，上山拔鹅草。老乡介绍，有一种鹅草鹅吃了长得特别快，不到一百天鹅就长得能吃，所以拔鹅草这是他的“专职”。全机关都夸老吴喂的鹅比别人的大。我们一般同志组织起来磨麦子。我与调研室一个男同志一个班，这是个南京城里来的大学生，戴眼镜，又高又大，他推大磨，我筛面粉。我这时还学会了用麸子做面筋，学会了做酱等等。副业改善了机关伙食，这两个月过得挺有意思。

我们胜利了

日本鬼子的败局已定。可是究竟何时彻底垮台，谁也不敢预言，大家都说快了，可估计总得还有一段时间。我是吃尽了苦的人，对光明快来临是不敢向往的。可是时局发展变化快，形势急转直下，自苏联政府对日宣战，把日本关东军迅速歼灭，蒙古政府也对日宣战，1945 年 8 月 9 日毛主席发表了《对日寇的最后一战》的声明，第二天，8 月 10 日，日本政府被迫发出乞降照会。

这一天，我们室的同志正在开会，商量下一步整理这次接受的几十箱敌伪文件档案计划。听得外面一片喧闹声，又叫又嚷，而且其中夹着大姐的警卫员张生贵像爆竹似的笑声。我们说，张生贵一定是又得了一匹大白马了，所以这么起劲。正说着，张生贵推门进来，我们正要说他，他却笑得捧着肚子，前仰后合地指着我们说：你们这些书呆子，还在念什么书？日本投降了，懂吗？“日本投降”就是“鬼子向我们中国投降啦！乌拉！”他叫着说，我还得告诉那边不知道的人。他走了，我们乐极了，也不管老吴主持会，像刮起一阵风似的，把屋里所有的人都刮走了。

就这样，大家奔走相告，机关热闹得像开了锅。

不到两天，机关用大红纸印了延安总部朱总司令向各解放区军队发布的受降命令，命令我抗日军队向日军发出通牒，限期投降。11 日，朱总司令又连续发出六道命令，命令各解放区部队向一切敌占交通要道展开积极进攻，对收管的城镇要塞实行军管，向日军举行全面大反攻。部队都拉到前方，向日寇进军，迫其投降去了。上级布置，机关干部跟随部队出发做接收工作。李坚真同志讲形势、讲任务，布置我们准备出发。她说，这一回要看大家真本事了。与日寇打了八年，最后他们失败了，我们胜利了。可是投降还只是上面投降，下面的鬼子还要挣扎，大家依旧要提高警惕。我坐在老乡的大床床沿上，只记得“这一回要看大家真本事”这句话。我想，我一定把全部本事拿出来，我吃了鬼子八年的苦，这一回非好好干不可。接着，行政公署宋日昌同志在屋前大场上开全行署的动员大会，我们要出发的同志都去参加了。夜里，看苏浙公学、服务团演“大戏”《李闯王进京》，还看了《前线》，从演员、道具、布景、灯光上讲，在根据地都是上乘的。我们党重视革命文艺，那怕机关里经常吃南瓜、咸菜，可是演戏花那么多钱，首长还是批准了。领导不仅要我们看戏，还要我们讨论这两个戏。领导提醒大家，在这么个剧变的形势下，干部应正确对待自己，不要进城后为花花绿绿的世界迷惑，受资产阶级思想影响，不要忘乎所以。

马上要出发了，机关要往前移，大部分干部都要出去工作，这个生产摊子交给谁？驴、马、骡驮东西，猪、羊、鹅杀的杀，送老乡的送老乡。老吴喂的特大号大鹅晚上就给我宰了，十几斤重。我在屋后山坡下泉水里冲了冲挂着，大家忙，我也无心烧它，想第二天饯行，烧给大家吃吧。不想八月中旬大伏天，生的东西没煮，第二天一清早想烧时，鹅肉已经变味，烧出来大家说不好吃。财庆说，好端端一只十几斤重的大鹅又糟蹋了。大家正在埋怨我，张生贵笑嘻嘻进来，端来了一锅鹅肉，说，李大姐喂的鹅也杀了，她烧了两锅，送一锅给大家吃，还是热的呢。张小鬼为我解了围，大家吃了这煮得香喷喷的鹅肉，坏鹅肉的事也忘了。

部队迫令日本鬼子投降，向城市、市镇进军。上级命令我们进入著名的陶器生产地宜兴县丁蜀山镇，接收档案文件资料，对新解放区进行调查工作，要了解丁蜀山各阶层情形，了解工人生活。我们调研室四个人，老吴、我与新来的女同志程敏，还有南京的一个大学生前去丁蜀山。丁蜀山是两个镇：丁山与蜀山，在太湖边上，统称丁蜀山，十分富庶。我们去该地，见到了县委书记徐敏同志，是江政委爱人。她布置了我们的工作，这时宜兴和丁蜀的鬼子都缩在碉堡里，没有撤走。我们很快进入丁蜀山，鬼子还在碉堡里开枪打炮。田野里，稻子刚割完，空荡荡一片，炮弹不时在半空爆炸，弹片在人旁削过。好像鬼子已到末日，炮弹也长着眼睛似的，我及周围的人一个也没有受伤。

丁蜀山是太湖与内河相汇之处，水上交通必经之路。鬼子的末日已经到了。我们的部队把鬼子追得狼狈不堪。那天部队把鬼子的汽艇一炸，汽艇停下来，鬼子统统上岸受降。那时，我们已住在丁山的一个旅馆里。旅馆院里有一个大亭子。亭子的走廊里坐满了鬼子。我们都帮着看守鬼子。见许多鬼子，黑乎乎的，满脸大胡子。大概忙着逃跑而无心修饰“门面”。当年鬼子那股武士道的疯狂劲没有了，但也不是我所想象的那样懊丧。他们若无其事地坐着，还在谈笑。事情就这么巧，当我仔细观看坐在亭子里的一大圈的鬼子时，其中有两三个鬼子竟认识我，而且看了我像老朋友重逢似的那么高兴，与我打招呼。尽管我不懂他们的话，但打手势意思是说过去见过我，原来我真正是新四军。我估计我关押在金坛日本宪兵队时，他们见过我，但这几个我不认识。我又看到一个鬼子头目关在另外一间房内单独坐着，不与外面这一群小兵接触。这个鬼子头目三十多岁，非常惊慌，有人进门就害怕。我想这些日本军国主义在八年中对中国人犯下累累血债，怕我们报复吧？我看了这个鬼子头目，不是斋藤，不是田中。他只会讲几句简单的中国话，互相不通言语，也就罢了。

我向领导上汇报了这些情况。领导说，这些小鬼子为什么谈笑自若，因我们一俘虏他们，就讲了我们的政策，告诉他们不久就释放他们回日本去，所以才高兴着呢。他们知道我们是新四军，不虐待俘虏，放心了。我们放他们，让他们回国，这样做尚未投降的鬼子也不致再负隅顽抗。首长说，缴了武器算了，放他们回国吧，里面许多是新兵，还有，这么多鬼子养着怎么办？还得有人看守，最后还是要放走的。

这一晚，我心里乐开了花。我对调研室的同事程敏同志等讲了这个事情。我说，还有这么一天，我们做了胜利者，我们是受降者，我们宽大释放了好几十名日本鬼子，而且其中还有直接迫害我的敌人。本来我们来接收档案的，结果接受了这么多活“档案”。说得大家都笑了。

我们在丁蜀山忙了一阵。鬼子跑的跑了，放的放了，老百姓也安定了。这时，丁蜀山镇已建立了新的民主政权。丁蜀山市镇上手工业、商业发达，制陶业历史悠久，闻名中外。我们调研室准备开展对制陶业的调查研究。

制定了详细的调查提纲，大体有：丁蜀山陶业的发展历史，地区范围，工人分工，陶瓷种类，操作技术，工人收入及生活，物价情况，各种陶瓷成本，每年销售量，包括内销和出口，资本家利润，对外销售关系，衰落原因，发展前途，改进意见，工人的要求，资本家的思想顾虑等等。我们成天在陶场，与工人打交道。看了陶场各种大小陶器，从“七石缸”到紫砂茶壶制作过程，从挖泥做坯到开窑出成品。陶业工人是很艰辛的，基本上是手工操作。工作条件差，劳动强度大。我看了他们做大缸、二号缸，心里想，没有机械化，这些工人翻不了身。看到精致小巧的茶杯、茶壶，这些闻名于全世界的精巧陶器，真是珍贵艺术品，是我们国家民族的光荣与骄傲。将来稳定了，一定大大发展。可是日本鬼子统治了几年，陶瓷业萧条，市场不景气，国内国际市场都缩小，资本家也叹气。这个本来十分发达的行业，只是惨淡经营而已。我们调研室四个人，自 8 月中旬至 10 月，差不多工作了两个月，调查了厚厚的一大本，好几万字，准备送给领导，作为今后制订政策的参考资料。

1945 年 8 月 15 日日本投降，9 月签字。其间鬼子还挣扎抵抗，我新四军 8 月以来先后解放了南京以及太湖、天目山、江淮一带许多县城市镇。8 月 28 日，我党为了顾全大局，对和平建国表示诚意，毛主席偕同周恩来、王若飞等赴重庆同蒋介石谈判。10 月，签订了“双十协定”(即“国共两党会谈纪要”)。我党准备将自己的部队自浙江、苏南、皖南等长江南岸地区撤退。我当时有点不敢相信，抗战八年，我们在苏南坚持，发展，壮大，苏北虽开辟了根据地，可是我们没有离开过苏南根据地。现在，日本投降了，为了顾全大局与国民党和平谈判，结果谈得要撤离苏南。所以，当老百姓询问我们的去留时，我从未正面讲过我们就要走啦，这个话如何说得出口。可是有一天，上级党委来了通知“立刻撤退”。送信的小鬼说，你们还不回去？再不回机关去要掉队啦！

区党委机关只有宣传部长欧阳惠林同志在，他们是留守处。城工部长孙章禄及金坛县委书记徐明坚持江南，到太湖边上去了。组织上要我们立即撤退，当然服从。同时看清了形势，明了了全局，思想也通了。

地方的撤退工作组织得很好，男同志及身强力壮的女同志一起步行到江边，年老体弱及体质差的女同志随后走。最后走的是担任守卫工作的部队及最后撤退的干部、首长等。我与老吴他们几个分开走，因区党委的女同志大批早走了，组织上要我跟着《苏南日报》报社的同志一起撤退。他们女同志多，还有机器、纸张等，争取坐一段船。老吴他们步行到江边。

走以前一个偶然的机会，欧阳惠林同志邀我与老吴去游览张公洞与善卷洞。这原是有名的游览胜地，可八年烽火，乏人光顾。这儿刚解放，我们又要撤退了，顾不得修建，只有一个老大爷看守着。有一个洞，上面都是岩石，岩石下面有一个几米大小的洞，有流水。坐小船进洞，弯弯曲曲进去。若太平时候，称得上幽静之处。可是兵荒马乱，目前水也不干净。还有一处有水沟，曲曲折折，沟旁有岩石的桌子，石头凳子，传说是众仙人下棋的地方。洞顶上有块好几丈阔的大石横着，构成一个大洞，正是别有洞天。再有一处，老大爷给我们每人一个火把，说里面太暗。一进去，耳朵里只听得“嗖嗖嗖”、“噼噼啪啪”的声音。声音很大，又难听。火光下隐隐约约看到是满洞的蝙蝠乱飞。蝙蝠大得像夏天用的黑色折扇，长得难看，声音也难听，一见火光更成群乱飞，差不多要扑上脸来。我们略一光顾，就匆匆出洞。

老大爷向我们诉说，无论日本鬼子还是国民党横行的日子，他都守着这风景区。好不容易盼来了新四军，盼到了出头之日，这名胜古迹有了重修希望。又听说新四军要撤退，欢喜落空，不知何年何月才能重修这名胜古迹。老人嗟叹一阵，我们好言劝慰一番。其实，我们自己何尝愿意离开江南。我们曾与江南同胞共同抗战八年，对同甘共苦的江南父老兄弟姐妹，我们真是难舍难分啊！

北撤到山东

我随《苏南日报》社一起北撤。社长储非白同志，是个很能干的青年人。他爱人许勤在茅山地区调研室曾与我一起工作过。报社人员200多，有十来条船，在张渚附近整顿学习。因为“北撤”原因没有全面传达到基层，所以人员中大部分人不了解撤退意义。

储非白同志老家是张渚，对这一带情况熟悉。他亲自奔走，又租到了几条船。十月初，天气阴冷，我们从张渚附近北上，为了不引人注意，晚饭后上的船，像过去行军似的。船上许多人挤在一起，没法躺下睡觉，一个挨一个坐着。有打瞌睡的，有唉声叹气的。女同志吴梅，是个驼背多病的人，大家同情她，要让大一些的地方给她休息，于是船里骚动了一下。还有一个上海来的同志，性格暴躁，爱发牢骚，讲怪话。说鬼子投降了，毛主席去重庆谈判还是好端端的，干嘛还向北撤？八年来我们对日本鬼子都没让步，干吗让国民党？我们自上海到南京，苏南到浙北，哪个地方没有新四军的脚印，蒋介石早到峨嵋去了，这一回还来？真见鬼。她还说，她是上海人，八年没离江南，现在胜利了，反而要离开江南？于是你一言我一语谈开了。也有人说恐怕不是离开江南，而是转移个地方吧！我心里明白是撤出江南，但也不便多言语。风大天冷，还有蒙蒙雨，船行的越来越慢。我们听得岸上有人在说话，有储非白同志的声音，还有不少男同志上岸了。原来，社长在组织青年男同志帮船夫背纤。我们坐的这条船，由储非白与两个小伙子背着纤走。女同志知道社长在帮我们的船背纤，再也没有人叹气，更没有人发牢骚了。

我们坐一段船走一段路，过运河，过铁路，还是充满着紧张气氛，有的地方还有鬼子、伪军，还过了几道封锁线，才到了长江边。

我们面对滔滔长江，前面鬼子尚未扫尽，后面国民党猖獗追来。我们江南健儿凭一千多条船，要越过长江天险。登上船后，只见江水连天，白帆片片。近处船接着船，虽两船相隔，但人见人，说话声音可闻。上级虽一再关照低声音少言语，但面对此景，压不住心头思绪万千。因此，也有高声谈笑的，也有轻声细语的，也有对江上迷离景色惆怅不已的。不多时，夜幕降临。每船备有红绿灯笼，规定船上挂绿灯笼表示平安无事。各船绿灯笼一定要点亮，避免船儿相撞，也便于前进有序。各船所备红灯笼，发生情况时点。

我们开船时风平浪静挂绿灯笼。谁知船到江心，天公不作美，刮起大风来了。风逐浪高，这倒也罢，风大，可以转帆、落帆，有船工师傅掌舵，浪高，只是船身颠簸，还没有翻船之险。可是，麻烦的是我们的绿灯笼不少吹灭了，那用什么代呢？没有灯火是不行的，船儿密密麻麻，相撞怎办？这时指挥部传讯过来，如绿灯笼吹灭，以红灯笼代替，不作发生了情况。于是各船绿灯笼被吹灭的又亮了红灯。大家看到江心一片红灯绿灯，反而笑了，说这才是红绿交辉，相映成趣，是龙宫里办喜事了。

一千多条船过江后，在黄桥略休整，我们单位的人员又集中了。苏浙区党委有金明、吴仲超、李坚真、欧阳惠林等领导，苏南行署有宋日昌、陈智方等领导。我们又集中行军了，浩浩荡荡。前面日本鬼子早赶跑了，后面国民党反动派不敢追来。我们向淮阴、淮安行进汇集。

我与老吴一起走。这时，机关干部身体较差的，组织上都照顾。老吴有个勤务员，名樊朝宾，挑一担文件和行李。饲养员林永堂牵一匹小毛驴。林永堂是在天目山与国民党军战斗中俘虏过来的，浙江人，只十几岁。人瘦小，又黑，脸上只见两只大眼睛，一口白牙。原来可能是个勤务兵，不愿回家，就跟着新四军走了。他老老实实，忠心耿耿，牵了匹小毛驴，放些公家的杂物，我们都不大骑。樊朝宾是浙江长兴附近的雇工，年纪略大于林永堂。我们撤退时一定要跟着来。他矮矮个子，脸上有麻点。因两个都是参军不久的新兵，一路行军还得我照顾他们。宿营地到了，带着他们去看公家分给我们的住房，领牲口草料，借门板，住下了还要去看他们住地是否安全。“火烛小心”怕失火。反正每天忙走路、吃饭、住宿等等，空时与他们学习谈心。

领导要我们于1945年11月在淮安、淮阴集中。我们顺利地先到达东台。这是一个较大城镇，靠近海边，秋末冬初，鱼虾螃蟹丰收，满街都是。大家痛痛快快吃了一顿螃蟹。我们买了些零星物品，公家还为干部定了些公文皮包，老吴发到一个牛皮挂包。

11月，大队人马浩浩荡荡到达淮安、淮阴。淮安是周恩来同志的老家，也是古时汉高祖封韩信为淮阴侯的地方。如今八省健儿会集于此，好不风流。一批首长及同志留在淮阴，我们几个人与吴仲超、李坚真同志等握别。吴宝康把多年来编印的调查研究材料，一本本交给了吴仲超。

我的兄弟中孚，1945年5月在苏浙公学学习后分配在新四军一纵队王必成、江渭清部队。这个纵队的前身就是十六旅、十八旅。他们部队是1945年9月底10月初北撤，与我们差不多同时。新四军、地方党、地方行政机关都于1945年11月纷纷到达淮阴、淮安。苏浙军区武装在淮安的河下进行阅兵典礼。张鼎丞、粟裕、邓子恢等首长都参加了。听说气魄很大，我没有赶上观看。这支部队经过八年抗战，威震长江两岸，都是钢筋铁骨的人物。因部队已到淮阴、淮安，我打听中孚的消息，不知他在哪个单位。我们见面了，是中孚打听到了我们区党委所在地，来看我们的。多时不见，判若两人，一身军装，英姿勃勃，像长大了好几岁，已不是当年的“淘气包”了。他这半年多经过了锻炼，苏浙公学学习后即参军打仗，接收城市，行军北撤，以后还要参加打大仗呢。我与老吴应邀去他住地相叙，他在卫生部当文书。见了他们卫生部首长，首长把阿孚夸奖一番，说他入伍时间虽短，能吃苦，进步快，很有前途。

我们在淮阴、淮安集中，整顿机关，清点人员、物资，提高思想，为下一步行动打基础。大家很高兴，打败了日本鬼子，过了长江天险，甩掉了国民党。前面虽有困难，但有党，有军队，我们信心百倍，觉得前途光明。这时机关来了个小吴——吴真同志，过去在调研室共事过的，是江南“财神爷”财经部长李建模同志的爱人。她来当机关的会计，为人爽朗热

1945 年 11 月北撤往山东途中，在淮安、淮阴集中。程桂芬、吴宝康与在二十四军卫生部工作的二弟程中孚、在华中银行工作的弟弟吴健重逢。这是程桂芬（后）、吴宝康（左）与吴健（右）合影

情，体贴人，谁都喜欢她。这时她有个吃奶的小女儿，胖乎乎，红脸蛋，见人就笑，大家叫她“小番茄”。由于吴真接近人，“小番茄”又惹人爱，一般同志也不忙，于是吴真所在会计室常挤满了人。有一天，我也在那里，坐着看吴真与总务科长算账，“小番茄”由别的同志抢着抱过去。有人问吴真，李建模同志什么时候来。吴真说，这个人总是撤退在后，大概一切安排好了才走吧。她还说了这么一件事：他们第一个生的男孩子，出生后没多久，寄在常熟县一个老乡家。后来这个村庄的汉奸了解此事，杀害了这男孩。这么件凄惨事，大家还是第一次听说。接着不幸的消息传来，李建模同志与一个连队最后撤退时，船沉没在长江里，一百多名战士、干部全部牺牲。吴真同志是阳澄湖畔、常熟县里一个普通的家庭妇女，为了革命，不做亡国奴，跟随李建模同志离开了温暖的家，离开了富饶的鱼米之乡，来到解放区，现在又献出了丈夫的生命。我们北撤山东，

吴真同志留在苏北，谁知竟成永别，以后听说她病逝在华中。

1945 年 11 月底，我们大队人马，晓行夜宿，踏上山东解放区。这儿地区广阔，一望无际。村庄很大，有的好几百户。许多村庄还有砖墙庄院。有的同志说，像《水浒传》三打祝家庄里祝员外住过的地方。这时已是初冬，早晚寒冷。我们机关由金明同志带领，年轻的走路，体弱的骑牲口。一路上人来人往，浩浩荡荡，热闹非凡。调查研究室除老吴外，还有两个女同志，程敏和我，其他同志都留在苏北。樊朝宾、林永堂也留在苏北。到山东老根据地了，我们心情舒坦。也有人说，前无敌兵，上无飞机，国民党甩在后面，我们到了宽广的世界，不像在江南八年，敌人据点众多，那时我们简直在网里钻，就是神通广大的孙悟空也会憋死。这回才是真正敌后，就是国民党来骚扰，我们也不怕。我们千百人马踏上了鲁南大地，经过了郯城，来到了临沂城下，城内城外住得满满的。这时已经是 1945 年 12 月了。

临沂城不像江南张渚、丁蜀山那样街道上商店鳞次栉比，人们熙熙攘攘，也不像东台、淮阴，南北物品集中，集市上农副工产品应有尽有。这儿比较清静，宽阔的街道扫得干干净净，行人不多。房子是平房，砖木结构，青砖青瓦，很幽雅，看了使人感到似古代一般。大路上过来大车，只见车把式头上扎着白布包头，手执鞭子坐在车上，静静的，也不吆喝，赶着骡车过市。街道一头耸立着一座高高的教堂，俯视着这座古城。这儿周围是老根据地，实际是敌后，四周有的较大城市还不是我们控制管辖的。

一路上走得人困马乏，到临沂后又休整。我们住在城内老乡家。老乡们很客气。我和老吴住的这家，房东老大爷让出大床给我们住。我们再三推辞，他一定要让我们歇息。他是个贫民，单身汉，无儿女，无依无靠，说一向关心八路军、新四军。我们在他家住了好些日子。这时行军暂告段落，于是同志们又三五成群，互访相叙。陆平东、张君实、陆培学、张梅、夏瑾等同志都住在附近，大家有功夫在一起谈谈说说，向往未来，也很高兴。由于新四军六师与其他部队汇合，大家又认识了不少人。陆培学同志与淮南来的王亦纯同志结婚了，张君实与夏瑾结婚了，张梅与陈智方结婚了。临沂城内，男婚女嫁，喜气洋洋，一派热闹风光。如张君实、夏瑾这一对，可说是了了“宿愿”。大家开玩笑说，抗战八年，张君实追夏瑾追了六年。夏瑾一参加工作，张君实就看上了这个丹阳小姑娘，姑娘还未长大，张君实耐心等她长大成熟。抗战结束，踏上新的征途，才遂了心愿。由于张君实这个晓庄师范的老牌学生平时好开玩笑，大家与夏瑾又熟悉，所以他们结婚大家兴趣盎然，整整闹了一夜。

在临沂城里休息了一阵，生活上开始吃小米很不惯，看见老乡摊煎饼、吃大葱很好奇。炊事员不会淘小米，煮的时候加水多少无把握，做馒头发不了酵，不是苦就是酸，做面条不是糟就是糊。于是老乡们、妇女会帮助我们。淘小米用两个盆倒，沙沉在底里。做馒头、面条也都是山东同志手把着手教。讲到吃的东西，临沂也别有风味。早点，有一种叫“抄”。端上来一大碗汤，里面有几十粒米粒一样的小圆球，嚼起来正像糯米那样黏，不像粳米那样硬，又不是麦子，细细嚼来非常可口，汤鲜美无比。有的说是好多只鸡熬成的汤，也有的说，是一种植物熬的汤。于是，每天清晨，卖早点的铺子内，挤满了我们这些江南客人来吃“抄”。这时我们有钱买一点肉了。记得过年前，我也买了点肉。同志们叫我炒肉。我第一次发现，肉用油一炒就能吃，不一定焖熟。多年来，尤其在游击区的几年，我在老乡家吃饭，有什么吃什么，自己不会做菜。1945 年 12 月 31 日，我过年是在小陆、张梅同志处过的。我们差不多聊了半夜，回顾江南地区，想念牺牲的同志，以及留在江南坚持工作的同志。

我们这么松散了几天后，领导上给我们作报告，讲形势，要我们好好学习，有问题、要求，也可向组织提出。北撤途中，我遇到了锡南县政府的领导人陈诚同志，他是薛斌同志牺牲后，接任锡南县长的。1945 年前他也在锡南工作，领导过钱桥中学的工作，所以对钱桥中学的情况很清楚。我请他写了个证明，证明钱桥中学的政治情况。我根据这个证明，又写了个报告给机关党委，要求恢复我自金坛转押常州敌伪机关释放后，到解放区的这段历史。报告写好，经支部讨论通过，送机关党委，再转送华东局组织部。这时机关党委领导有金明、宋日昌、陈智方等同志，区党委与苏南行署在一起，不久就要改组了，因到了山东，将由华东局领导，大家得另行分配工作了。

在华东局调研室

我们听了陈毅、陈沂同志的报告。陈毅同志讲了总的形势后，针对干部存在的混乱思想，进行了分析和批评。这时，原地方工作的同志要求去部队工作，部队的同志要求到前方，地方的同志又要求不在领导机关而下基层，分在上面领导机关工作的同志又不愿在临沂城内工作等等。我记得陈毅同志很风趣地说，过去历史上就有愿意在地方上当七品、八品，不愿在京城当四品、五品的。过去的地方官一到地方就"打秋风"。陈毅同志批评了同志们存在的"宁为鸡首，毋为牛后"的思想。会后，大家对这形象生动的报告很满意，都说组织上分到哪儿就去哪儿。接着陈沂同志作报告，介绍了山东情况。随后大家分配工作了，吴宝康被分配在华东局组织部巡视团，与淮南来的张一樵、王亦纯等十几人在一起，由华东局组织部干部科长率领，去鲁南各地巡视工作。我分配在华东局调查研究室，要我去基层调查研究，了解情况，向山东同志学习。

我们调研室有十几个同志，由贺致平、王耕今同志领导。贺致平是个很有工作经验的老同志，王耕今对政治经济学有研究。其他青年骨干，山东的同志有金丰、李滋圃，淮南来的同志有高原及姚瑜（女），其他从南方来的有何温、刘洁、小张及我等。在华东局，山东的同志在我们出发前还介绍了山东风土人情，甚至老百姓日常用语，桌、椅、板凳、茶杯叫什么，都给我们介绍了。

我们工作的地方，是离临沂城几十里地的农村，原是国民党顽固派恶霸王洪九统治的区域。王洪九在临沂解放前就逃跑了。我们去的任务是先进行调查研究，了解该地区政治、经济情况，组织贫雇农，发动群众，然后进行二五减租。对国民党反动军官、恶霸地主王洪九的财产是要没收的，但一开始未动，一切从调查研究着手，再发动群众。我们三四个同志去的一个村庄有几十户，首先是访贫问苦。我访问村东头，小张访问村西头，淮南来的老李负责总的工作，山东来的同志任小组长。进入村庄一开始遇到的问题，是在哪儿吃饭，地主家吃饭当然不合适，中农家吃饭不欢迎，害怕我们，贫农家又实在管不起。于是找个逃跑了的没人住的房子住下，自己烧饭。工作真困难，开头碰了不少钉子。早晨，我和小张、老李出门拜访各家，老百姓对我们侧目相视，老远就走开了。碰上了也爱理不理的，用“不知道”、“不认识”、“听不懂”、“听不见”等话回答你。有的老大爷拿了锄出去，你问他好，说：“大爷，您下地了？”他很生气，后来明白，这个地方“下地”是死了人叫下地，不是下田种庄稼。后来我们挨门挨户拜访。

几天后，在东头，我访到了一家贫苦人家，这是我生平第一次见到如此贫困的农民。一个中年男子带了几个孩子住一个土炕，孩子们白天披着麻袋坐在炕上，最大的女孩十几岁，快成人了。穿着与其说是衣服，还不如说是几块破布缝挤在一起，褴褛见到肉。这个男人顾不得语言不通，欢迎我。屋里没有一张板凳，我在门槛上坐下。他是王洪九的佃户，田地因穷种不好，给地主收回去。他愿意出来工作。我到炕边摸摸几个披着麻袋的孩子的头，我的眼泪流出来。我又找到了一个老大妈，也是王洪九的佃户，他儿子是个青年，能谈得来。老大妈拍拍我的肩膀说：盼你们来了。几天工作发现了许多积极分子。各组开会汇报后，领导上认为条件快成熟。我们希望把王洪九家的浮财分给佃户，组织农会，以后再进行二五减租。

调研室贺致平同志亲自到乡下来，晚上与积极分子开会座谈。贺致平同志穿了件旧的黑色大棉袍，腰里拴了根草绳，他讲一口山东地方话，参加会的人一见他就高兴。

不久，我们发动大家分王洪九的浮财，把他窖里的大地瓜拿出来分了。当人们拥向地主厨房打开餐柜，拿出里面过春节还未吃完的整鸡、整鸭时，群情激动，因贫农家地瓜也没吃的。地主家仓库房间里满满的囤着花生米、白薯干，要吃多少年哪。分浮财时，我拉着村东头那几个披麻袋坐在炕上的孩子去拿白薯，可是孩子到了地主家门口，看到这些深宅大院，围墙重重，说这是大庙吧，能进去吗，不是里面有菩萨吗？进去后孩子都惊诧不已。群众分了浮财，以贫雇农为骨干组织农会，也团结了好些中农。可是农民政治上还是有顾虑。那个与我很熟的老大妈有一天对我说："小程，咱们这么做行吗？我就担心我的儿子，我对他说，将来王司令（王洪九）回来，准杀我们的头，这叫造反呀。"我请她坐，请山东同志做她的工作，帮助她提高觉悟。

在山东干部金丰同志带领下，我又到了另一个村庄。这时除一般民运工作外，要搞调查统计，要把几个村庄的土地关系、剥削情况，详细记录统计，送给领导机关参考，作为二五减租的依据。我们一方面学习政策，一方面调研山东地区土地关系。王耕今同志对山东农村经济很有研究。调查研究室印制了许多表格，统计这些村庄的租佃关系。这时与我们一起工作的有何温同志、刘洁同志。何温是钱俊瑞同志的夫人，钱俊瑞也是农村经济专家。刘洁是林东白同志的夫人，林东白在部队做文艺工作，是个多才多艺的文化人。何温同志总是谦虚地说，她刚从河南大学毕业，还没有做过实际工作，没有见过农村呢。这时工作不像前一时期紧张，因此每逢星期六，何温、刘洁常骑着他们爱人从临沂城里来拉她们的大马回城。我因老吴的巡视团在鲁南工作，离得远，城里也无熟人，所以我没事不进城。

山东同志很关心我们从南方来的同志。从工作到生活，无微不至。有一次华东局开大会，要我们全体参加。时间紧迫，我走不快，赶不上，其他女同志都早骑马进城了。金丰同志说，小程，我们没有马车、汽车，我们有脚踏车，我踏你坐。他推来了辆自行车，叫我坐在后座，他踏了几十里地，把我带进临沂城。山东的田地与江南的田地不同，江南的田埂高于田面，可能由于江南雨水多的缘故，如在小田埂上骑车，两边尽是水稻田，或小溪，或河塘，如果你掉下去不是落汤鸡，也是一身泥。这儿田埂低于地面，而且田埂很阔，两边是旱地，自行车飞快地在平坦的田埂上向前奔驰，耳边呼呼地响着，我说像哪吒骑着风火轮。金丰同志是典型的山东彪形大汉，高大魁梧，目光炯炯，为人纯朴厚道。我看着两边庄稼飞快过去，怕摔下来。他说，如果害怕，就闭上眼，不要看地里。我当真闭着眼睛，不久进入临沂城。以后，进城开会，就坐金丰同志这个“风火轮”。

经过在临沂附近村庄的调查研究，看到贫富的悬殊。目前与国民党谈判，国民党毫无诚意，美帝国主义代理人马歇尔来调停，更是虚假。种种迹象使我预感到，斗争不可避免，大战在即了。我们只有积极工作，发动广大群众来阻止这场内战，防止国民党反动派的无理进攻。我还是随着山东同志去临沂附近工作，又与李滋圃同志一起在另一个村庄发动群众。我们得知王洪九的狗腿子及一些富农分子，在村上散布流言蜚语，吓唬村里的老百姓，阻止群众组织起来。因此，我们到村里走访了几天，群众像我们前一个时候在别的村庄工作时一样有顾虑，不敢接近我们，发动不起来。李滋圃同志是个急性子，把一个富农分子叫来训斥一番。后来我们共同研究政策，看看对这部分人使用什么方法。最后，我们发动了群众孤立了这个富农，他家的雇工增加了工资，参加了农会。工作了一段时间后，农会也组织起来了。这时已是1946年6月，华东局组织部通知我回组织部另行分配工作。

华东局组织部组织科长张文韬找我谈话，通知我1945年年底给苏浙区党委写的报告已批下来了，批准我恢复被捕后押往常州至回苏浙区党委这段时期的党籍。我去华东局调研室支部汇报，看望了贺致平同志。贺致平说我工作以来，这几个月瘦多了，说我脸色不好，如此苍白，问我有没有病？是否山东生活过不惯？我说一切都好。贺致平同志要我去《大众日报》社休息几天。这时华东局巡视团工作已告一段落，吴宝康同志已调往《大众日报》社工作。

华东局组织部干部科长于一川同志找我谈话说，华东局巡视团结束后，团员已分配工作，现在要成立一个工作队，拟把我调往工作队，征求我意见。我与老吴商量，要求组织重新考虑我工作。于一川是个老同志，办事认真仔细，为人厚道诚恳，戴副近视眼镜，迷迷眼睛，对我说，行。说着他就开了抽屉，取出介绍信说，分配你去《大众日报》社工作吧！

到《大众日报》社

《大众日报》当时是中共中央华东局的党报。1939年创刊，在解放区影响很大。我1946年6月调去时早已是一张铅印大报，社长是匡亚明同志。他找我谈话时要分配我做校对工作。我告诉他，我这个人不细心，性子急，坐不住。他就分配我到研究部庄方同志那里工作，那里有不少女同志。我去了不久，形势紧张，国民党反动派在美帝支持下，向解放区疯狂进攻。临沂城里许多机关撤向老解放区，报社也进行大搬家。由城内搬到城外，由鲁南向滨海转移，到莒县十字路附近。报社人多，物资多，搬家像行军一样浩浩荡荡，似乎有好几百人马。好在组织得好，编辑、研究、发行等各部都井然有序。《大众日报》社现在汇集了“各路英雄”。江南各根据地东路、西路、苏南、浙江来的，《前进》、《火线》、《大众》、《前线》各报的领导和编辑记者，以后还有重庆《新华日报》来的编辑、记者，真是人才济济。匡社长广罗人才，报纸办起来得心应手。但困难的是各地同志互不熟悉，领导与被领导之间互相不知所长。匡社长是很有才能的领导，工作分配“量才录用”。记得吴宝康去工作后，社长要他“应试”，写一篇驳斥王耀武的文章。看后觉得文章合格，就把他分在编辑部当编辑。与吴一起任编辑的还有浙江来的商白苇同志，苏南地区来的谷力虹同志等。刚到山东来的各地同志生活上还有不少困难。那天行军，我看到一个二十多岁的女同志穿了一双又烂又破的鞋，手里还抱了个几个月的婴孩。一看就知道她是从南方刚来山东不久，缺少日用品，连起码的衣衫鞋袜也不全。可是这位女同志看形象，容光焕发，端正而安详。我对老吴说，要是讲“美”，这位女同志才配得上这个字儿。后来，我悄悄地从背包里拿了双粗蓝布、黑滚条、大方口、有搭襻的鞋子，要老吴转送给她。我说，她是编辑部的女同志，你送去吧。事后，我知道她是商白苇同志的爱人陈野菲同志，是浙江嵊县人。在浙江，她十四岁就登台演出，唱越剧，是方园几百里都家喻户晓的人物。

报社到莒南县没多久，我已怀孕，因此实际上在庄方同志那里工作不久就歇下来了。这时已是 1946 年夏天了。天一亮，我一见太阳出来就头晕，没有窗帘，窗户上挂块布，不让阳光进来。中午，索性把头也蒙着，一点光线也见不得。吃什么，吐什么，胃液都吐出来。到傍晚太阳下山，有些凉意，才能到门口树下坐坐，喝一点什么。两个月后才好些。这时我们住在老乡的泥坯房子里。白天老吴去上班，编报纸，我去野地里找野菜，回来做个糊糊。编报的同志很辛苦，要到半夜回来，大概要等到编排好，发完稿，送走才休息。经常有商白苇、老吴，还有个年轻的编辑，到我们住屋的门前，他们在树下放张小矮桌子，三个人围坐着谈谈笑笑。这时工作已告一段落，深夜，大地上灼热退尽，坐在树下有阵阵凉风吹来。白苇同志是个爱热闹、很风趣的人，不像老吴那么沉默寡言。只要他一坐下，三个人就天南海北地扯起来。我们早知道来山东前老商是个文艺能手，与陈野菲都是浙江嵊县人，夫妻俩能自编自演，共同上台。他们在门前一说笑，我在床上躺不住。总是一骨碌爬起来，拿个小板凳靠着门看他们那股起劲样儿，我也不想睡了。他们要老商唱越剧，老商要老吴唱歌，这还不算，总得要老吴吹个口哨。老吴话不多，可是能唱歌，又会吹口哨。经常是老商要老吴吹个“黄河颂”，老吴说太长，于是吹个民歌才收场，各自回去睡觉。那个年轻人也能吹口哨，可是没有老吴那样娴熟。老商往往听完老吴的口哨，喜滋滋地说，这才叫“珠圆玉润”。秋天了，有时我在老乡那里买几个刚成熟的梨或做几块“饼干”准备着，放在桌上等他们深夜走来休息时吃。这样愉快安定的好日子过了一阵子。

山东是必争之地，国民党向我们进攻。前方打仗很激烈。报社分了前后方两部分，前方靠近部队出报，家属儿童往后方安全地带转移。组织上决定报社成立一个托儿所，实际上是家属、小孩、孕妇集中一起，有二、三十人。家属实际是体弱不能在前方坚持工作的女同志，小孩自婴孩到十多岁的都有。组织上决定我们向滨海日照一带转移，以后逐渐向胶东莱阳方向走。托儿所总的负责人是李白蕾同志。她原在重庆《新华日报》工作。国民党撕毁“双十协定”，谈判破裂，封我报社，于是《新华日报》的同志撤到山东来了。李白蕾在国统区办过托儿所，有经验，所以要她负责。这时她身边已有两个孩子。记得出发前，我们在一个广场上开了个大会，全报社来欢送我们，围了个大圆圈。匡亚明社长给我们讲话。嘱咐我们要注意安全，要保护身体健康，母亲要教育好孩子，抽时间学习，与群众搞好关系，积蓄力量，再来前方。

去后方托儿所的党员有好几名，上级党组织决定我们成立党支部，规定了我们一些任务。记得当时有顾鸿同志先护送我们去后方。我们走的时候，有车有牲口，婴儿、幼孩、孕妇坐车，东西由牲口驮。在日照附近“定居”。老乡们知道我们是《大众日报》社的家属，都照顾、帮助我们。一路上要车辆、要牲口都没有困难。

李白蕾，这个四川女同志，看起来秀气，文质彬彬，个子不大，可是潜伏着无穷的力量，有使不完的劲。她各方面都起带头作用，真是好样的。人家说她是教授的女儿，有文化，肯谦让，能团结人，有组织能力，更有工作经验。行军一到地方，她分配房子，先侭年老体弱、孕妇、带幼孩的，到最后才是她自己。她带着小罗、小蕾住最差的房子。她不让小罗、小蕾娇气。如果前方偶然捎来一些奶粉、蛋粉及绒毯之类的东西，她总是先给别人，自己不要。分房子，她还考虑谁与谁合得来，可以一起住。学习也是李白蕾带头，她不仅阅读各解放区的报纸，而且有一次清晨，我看她一人坐在树底下背英语。我笑着说，你真是教授的女儿，你将来还准备当教授吧。她谦虚地说，不是，我们不能老在后方。今后搞工作要有文化、知识。人不能浪费时间。前方打得如此激烈，我们要积蓄力量，一声号令上前方。前方布置我们生产，号召大家学纺纱、织袜子。纺纱，初看容易，实际做起来不易。房东老大娘借给我纺车，把着手教我。我看她纺的顺利，马上要纺。可是左右两手怎么也配合不好。右手摇快了，左手的棉纱来不及抽出来，就团在一起。右手慢了，左手棉纱拉得太长，断了。我废寝忘食地学。有一天晚上，我听大爷大娘都睡了，我是睡她儿媳妇房间里的，她儿子在前方部队打仗，儿媳回娘家去了，我把纺车置在大床前，坐在小板凳上聚精会神地纺。说也奇怪，慢慢地，纱不怎么断了。半夜了，油干灯灭了，油是宝贝，好多天才给一点儿，这几条纱还够不上油灯费。我爬上大床想这纱已纺完，明早请老大娘赶集带去，现在可以安安稳稳地睡一夜了。东方发白，窗上鸡啼，猪也闹了，大娘敲我窗，告诉我她要赶集去了，问我纱纺得怎么啦。我连忙起床，告诉大娘我纺完了。她用布包着说拿到集上看看去。傍晚大娘回来说，这个纱人家说织布不匀，做线也不行，只能织个手套袜子。老大爷说你干脆织个袜子送你爱人吧，这也是支前。说的别的同志都笑，我很不好意思。后来我还是织了一双半长不短的袜子捎给老吴（老吴舍不得穿，一直珍藏着保留到现在，放在箱子里，作为传家宝）。后来，我们全体女同志都学会了用毛线打袜子，每人打了好几双支前。

前方打仗，地方上二五减租改善人民生活，后方机关干部“三查三整”搞民主运动。阶级斗争很复杂的，报社有上百人，即使我们后方托儿所是否有阶级异己分子，不清楚。前方组织上来人指示，托儿所也有地富分子躲藏，报社经理部的负责人李辛夫同志的岳母是富农分子，她与她的女儿、李辛夫同志的爱人躲避农民清算，带了全部家财躲在我们托儿所。支部研究，发现每次搬家行军，她们母女要的牲口车辆比旁人多，大口袋大麻袋有好多个。我们决定全体党员积极分子第二天包围她们住房搜查。把他们的全部大口袋麻袋箱子里的东西一清点，真是大吃一惊。有各色绫罗绸缎，各种土洋粗细布匹，有成匹的，有一段段的；各种丝线，成捆的，成包的。我们清点登记后送前方报社，转给她们当地农会。她们母女也回报社处理。面对面的阶级斗争场面教育及教训了大家。上级党委指示在清理队伍中、在斗争中要吸收积极分子入党，我们的队伍要补充新的血液。陈野菲同志是我们支部发展培养的对象，支部要我与苏星同志对她了解帮助。

陈野菲的家乡浙江嵊县是越剧的故乡。她十四五岁就跟着当地的进步艺术团体上台演出，参加抗日救亡工作。目前报社的伊兵、章亚白夫妇是越剧的名编导。陈野菲比他们小，从小跟着他们参加抗战工作，表现很纯朴。还有，她是“渔光曲”作者任光、安娥同志的外甥女。任光是党员进步作曲家，在新四军军部工作，国民党发动皖南事变时牺牲在茂林。陈野菲同志的母亲思想进步，眼界开阔。虽家贫，自小没有上学，可是资助任光及进步文人。据说象田汉等进步戏剧家在上海时，陈野菲妈妈不顾一切资助他们。陈野菲妈妈鼓励陈野菲自小跟着舅舅、舅妈学进步艺术。还把陈野菲弟弟送往部队，现在在前方打仗。陈野菲的爱人商白苇是老党员，抗战前就作诗著文，抗战开始积极参加救亡运动，是陈野菲的带路人，启蒙老师，现在前方报社。至于群众观点、劳动态度，我们托儿所里与老百姓关系搞得最好的是她。她住哪家，那家的老大爷、老大娘、大嫂和孩子没有不喜欢她的。她经常帮助扫院子搞卫生，帮大孩子学习，小孩子洗澡。现在她住的房东大嫂在她帮助下已习惯了给小孩经常洗澡。她长得眉清目秀，光彩夺目，像一颗明珠，是天生的演员，可是她没有一点儿演员的毛病。她没有架子，没有娇气，和蔼可亲，什么苦也能吃。我们住在老乡家，有时没有集体伙食，在老乡家搭伙，经常吃发霉的带苦的煎饼。有次我碰上她与老乡一起吃饭，说说笑笑无难色。她的女儿蓝果的那件灰底子鹅黄镶红阔条子的衣服，我估计是她的旧旗袍改的。这样的绸面子也可能是她们祖上传下来的，不知道传了几代人了，还在蓝果身上穿着。

从各方面考察，陈野菲同志够入党条件，可是还有一个问题，支部反反复复研究讨论了好多次，必须了解清楚。陈野菲同志第一个孩子聆聆不到一岁时，她在浙江四明山新四军地区工作。聆聆生了一头疥疮，她们母子去后方医院住院治疗。这个医院地点在名叫“两头门”的一个村庄。谁知刚到医院第二天，国民党反动派一个突击营包围了这个医院。陈野菲与小聆聆被反动派扣了起来，不久又释放回去。因此，我们要了解清楚她被扣与释放的经过情况。经过前方后方了解，事情经过是这样的：反动派扣留他们后，就在这村庄的场地上，问她是哪里人，干什么的，怎么在这儿。她的答复是路过这儿，是从什么地方来要到什么地方去。问她过去在什么地方上学，她回答一个中学，名誉校长赵观涛，实际校长是赵观涛的妹妹赵雪珍。问她上学后干什么，她说以后学唱戏，丈夫是戏班子里拉胡琴的。她不慌不忙，对答如流。反动派知道是有这个学校，这个学校的名誉校长目前还是他们的司令员呢。反动派说，你既然是唱戏的，唱一段给听听。她唱了段绍兴戏（越剧），反动派觉得唱的戏格调对头。再看她打扮，长发齐眉，旗袍，皮鞋，像演员平时打扮。还有细看小聆聆满头烂疮，他们琢磨，如果新四军工作人员住院，怎么孩子头上烂得这样，连药也不抹一点。反动派问她情况的时候在一片广场上，广场上挤了不少老百姓，当时陈野菲同志的一个小公务员，老百姓打扮，也挤在人群里。因此，这一切小鬼看得和听得清清楚楚的。反动派抓不到任何把柄，一会儿功夫就把她放了。她回四明山工作地区后，小鬼证明，医院当地老乡也给证明。她勇敢、机智、沉着，敌人觉得她没有任何可疑之处，放了。经过前后方了解、审查，支部决定吸收她为中共党员，苏星同志和我介绍，履行了入党手续。

北方的冬天比江南来得早。1946 年冬天，我离开托儿所去医院分娩。山东原野辽阔，我晓行夜宿走了好几天，才找到医院所在的村庄。走在街上，看到医院的沿街窗户贴着纸剪的各色花样图案，大概是一间间病房或产房。我想，我可以在这漂亮窗花下平平安安分娩了。我带着介绍信找到了院部，负责人看看我的介绍信说，同志啊，你们属华东的医院管，我们这儿只收山东的干部来治病及生产。我凉了半截，好说歹说也不行。

第二天，天一亮我就离开这个条件好的医院去寻找华东干部的医院。走啊，走啊，不知又走了几天，多少路，我终于找到了管我们生孩子的临沂医院，这是 1947 年 1 月中旬了。国民党反动派发动重点进攻，我们部队在前方阻击，仗打得如火如荼，这里可谓既是敌后又是前方。当我到达医院时，空中正来国民党飞机侦察。医院设在一个大村庄里，叫大官庄吧！周围的村庄都是华东机关所在，实际上走来走去，这儿可能还是在日照县十字路一带。这时阳历年已过，春节快到了，但群众哪有心思过节。精壮男子去支前送粮运货，妇女推磨、烙饼、做鞋，给来往行人备饭送水。我记得住在一个大院子内朝西的大产房里。搁了十几张床，产妇都希望孩子早点出世，这样紧急的情况下孩子正是“生不逢时”。医院领导安慰我们安心待产，不要慌张。1947 年 1 月 28 日，阴历年初七，天蒙蒙亮，敌机又来了，在这村庄周围转圈子，找目标。我肚子剧痛，当第一颗炸弹扔下来时，离医院大概还有几里地。第三颗炸弹落在近处，医院墙壁震动，烟雾弥漫，我的孩子大叫一声出来了。医院的小吴大夫真好呵，一个年轻的大姑娘一直耐心守护在我们身边。飞机来时要我们不要心慌，炸弹爆炸时安慰我，教我如何呼吸，如何使劲，使婴儿顺利生出来。当医院墙壁震动时，几乎扑在我身上掩护我。孩子出世了，我床上身下垫的仅有的一条旧毯子湿透了。

1947 年 2 月，我带着出世几天的婴儿，离开了医院回报社托儿所去。医院看我还不能站立，就给了我担架。像我这样的人，原来在战场上是抬担架的，现在是人家来抬我了。大雪之后，遍地一片白。敌人的飞机不时出动，看到有人，扫射几下，有时扔下几个“蛋”飞走。医院一再嘱咐安全第一，我们走时，担架上盖的被子白色被里在上面，不让飞机发现。一上公路，果真飞机来了，老乡有经验，把担架搁树下，一片白茫茫，什么也分不清。飞机乱炸一气飞走了。我们乘第一批飞机已走，第二批飞机还未来赶快赶路。

报社在一个不显眼的村庄里，我的担架在村外停了一会。吴宝康与老商他们几个老同事到村头来看我。我从被子里伸出头来。婴儿第一次与爸爸见面，在担架上大哭起来。几个同事都笑了，说准是个虎头虎脑的大胖孩子，这么大嗓门。老吴把被子轻轻一掀，几个同事也挤上来看，他们笑道，啊唷，怎么生了个孙悟空？我说是个女孩。他们怕老吴泄气，凑趣说没关系，女大十八变，山东水土好，小米儿好，吃十几年小米后，定是个身高体壮的大姑娘。老吴告诉我这几天太忙，过几天到托儿所来看我们母女。匆匆十几分钟见面，担架又向前行，送我们母女到托儿所安身。

老同志亲如姐妹，李白蕾带着小罗、雪蕾，陈野菲抱着蓝果，苏星手里抱着宾宾，背后跟着燕平，还有杨大妈牵着毛毛，都来看我。挤一屋子的人，实际分别仅一个多月，好像几年不见。大家诉说经历，他们来回转移搬家，我们遇到轰炸。晚上陈野菲和李白蕾又来屋里看我。我右手手腕疼痛，吃饭不能拿筷，人起床下地时站不住，子宫下垂肚子痛。他们商量帮我临时找了个康大嫂来帮忙十几天。孩子满月了，我坐在屋里发愁：托儿所两只奶羊死了，没奶，孩子老哭。门忽然推开，进来一个穿黄色军大衣的大汉，满脸胡子，一身尘土，手里提着一只鸡，后面跟着十几个小孩。原来老吴来了。老吴说，一路来经过不少村庄，但买不到鸡，还是这些孩子帮忙买了只公鸡。孩子们听说这儿生了个小孩都来玩。一群小孩挤了一屋。我忙着招呼这些小客人，把人家送我的一些花生拿出来，每人两个。我告诉他们这房子里房东老大爷放在“屯”里用席子围着的花生米可一颗也不能动，这是纪律。这群孩子很懂事，说不是吃花生来的，要看看小孩。我把被子盖着的瘦孩子抱出来给他们看。孩子瘦，但这时头上已戴着顶自制的白纱布帽子，皱纹给帽檐挡住了。老吴说：你们来的正好，给我们这个小朋友起个名吧。老吴问他们山东小孩喜欢叫什么名，于是热闹开了。有的小朋友说叫“小面”，长大好有白面吃。也有说叫“地瓜”，长大不挨饿。大一点的孩子说，打退了国民党不挨饿了，还叫“地瓜”？“地瓜”可吃够了。房东老大妈进来看着我们在议论名字，也高兴地说，女孩叫“英”响亮，叫“芳”、“秀”长大后漂亮，还说我们山东还喜欢叫“香”、“花”，有叫“香人”、“香梅”的。其中有个大一点的孩子说，“香”啊，“秀”啊，都是有钱人家小姐叫的名字，我看叫“小米”好，小米是山东特有，你们南方没有；还有这孩子是在山东生的，起个山东名好。几个孩子同声说叫“小米”好。老吴说，好吧，咱们就这么决定了，起名“小米”，不忘记山东老乡，不忘记山东的小朋友。

入夜，夜深人静，老吴告诉我，华东野战军七战七捷，中孚在部队里，46 年底到了山东。47 年初春节时报社在大店一线，中孚去报社看了老吴。后来部队又打了莱芜，大的战斗还在后面呢。讲到托儿所不久将大转移，要向北撤。我对当时老向北转移不理解，老吴讲了些形势，有的不好多讲，大家把话放在心里。天不亮，老吴要赶路，临走把身上的黄布棉大衣给我们留下了，作为给妻子女儿的分别礼物。我们心里都明白，这一别，不知何年何月再见面。个人的命运与党和国家的命运联系在一起。党和国家有前途，我们有希望，党和国家有困难，我们就要吃点苦头。我抱着小米，把老吴送出村头。

托儿所的生活真困难，特别是大人孩子的吃饭问题。我们试验了几种办法。先是大家分散在老乡家里吃，每人每天按公家标准定量给老乡。可是吃了几天问题来了，有的老乡家生活好一些，有的老乡家困难，而来了个同志总得设法给你吃好一点，吃一顿二顿还可，经常下去一日三餐就费事了。有的同志在老乡家不敢吃饱。有一天，李白蕾同志的大女孩小罗找不到了，大家着急。傍晚看到小罗一手拿了根棒，一手挎了一个篮子到邻村要饭回来了。篮子里果真还有煎饼、地瓜等等。李白蕾同志很生气，说自己没有教育好孩子。我们其他几个女同志分析情况，一方面觉得小罗像个男孩子，大大咧咧的，有点淘气，而在这地方要饭是很平常的事，小孩子闹着玩儿。另一方面，李白蕾同志把自己分在一家最困难的老乡家，我们估计小罗不敢多吃，在老乡家吃不饱。后来我们把粮食分给各家自己做，自己愿意怎么吃就怎么吃。但是困难又来了，每户三斤柴火一天。三斤，高粱秆大一点的只有一根，这一根高粱秆要烧熟一顿饭可要有本事。我把高粱秆折断，晒干，真是计算得好好的，才煮熟了我们母女俩的小米稀粥。柴火不够烧，于是大家到地里挖庄稼的根，把泥土甩掉、晒干，可是还不行。最后还是恢复集体吃饭。没开水喝，大人好熬，小孩老感冒咳嗽，于是规定每天午后烧一锅开水，每户一茶杯，届时妈妈拿茶杯到伙房去打。这日子真艰难啊！

1947年初夏，天气逐渐热了。国民党重点进攻，在沂蒙山区被我华东野战军包围，不久七十四师被我全歼。这时报社托儿所辗转近一年，经过几百里，到了莱阳以东。报社领导派顾鸿同志带大量物品来托儿所，发给每人一顶蚊帐，每个孩子一条绒毯。还有大批战利品，像蛋黄粉、奶粉等。报社还派来了炊事员，伙食办得好，人心也稳定。我们还是经常行军，由莱阳经文登到荣城，已经来到胶东半岛角上了。这时李白蕾同志回报社工作去了，托儿所工作由刚从华中来的杨琪华同志负责。她原是江南保安司令部青训班学员，一直在苏北工作。领导上有个想法，一旦山东环境紧张，由杨琪华同志带领托儿所人员渡海往苏北撤退。

一天，来了个记者，是我的老同学罗涵之，笔名叫菡子。她带着一个照相机，赶忙给孩子们照相。杨大妈的宝贝毛毛，杨杨的孩子阿杨及小米都照了。小米是哭着张大嘴照下来的，也有呼呼入睡闭着眼睛照下来的。

这些照片至今还保留着。

1947 年 8 月，山东快要打大仗，托儿所分散。杨琪华带着大队人马到华中去了，大批孩子都随着走。苏中七战七捷后，局面打开了，后方单位可去华中根据地。有些同志带着大的孩子到前方报社去了。陈野菲与蓝果到烟台去，因老商有病在烟台检查。托儿所剩下的几个人，都分散在胶东各地，由地方上负责照顾。我住在老乡家，由村支部联系。村支部书记是个三十来岁的青年，常常来一起商量本村的工作。荣城已临海边，沿海都有民兵，并有通往南北方的海上运输船只。我住的那家房东大嫂领导全村妇女送粮送鞋。男房东没见过，一直在前方，男孩在儿童团站岗放哨。我住在她家，她喜欢我娘俩，为我们蒸白面与玉米面混合的大馒头。我不要，她说，胶东的“混合面”馒头比山东别地方的好吃，更比煎饼强。她有时赶集，还给我买点腌鱼来。我不要、不吃。她总说，我们是阶级姐妹，千年难逢，战争把我们打到一块来了，一旦分开不知何年何月再见。虽说大嫂亲如家人，我一个人带着孩子住在老乡家，思想上总不踏实，想回报社。

北渡渤海

那天，大嫂抱着我的小米，我帮她算账。忽然，村支部书记进门，还带来了个小伙子。这个小伙子一身军装，走得满头大汗。支部书记说，胶东行署通知你立即去某地集中。这小伙子后面还有匹马在门口歇息。他们给我看了行署盖章的信，要我马上动身。我们娘俩与支书、大嫂握别，大嫂在篮子里拿了几个大馒头给我们。在一起时间虽不久，一下分别她掉眼泪了，抱了抱我孩子亲一亲说，这年头不知何年能再见。他们两人一直把我们送到村头。儿童团站岗的孩子见我们要走，说小米要走啦，真叫人舍不得。我一辈子还未骑过马，在茅山只骑过小毛驴，还给小毛驴踢过一脚，手指甲都给踢紫了，所以不敢骑。我要来接我们的青年抱着小米骑马，我在旁边走。小伙子笑着说，这不成体统。他要我骑，说胆大一点，慢慢走，这马老实得很。我骑上马，与他边走边说话。知道小伙子是行署副专员陆平东的警卫员。把我接回机关是与赵益群同志等机关人员一起过海。

到了一个村庄，小赵早就等在村头了。小赵接我们母女到他们住的大院里。院里有好多女同志，带着自己的孩子玩。晚饭是白米饭、猪肉，一片安宁的景象。夜里，我带着孩子和小赵睡在地主的一张雕花大床上。小赵告诉我，领导决定留在胶东的华东各机关人员全部北撤大连，由老陆负责此事。她看到名单里有我们报社的几户散居在老乡家里的，便通知集中。我们两人谈到深夜才歇。

第二天，又来了孙章禄同志的爱人许英同志，她在我之前担任过李坚真同志的秘书。他们夫妇在江西景德镇做地下工作时与我妹妹小兰又同事，真想不到现在我们又在一起。许英还带了个小孩名小黑子，五、六岁，有个保姆看管。我们正在高兴，又来了章引同志，她是我离开李坚真同志后接任秘书的。章引的爱人钱梦梧同志，在1945年大队撤退时，坚持在太湖工作。第三天，通知轻装，我只带一口袋孩子的衣服尿布，天黑出发。我们排队上船，一个接一个，眼前一片漆黑，什么也看不见。船舱里黑压压一片。一个带队的人在轻声说话，要我们大伙忍耐一点，一到大连就安全了。同船的还有日本的大夫、技术人员及其家属共几十人，都讲日本话，估计是日本投降后不愿回国自动留在山东的一批科技人员。

晨曦初露，到了大连，只听空中隆隆声响，飞机成群掠空而过。领导人说，同志们放心，别惊慌，这是我们自己的飞机。大连到了，到了我们自己的城市了。

旅顺、大连是战略要地，旅顺是军港，大连则是我国重要的商港和渔业基地。历史上我国不能自立，日本与沙俄发生战争，旅大是争夺目标。沙俄战败，旅大长期为日本帝国主义占领。至1937年日本侵华，旅大更成为日本军国主义由东北侵入关内的桥头堡，掠夺东北各地资源的进出口基地。1945年苏联对日宣战，红军南下如摧枯拉朽，把日本帝国主义号称“皇军之花”的百万关东军全部消灭在东北战场。“八·一五”日本投降，大连由我国收回。我们重新整顿了这个瘫痪了的工业城市。经过二年来的工作，工厂已开工，商品流通，贸易开始繁荣，人民生活逐步改善。我们进入大连市，看到这座东北名城，确实名不虚传。电车、汽车往来不断，别墅洋房，依山傍海，蓝天碧海，红房绿树，确有海滨城市的特色。在大连街上，常遇到苏联红军，有的只有十几岁，穿呢大衣，很气派。

我们到达大连市后，先在“东顺昌”集中。这是一个华东局经营的贸易公司，房子很多，现在暂时作为招待所。我们去后，每间房子住满了人。组织上照顾大家，每人发了一床日本人仓库里藏着的大厚棉花胎。我想配上个花布被面，小赵不愿意，她说：鬼子的东西不希罕，我还盖我的老棉絮被子。不几天到了八月十五中秋节，大家会餐，白米饭，红烧肉，吃了个饱。规定孩子小的，可以找个保姆，公家发生活费。因为大连物价低，我们的北海币值钱，孩子要不了多少东西，所以有幼儿的妈妈都富裕起来了。小赵在八个月前曾在大连分娩一女孩，她来过大连，情况熟悉。到了那里就领着我们十几个人去看苏联电影，由她请客。她说，咱们也得开开眼界，看看外面世界怎么样，苏联又是个什么样。

这时华东局各部来了不少人。陈浩天、贝纹夫妇是华东局宣传部、组织部的人，带了个孩子小贝贝。他俩抗战时就是同济大学、浙江大学的大学生。他们与小赵一起在浙江工作过，很熟悉。一遇到就又蹦又跳。陈浩天说，目前咱们最缺少什么？小赵说，最缺少的是小孩子的尿盆。到了大城市，住在大房子里，不像在农村，孩子到处可以大小便。这儿可不行，一家家挨着睡地铺，孩子不能尿在别人家铺上。陈浩天说好办，咱们可到田文同志家去要一个救急。田文原是茅山地区罗忠毅司令员的爱人，“唐马”战斗中罗司令牺牲后，她调往东北工作了。陈浩天、小赵出去不多时，捧了两个搪瓷白尿盆进来。他们说，参观了市容，在一条街上，摊子尽是卖日本人留下的东西。还给我们小米买了个铝制的糖缸、一只台球、一只贝壳做的小白兔，给我一把不锈钢的小刀。偶然买的送给孩子的玩具，竟成了我们同志间终生保存的纪念物。至今，小兔子、小刀、糖缸，虽经转辗几千里，相传几十年，仍然保留在我们身边。这时小赵拎了一篮子蛤蜊，说这就是浙江人喜爱的海边上的名产：“毛蚶”，开水一泡就能吃。中午做了一大盆，大家吃得齐称鲜嫩。第三天，她还领着我们参观鱼市。要大家开开眼界。说大连港深水不冻，既是商港，又是渔港。对外开放贸易，我们若连鱼名都不懂，将来怎么为国家赚取外汇。我参观了鱼市，才晓得自己无知。在校也学过动物，又自诩生在江南水乡，鱼虾满塘，可是说穿了也只知鲫鱼、鲤鱼，分清青鱼、草鱼而已。到了这儿，见鱼有各种形状：长的、圆的、椭圆的，还有像蝙蝠一样有翅膀似的，大的有洗衣盆大，长的有几米长，可什么名称也叫不出。

我们休息了一段时间，组织上掌握了到大连的干部中的各种思想，即进行整顿。这次自山东撤至东北，与1941年皖南事变后撤退到苏南，“清乡”时撤到上海不同。过去，大家是撤往敌占区、沦陷区，干部生活在敌人的心脏里，整日紧张，如掉以轻心，有生命之虞。现在日本投降了，国民党全面进攻失败，重点进攻也给我们粉碎，我们取得一个又一个胜利，山东根据地大，东北有红军支持，没有以往腹背受敌之苦。所以干部心情舒畅，可也带来了松懈情绪，私心杂念冒出来了。人要组织教育，要党领导，不然要迷失方向。这时，有的女同志借自己丈夫在前方有功，带着孩子向组织要这要那，她自己也以“功臣”自居，而且有的同志还同情她。组织上掌握了这些动向，一方面将撤退的干部整顿编队，解放军队伍的家属，地方工作的机关人员都分开住各自的招待所。华东局各单位的同志由吴仲超同志负责领导。我们都去“交通旅社”招待所过组织生活，由陈志方这位老同志坐镇。

这时，华东各地的干部又相遇了。这里有个招待所住了不少“文人”，我们虽不住一起，因经常开大会常相遇，有广播电台的周新武，文化人刘雪苇，我的老同学罗涵之。我特别高兴的是，又和商白苇、陈野菲同志相遇，小蓝果长大一点了，头发剃得像小男孩。陈野菲送给我他们三人在烟台照的相片，陈野菲穿了黑色短袖上衣，三个人笑嘻嘻望着远方。我说，大概你们在想念我们。我们见面后，又是说不完的话，实际上分开还不到两个月。我们在大连访问了一些老战友。小赵、陈浩天和我住在招待所坐不住，去访问了小杜，就是 1936 年在无锡就有联系，一起搞学生运动的老战友杜永康同志。她在大连日报工作，已与陈平同志结婚，有一个小孩名小蒙，大概是在山东沂蒙山区生的。杜永康与做报社编辑的吴梅同志一起，鼓励我们在大连工作，说这儿缺少干部。小赵说，你们都是文人，这报纸我们可编不了，成天坐着，没这个耐心。我们又访问了许勤、储非白夫妇。许勤把大连各种鱼的品种差不多弄齐了，请我们吃了摆满一桌子鱼的“宴席”。他们已有一男孩叫小白。大连条件好的疗养院都面临大海，不少同志在此治病或疗养。我们探望了陈耀华同志，这个在解放区搞军工的老大学生，他与我丈夫同宿舍对面床住二年。我同小赵带着小米去慰问他，他患肺结核，抽掉了根肋骨，躺在床上。这房子近大海，能听到涛声。从房间玻璃窗里望去，绿海、白云、蓝天，一望无际。他爱人李惜君同志是个热心肠能干人，日夜侍候他。临走，陈耀华与李惜君一定要把几十块钱给我们母女，我坚决不要。他们坚持要给，说，别人夫妇都在一起，就是丈夫在前方的，组织上还能照顾周到，你家老吴在报社，他照顾不了你们。出门时，小赵说，人家看我们像“要饭的”，难道我们就这么狼狈可怜，我们组织上发保育费，也可给孩子打扮打扮，以后谁家也不去了，咱们给阿连、小米缝些新衣服。

小赵和我如同一家人，她孩子有什么，我的孩子也不能缺什么，不要说斗篷一人一件，帽子一人一顶，棉裤棉袄都不能谁超过谁。章引、许英笑着说，毛线一样，那式样可以不同，不能千篇一律。她们抢着帮忙打毛线，一个是尖顶的斗式帽，一个是平顶小圆帽。大连天冷得早，十月里快下雪了。天一冷，孩子咳嗽、发烧，于是差不多三天两头上市立医院看病。大夫是日本人，很认真仔细，能讲简单的中国话。小米在山东托儿所时，屁股上传染上一块皮癣，一直不好，大连市立医院看了两次就痊愈，可是气管炎、中耳炎及掉眼泪治不好。我一星期要上几次医院。天冷、风大，真难。好在乘车方便，不挤，车上男同志甚至苏联红军也站起来让座。有一次，我刚上电车，一位青年男子蓦地站起来让我坐。我谢谢。相见之下不禁笑了，正是又惊又喜又奇怪。原来他是我在十六旅时，王必成部队俘虏过来的日本兵。当时有两个，一个叫香河正男，还有一个名字忘了。当时每天傍晚行军相遇，他们都对我招呼，叫我小程。我只知道他们属城工部领导，后来是日本反战同盟成员，以后不知他们调到何处去了。几年不见，今天在大连电车里见到这位记不起名字的日本人，他笑着，摸摸我孩子的头，亲亲她。我不好意思再问他的名字，只能问还有一位香河身体可好。他说很好。他告诉我，他在大连公安局工作。在医院回来的电车里，又遇到在山东给我接生小米的小吴大夫，长发垂肩，粉面红唇，半高跟鞋，细腰旗袍。半年不见，恍如两人。她告诉我卫生部门、医院来了不少人。我想她可能原是城里人，现在又回城里，所以又是城里人打扮了。她看看我孩子，要我多给孩子增加营养，买奶粉、苹果给孩子吃。

组织上当时针对干部种种不健康思想，作报告，做工作。吴仲超同志报告的内容是，到了大连，较普遍的都去治病，买东西，逛大街，或打报告要求这个那个。没有人写报告要求学习、要求买书的。如要求买书，我马上批准。也讲到以后除一部分同志留下工作，真正有病的治病外，大部分没有病的到通化、到安东(现名丹东）去，大连不能容这么多撤退的人。还要大家准备越冬棉衣。会后不久，陈浩天捧了好几本《旅顺口》来，说现在这本小说“时髦”，大家闲着没事翻翻。

这时不少同志工作去了，商白苇、陈野菲夫妇带上小蓝果去《东北日报》社了，有一批同志去安东，有的去通化。我、小赵、章引、许英，都是李坚真大姐的老秘书，去拜访了李大姐，要求她给我们分配工作，不能在城市里休闲。李大姐亲手做了广东菜，烧了火锅请我们吃饭。大姐说，在大连不可能，他们本地干部很多，外面一下来了这么多干部，会干扰他们正常工作的。最后，她要我们不怕吃苦，不怕冷，到郊区去工作，去辽东半岛皮口工作。那儿有个地委，李坚真有个一起长征的老战友在那里。李坚真同志与邓六金同志是一起过海来大连的，邓六金过海时在船里生了个女孩子，取名“海生”，是李大姐给她接生的。我们笑着说，这是东海龙王送来的“公主”。此后，小赵带了阿连，我带着小米，章引单身，我们三家准备去皮口工作。组织上看我们工作心切，也同意我们前往。

我们三家拿了组织介绍信，坐了条小机器船离开大连，渡海去皮口。我们当时还不大知道皮口这地方也是个战略重地，它仅次于旅大，是南北咽喉，各帝国主义长期觊觎的重镇。机器船出大连港，风平浪静，大海一片深蓝，水天相连，无边无垠，大家感叹说这儿才真正是海阔天空呢！可是瞬间起风了，风大浪高，船颠簸，人头晕、呕吐。小机器船的马达忽然不响了，坏了，修不好。上空是乌云滚滚，海面波浪起伏，船长说可以找到小岛或岸边靠岸。我们当真找到了岸，船刚靠岸，走来了苏联红军。原来这里是军事管制的地区，沿岸都有红军驻扎。问我们的船的去向，了解后也不让我们上岸，两个年轻红军上船来查了一下，还说几小时后船要离岸。不久机器修好，我们开船去目的地皮口。

我们终于到了辽东地委，我们要找的那位老首长病了，未见到。副书记热情接待了我们，要我们休息，先安顿好孩子，再谈工作。地委考虑到我们都是南方人，对东北情况不熟，在群众中语言不通，决定我们在机关里工作。章引、赵益群同志协助地委办党员训练班，住在地委机关附近。

我帮助机关里整理材料、管资料，就住在地委机关里。我把一捆捆、一包包资料分类安放，搞了个目录，以便首长来找材料时不致茫无头绪。这样工作了一段时间，已近 1947 年底了。

回 山 东

正当我们三家准备在皮口地委机关过年的时候，从大连来了陆平东同志的老警卫员，说陆副专员要把大家接回大连，然后回山东工作去。山东胶东行署与旅大市一水之隔，行署成年忙着安排来往于山东、东北间物资的交流运输。老陆到大连结账，总结一年来山东粮食的输送工作，在东顺昌贸易公司暂时停留。老警卫员说，老陆到大连后，找不到我们，见留大连工作的，去通化的，去安东的人员名单里都没有我们，于是到组织部门一查，才查到了我们三人已到皮口去了。

我们张罗回大连，商量好不走海路，还是走陆路好。地委同意我们走，可是走陆路，不容易，一是风雪大，二是当时东北有鼠疫，听说到大连的路被封锁了，有个关卡红军守着不让过去。可是我们决心走陆路，心想红军是自己人，一定讲道理，并准备了各种证明以备万一。于是，把两个小孩装在车上，重重叠叠包着捆行李似的，只露两只鼻孔。大人走路，老警卫员带路。白天，一路过去无事。有一个晚上要走夜路，要经过关卡再歇宿。大家穿着靴子，踩着冰冻的路，路上的冰雪闪闪发光，每走一步，发出嘎吱嘎吱的声音。路旁的树木给积雪压着，枝条下垂，像一条条冰柱，晶莹剔透，映入眼帘，赏心悦目。我们说，这才是“水晶宫”。走不多久，忽然起风下雪，雪花纷飞，冻着的“冻柱”加上一层白雪，像镶上了白边，风刮也不摇动。好在前面就是目的地（一个交通站），我们要在这儿过关卡。这儿有我们中国人的交通站，也有苏联红军设的岗哨。过了这个关卡才能进入大连。我们到了交通站，事有凑巧，负责交通站里工作的女青年，是从胶东来的女同志，与小赵熟悉。这么一来，我们开心的烤火、吃饭。可是，还有一个问题，这个年轻姑娘说，红军是不让这个关卡过人的。它是封锁线，没有别的原因，就是说东北有鼠疫。小赵与这个姑娘商量后，买了酒肉去送给值班的红军。我和章引带着孩子睡在炕上。她们去交涉后回来说，行了，大家休息吧，天亮就走。不一会，值班的红军进来检查，数数我们炕上睡的人数，与证件对照后，要我们明天一早离开。天亮收拾行装上路，交通站的女同志护送我们过了红军岗哨，我们一行平安到达大连。

到东顺昌，与老陆相遇，实际上自阿连出世后，老陆一直忙着运粮，南来北往，还没见过出世的孩子。这次到大连来结账，准备工作一完，大家一起回山东。老陆看了我们几个人说，你们在后方，把孩子带成这个样！小米气管炎、中耳炎、手烫伤，眼睛整天流泪、全身是“炎”。这双眼睛的病是定局了，你们怎么搞的？将来老吴见了，小程你可交不了账。我说，条件这么差，我把她带活已经不错了。

天真冷，零下几十度，我一辈子没经过。室内有暖气，但玻璃上尽是冰花。公家给我们钱做冬季服装，小赵带我们三人去苏联人开的“秋林公司”置办。钱不多，我们挑选了藏青色混纺厚料子，还给孩子买了点饼干，小赵、章引都要列宁装，说：活了二十多岁，在自己的城市里选购，要做身像样的制服。列宁装有腰带，穿上挺神气。我说，我三十来年的经验是城市农村都要去，就做件旗袍，大众化，南北都行，城市农村均可穿。

这时，留在大连工作、治病、休养的老战友大多又相遇了，唯鲁毅同志的爱人于慎，许英同志的爱人孙章禄，章引同志的爱人钱梦梧，三位坚持江南太湖地区斗争的战士，还是杳无音讯。想到许多同志还生死不明，过年也不痛快。我们慰问了一些在医院或疗养院住的病号。出人意外，我在医院遇到了“锡流”的小叶——叶绵综同志。他躺在床上，只能吃些半流质。他的胃已经溃烂，骨瘦如柴，但两只大眼睛还炯炯发光。我听了他的诉说，又悲哀又愤怒。他在无锡时是个中学生，篮球爱好者。参加“锡流”至江西后，在江西上饶、浔饶时，在战士中做救亡工作，与戴汉泉、孙顺、小兰、小杨、小殷等一起。1939 年国民党大逮捕，留在上饶坚持工作的许多同志被关进上饶集中营，他是其中之一。他在“赤石暴动”后与张云逸副军长的儿子小张一起逃出来。历尽千辛万苦，找到了东江纵队，再从海南岛坐船来到了大连。他的这部历险记大家听了心酸、愤慨。我们安慰他，我喂他吃了糊糊的半流质。我们走时他提出要求，他说他可能不久人世了，他唯一的希望是要恢复他的党籍，要求组织上审查后批准。要我向有关领导反映。此事我告诉了李大姐，她也叹息不已，要我安慰他，目前主要是治病，恢复身体健康，以后一切问题会解决的，党组织对每个党员会负责的。我探望了他几次，坐在他床沿默默地陪着他，轻轻细语回忆“锡流”同伴，追溯八年抗战往事。大夫说他不久于人世了，他自己也这么想。人生的道路如此坎坷，他还不到二十五岁，真是短暂的一生。天地是永恒的，江河湖海也永远奔腾，自然界万物永远生长，人类社会永远发展，小叶啊，春天的树枝发芽，夏天的树叶茂密，秋天的树叶才悄悄落地，冬天化为尘土。你刚露出嫩芽，还未茂密，就给践踏夭折。然而落地的树叶也是永恒不灭的，它化为尘土，肥沃了树根，促使长出新的嫩芽，正像你名字一样绵绵不断，错综交织，永无尽期。

1948 年春天，组织上又把同志们集中到交通旅社招待所学习，准备过海回山东。等到前后方联系好，已经冰化雪融，春光明媚了。前方胜利的消息频传，我们回山东心切。于是组织上安排我们第一批先回去。那时是 1948 年 4 月，我们已在大反攻了。二年多来，国民党什么全面进攻、重点进攻，全完蛋啦！我们离山东时偷偷地过海，烟囱不冒烟，晚上不点灯，憋在船舱里像沙丁鱼似的。今天在光天化日之下，在风平浪静中，平安过渤海回山东。海风微微地吹，阳光和煦地照。陈浩天、贝纹、组织部的同志、罗涵之等宣传部的同志及其他各机关的人同行。我们一上船都抱着孩子到甲板上玩，又是罗涵之，早把照相机拿出来了。她笑着说：小米子，你一岁多啦，爸爸还不认识你是什么模样，跟着妈飘洋过海坐大船，给你照个相，送给你爸爸看看小米儿这闺女多漂亮！她要我抱着小米靠着船沿照，又要小米扶着船上梯子在机器房前照，同志们又合影，又分照，忙了一上午，我们一路顺风过海到胶东。小米中耳炎又发作，耳朵流脓，日夜啼哭。住在村庄里，村长为我们找了个农村大夫，他懂中医也懂得点西医，给我们一包黄色粉末，告诉我此药名“来文诺尔”，是消炎外用药，要我稍许放一点在她耳朵内。

以后各人回原机关去，我去《大众日报》社。《大众日报》社在莒南县附近仁兰村。一回机关，大家都来看望我们。李白蕾、范泛红早回社工作了。范泛红生了个女孩叫小宋。去通化的一批有的也回来了。同志们见面相叙，战争中的经历说不完。我从大连带回几个铝盆，拿到这儿成了宝贝，分送各同事。组织上分配我搞群众来信工作，受副社长包子静同志领导。群众来信很多，反映各方面的问题，有讯问前方战争局势的，有烈军属反映要求的，有关于土改和生产政策的，有反映干部工作作风的，有反映群众缺衣少粮的。战争、生产、生活、婚姻、医药，什么样的问题都有。甚至有年轻人来信问，长得不好看，人家笑他獐头鼠目，能不能找到对象，个人有无前途。我看了哈哈大笑起来。包社长说，群众来信是群众对我们的信任，我们要对群众负责。青年人连婚姻恋爱也来信请教，那是

1948 年 5 月，程桂芬（前右一）从大连返山东，回大众日报社工作。这是在报社驻地莒南县仁兰村，吴宝康（后右一）携女儿大米与同事合影

把我们作为贴心人，相信报社。一封信的答复，对他们的人生观、世界观都有影响。于是，我专心一意工作，写了不少复信，有关路线、方针、政策性很强的问题，如土改、生产等问题，汇报给领导后有些写社论发表。

大反攻了，要打通胶济路，要解放山东重要大城市，报社要靠着华东局。因此，1948 年 6 月，报社往北撤，在益都（青州）附近定居。这时老吴在报社研究部当主任，又是研究员，天天研究战报，综合统计。李白蕾是研究部的支部书记。7 月，老吴调往驻在闵家庄的华东局，工作忙，经常干到深夜。我们先住在益都东南一个叫东南营的小村庄里，我与小米住在一个小破房子里，下雨就漏。一天夜里老吴熬夜还没回来，我与小米躺下不久，下雨了，孩子哭个不停。我心烦意乱，把她换一头，放在我脚边，我刚躺下，“啪嗒”一响，屋顶上掉下一块大土块，不偏不倚掉在我头旁，足足有一尺见方。我的天，如果孩子不放在脚边，而是在头边，岂不就砸死了。我吓得爬起来，抱着孩子在屋里转，还怕屋顶整个要掉下来。下半夜，老吴回来，我说为什么叫我们娘俩住这么个地方，孩子差一点送命。后来我们就搬到华东局机关去住了。我在秘书陈麒章那里工作，无非是抄抄写写打打杂。我们住在一个大院子里，四周住着一些首长。我们经常工作到深夜。首长们谈话、打电话等声音常彻夜不绝，我们从中听到好多城市解放的消息，这些惊心动魄的捷报使人激动得难以安眠。全国许多大城市已经或正在解放，许多政策要制订要学习。记得魏文伯秘书长等反复研究修改《入城手册》、《约法八章》等等。资料室分发《毛泽东选集》，这是我第一次见到的东北出版的毛选，虽然还轮不到发给我，但看到也高兴。曹漫之同志送给老吴的《联共（布）党史》，我经常翻读。这里全国各地的报纸都有，除东北的《实话报》外，还有苏联《真理报》，可惜我不认识俄文。

有个阿姨叫王仲香的，是个老解放区的党员同志，帮我带孩子。她与孩子另外住一个老乡家。隔几天，我抽空去看小米。王仲香是山东人，与老乡很熟，住在老乡家，大娘把小米当自己孩子一样看待。每天，老乡家吃早饭，小米常去喝一碗高粱、豆子、小米面制的糊糊。老乡说，吃这个好，孩子能长胖。小米已经会自己到厨房去玩，向炊事员叔叔要棵大葱，要个馒头吃。王仲香夸耀说，全村的人都认识小米子，都说她长得俊，又聪明，说邻居老爷爷拿了两个核桃，对小米和有一个比小米略大的男孩说，叫我一声，谁叫对了，这核桃送给谁。那个男孩只会叫“爸爸”、“妈妈”，别的不会叫。而小米叫他老大爷，老大爷说还是小米儿灵巧，叫得对。于是把核桃送给小米。又是阴历八月十五了，大家会餐，机关里的人把小米从这桌抱到那桌。席上主要是吃红烧肉，小米碗里，大家给她装了好多块肉。急得我团团转，怕她吃坏了。这时老吴有个小鬼叫孙维奎，十几岁的孩子，给老吴打杂。老吴经常要他学习，教他剪报纸，整理图书，收集资料。他一空就去看小米。我们太忙，有时几天不去看孩子。

1949 年 2 月初的一天早上，我提了个包袱出门，对门首长秘书问我干什么，我说上医院，他说，你病了？我说，我去生小孩。他诧异又抱歉地说，他太麻痹了，根本不知道我怀孩子，因此也谈不上有什么照顾。我说，大家白天黑夜忙工作，顾不上这许多，可能我瘦小，穿了棉军装，腰带一束，谁也不知道我怀孩子。好在医院离机关近，我去医院，大夫埋怨我早不去检查住院，到快分娩才去。给我接生的是烟台来的女大夫。医院里还有个日本大夫给我检查身体，说我心脏有点毛病，给我吃“毛地黄”的药。事有凑巧，赵益群也生孩子，在另一个村庄住着。

老吴忙，生第二个孩子时他又不在身边。不久，他跟华东局南下了。山东成立了山东分局，我的小米子及王仲香交给山东地方去了。生了孩子又是什么都缺，田文同志不顾隔海隔山，接到我们求援的信后，从大连寄来了桃红色薄绸子小棉袄，白纱布小衬衣，还有鞋子、帽子，另有一大包海带。本来我们估计小赵先分娩，结果我一去医院就生了。这是阴历正月十四，阳历 1949 年 2 月 11 日。医院在离益都（青州）城不远的村庄，生孩子后几天就分散住老乡家。阴历正月，天气冷，又是茫茫大雪，赶集也没有什么好买的。请了个小姑娘帮忙做饭，但什么也买不上，吃不上。正发愁，还是小赵知道我已经生了，请老陆的警卫员熬了一锅鸡烧海带，连锅提着送来。进门时这个警卫员浑身白，像个雪人。锅里的鸡虽煮熟了，一路走来，连鸡带汤冻成了一个大冰团。晚上，我琢磨，我这个孩子取什么名？我想，大的叫“小米”，是纪念山东，不忘山东老乡的意思。又想快要解放大城市了，更不能忘本，忘了农村。但不能两个孩子都叫“小米”。后来猛然想起她爸爸南下了，快要解放南京、上海了。南下能吃到南方的大米，可也不能大的叫“小米”，小的叫“大米”啊，这么一想，决定这个小的叫“小米”，大的呢，提她一级改名“大米”。大米”，是我们决心南下，争取解放南京上海；“小米”，是我们夺取了大城市，也不忘记农村，不忘记山东老乡。真是两全其美。想完，坐在被窝里，提起笔来给她们的爸爸写了一封信。

进 城

1949年4月，我随着山东分局的一些同志分配去济南工作。领导及大批同志早已进济南了，我因生第二个孩子停了一段时间。济南，是个古老有名的城市，小时念《老残游记》就知道它是“四面荷花三面柳，一城山色半城湖”，“家家泉水，户户垂杨”。去之前，学习“三大纪律八项注意”、“入城手册”，大略了解济南的工商业及各阶层情况。组织上照顾我们由刘贯一同志带队，我们去了几个有孩子的女同志。有周础同志，她爱人在福建牺牲了，她带着一男一女，名朝阳、翰阳。还有陆于华同志，带着女孩大红，她爱人许革夫同志已经南下了。我带着出世才两个月的小米(大米暂由地方上带)，第一次坐上这么漂亮的火车赴济南。这节车里，有铺着绿色呢子的长桌，有椅子，有沙发，窗帘、地毯都十分精致。

进入济南后，周础的孩子较大，因此，安顿后就去工作了。我带着小米，因孩子太小，不能在分局机关，而且分局还没有正式的宿舍。头几天，我住在一个市民家。房东大嫂四十岁左右，口里衔着香烟，焦黄的脸，见我母女不大欢迎，说门板也没有。我就在她的一间破房子里拣了几堆破砖头，摊平了，放上铺盖行李。夜里，刚躺下，臭虫成群结队在墙上爬上爬下，墙壁上血迹斑斑，又脏又臭。我差不多把孩子抱在手里耽了一夜。过了几天，吴健来看我，他们的北海银行进入济南了。他看我住的地方如此肮脏又不安全，就去我们机关联系。恰巧罗涵之来看我，说，谁知这房东是干什么的？这种地方住长要出事儿。罗涵之现在山东分局妇联，说李大姐来了，罗涵之现在当她秘书，她马上回去与李大姐联系。过了一会，他们来了，先帮我搬到陆于华住的老乡家，并要我去妇联工作。陆于华要生第二个孩子了，第一个孩子大红没有地方去，托儿所还未联系好。我说，把大红放我身边，等你生产出院，我们一起把孩子安顿好去机关工作吧！她感激不尽。这样，我带着大红、小米住进陆于华住的一个老乡家。许革夫走时，把一个老公务员老周留下了，老周帮我们一起看管孩子。大红跟着我很高兴。

1949 年 6 月，上海解放了，吴宝康随着华东局机关进入上海工作。陆于华出院后略事休息，也带着两个孩子与老周一起南下去上海。我带着小米去山东分局妇联工作，找了个老保姆看小米，住在妇联机关里。在分局妇联领导下，我负责妇女部的资料工作，首长有刘顺元、彭康等，都是革命多年老干部、老作家。他们指出，进入城市后，要依靠工人阶级，因此就要了解工人。要调查济南各工厂厂史，了解目前工人、资本家情况。妇联要调查女工的工作、生活。要深入调查研究，还要懂得工厂技术，不能浮在上面。大家按首长指示，都深入下层，了解情况。山东分局妇女部由李大姐领导，还有刘镜如、王月村、黄海明等好几位老大姐。李大姐的两个警卫员赵玉祥、张生贵都来了。张生贵长大了，可大家还叫张小鬼，我们是看他长大的，他对我及我的小孩都有感情，到李大姐那里就像到家里一样。

我们资料室三个女同志，那两个都是山东人，一个叫于波，还有个叫焦瑾。我们三人合作得很好，把有关山东工业、济南各工厂的妇女运动，农村妇女生产各方面的大量资料集中后，提供给领导。我们学习工商业政策，学习党的方针路线。通过学习认识到，我们的政权是工人阶级领导的、工农联盟为基础的、人民大众的、反帝反封建的性质。于是一系列问题都来了，什么是工人阶级？一开始，大家思想很混乱，张生贵说："抗战八年，打仗当兵的都是农民。打江山是农民，为什么坐天下要工人阶级领导？""工人老大哥"这句话也听不进去。还有人说，工人阶级的范围我们不明确，生产工人、手工业工人当然是，那末，城市里要饭的算什么？有人说，要是他们也属"工人"，那他们当领导阶级岂不笑话。后来，又分析什么叫"无业游民"，什么是"寄生阶层"等等。谈到“工农联盟”问题更多，如何联？谁管谁？至于“人民大众”，什么人属“人民”，资产阶级是不是属人民？又讨论到，进城后依靠工人，联盟农民，那孤立谁、打击谁？谁是斗争对象？资产阶级又如何划分？又引出了“买办资产阶级”、“民族资产阶级”、“小业主”、“小商贩”，众说纷纭。我们资料室负责提供学习材料，那时报刊上也有学习讨论文章。宣传部门组织报告会、讨论会，解答问题，讨论很热烈。因大家进入城市后，遇到了新的问题，而问题不解决，又不能开展工作。我们学习很紧张，也很愉快。

陆于华到上海后寄来了一块白底红花麻纱布，给孩子做被面。罗涵之去北京开会回来，带来一条牛皮裤腰带，送我作纪念。不久，罗涵之调走，李大姐快要南下了，她对我说，如等不及，你可先走。1949 年 8 月，我南下去上海，我与妇联的谢青同志同行，谢青是山东省原省委书记黎玉的夫人。在艰苦的环境中，孩子得了难治的病，她十分焦虑，希望早些去上海求医治疗。我们两家一起走，她是较有生活经验的人，她告诉我上海解放不久，水果蛋类供应困难，带着保育费走不如带些鸡蛋与梨子去上海，省得到那里孩子吃东西难。于是我们带了一箱梨与鸡蛋去上海。天气还很热，车厢里挤满了人，我与大米、小米挤在厕所旁。越往南越热，小米满身汗。我们把她脱得光光的，包了条被单。大家笑着说，小米是光着屁股进上海的。

1950 年春，程桂芬在上海中共中央华东局工作时的证件照

1952 年六一儿童节大米和小米摄于上海

那时华东局机关办公的地方是在靠近外滩的十七层的建设大厦。下车后，我找到了在华东局秘书处资料室工作的吴宝康，从此我们方才真正有了自己的家。我们的革命事业已开始进入了建设的新阶段，我个人的积极性空前高涨，一切思想行为似乎都是为了建设这个目标。在上海，我先后在华东邮政总局（党委宣教科）、华东军政委员会（党委宣传部）、华东局宣传部（档案资料科）三个机关工作，住过的地方有三井花园（金神父路）、巨鹿路、新康花园、武定路，机关地址有北四川路、延安西路、常德路，过着一种刚解放的大城市的生活，与过去抗日根据地和解放区的生活相比，当然是完全不同的。

1952 年 10 月，北京要培养训练一批档案工作干部，由中央组织部、中央宣传部、中央办公厅共同在中国人民大学举办档案专修班，中央各部门、各省市都要按计划派人去参加学习，华东局要我去参加。我是又惊又喜，感到这是组织上给我的一次培养和教育的机会。想当年，不要说进大学门了，进中学还是经过了多少斗争的。在旧社会，不要说进北京，连去上海也没有钱。参加革命后，也是为了革命，才化装秘密进了上海。战争年代南北奔走，无暇读书，现在全国解放，要建设社会主义了，没有文化，没有一点本领，不专一行，是不行的。但是又想想，自己已过而立之年，又是三个孩子的妈妈，上学去能行吗？也有些犹豫。最后我还是下了狠心，一定要去学，学了本事，好为党多做贡献。我想通了。隔了几天，中央办公厅又决定要调吴宝康到北京去工作，主要去负责办好人民大学的档案专修班，并建设我国高等教育的档案学专业，还决定华东地区派去北京学习的人都由他带队进京。于是我们夫妇同去北京，为了搞好学习和工作，我们商定只带第三个孩子——小高粱一起进京。大米、小米留上海华东幼儿园。就这样，我开始学本领，学专业，在档案工作的岗位上，为建设社会主义新中国而奋斗。

后　记

我的回忆录的解放前部分，在许多同志的帮助下，特别是经无锡市党史工委杜松同志帮助整理，终成书稿。又得到中国妇女出版社的大力支持，得以出版。并蒙我的老同学、老战友菡子作序，使这本小书大为增色。作为一个年近八十的老人，我当然十分高兴，也非常感谢大家的帮助和支持。

自从 1982 年离休以后，我就想把我曲折磨难的一生写出来，让自己的子女和他们的同代人知道，继承革命传统，做一个正直的、有益于国家和社会的人。我从小就被家乡人称为“痴阿桂”，我剪掉了发辫，女孩子第一个跳到河里去游泳。“一二九”运动因参加爱国游行被苏州中学开除。后来参加了党的外围组织无锡学社，成为革命队伍中的一员。抗战爆发，参加“锡流”前往江西工作。1943 年夏，在敌伪扫荡中又被捕关押于日军黑牢。“文化大革命”中，隔离七年。粉碎“四人帮”后，拨乱反正，又恢复一切。我一生的曲折遭遇，不倦奋斗，确实可以说明我这本小书书名《人生不是梦》的真切含义。的确，人的一生不是梦，革命者的一生同样不是梦。人生不可能像梦幻那样美妙，也不像梦境那样不可捉摸。它是实实在在的，跌宕起伏的。有顺利的时候，也有苦难的时候，悲欢离合，甜酸苦辣，什么都有。有时风平浪静，有时惊涛骇浪，有时平坦大道，有时崎岖坎坷，有时奋发昂扬，有时蒙冤受屈……只有具有高尚理想、坚定信念并为之奋斗不息的人，才能攀登高山的顶峰。

我是一个普通妇女，是革命队伍中一名很普通的女兵。我一生中并没有建立什么英雄业绩，然而却经历了实在而具体的战斗。即使被捕，也只是本着党的原则，誓死坚持不为敌人做任何事。在敌人黑牢里，在苦役中，在软禁下，一天又一天地熬过来。我写我一生的回忆录，就是想把一个党的普通女兵平凡而曲折的人生经历记录下来，反映出来，期望我的子女，扩而大之，也期望我的子女的同代人，从我的人生旅程中，能够悟出一点人生的真谛来。

能不能这样说呢，我曲折的一生说明了个人的命运总是以国家的命运为前提的，个人的命运是同国家的命运相联系的。国家贫弱，社会落后，就会受列强欺凌，没有地位。在这样的情况下，只要你是一个正直善良的人，在社会上、在家庭中就是不会有地位、有生路的。特别是作为中国妇女的一员，在旧社会更是低人一头，哪里谈得上有什么地位。日本鬼子入侵，奸淫掳掠，中国人民，特别是中国女性所受的苦难和屈辱，更是无法形容的。奋起反抗，参加革命，这是当时唯一的出路。只有国家强盛，自立于世界，个人才能有应有的地位，才能过正常人的生活。这不是难于理解的事。我的亲身经历就是一个证明。

革命的道路是漫长的曲折的，也是无法预测的。在这漫长曲折的道路上，我独立行走，但从没有感到孤独，总是有许许多多志同道合的战友以至素不相识的群众来帮助我、支持我。这是一种民族团结和阶级友爱的精神。我写我一生的回忆录时，想起了许多战友，也想起了许多萍水相逢的人。我怀念他们。没有他们的帮助，我的人生道路也许就是另外一番情景了。我所以写这部回忆录，也可以说是为了表示对他们的深切怀念。他们有的还健在，有的已长眠地下，还有不少早已壮烈牺牲。在这篇后记里列举所有的人名似属多余，因为在回忆录中都已写到。然而像在我青少年时代对我有重大影响的银娥大姐，在苏州参加“一二·九”运动时的菡子，锡流领导人之一、敌伪清乡时安排我和妹妹兰芬撤退的钱敏，从赣东北到皖南，在浙江金华地下交通站照顾过我的陈其襄、陈云霞夫妇，我的入党介绍人严永洁，茅山圩里的小红妈，无锡城里的朱凤娟，被捕在金坛时的记者缪昆、同事于婉贞和于氏姐妹，几次冒险营救我的兄弟程中民、妹夫须士雄，还有出狱后帮我找到组织的老同学龚瑞芝，锡南县政府的薛斌，撤往大连时的陆平东、赵益群等等，他们在我前进中最困难的时候给予我的帮助和鼓励，这种在共同目标下团结友爱的深情，是我永志不忘的。

一个女孩子，少不了要遇到恋爱、婚姻问题，革命队伍中的女战士也是如此。我在革命的人生道路上也曾不止一次地遇到这类问题，我都能比较恰当地处理。直到 1942 年 11 月我才与吴宝康结为夫妻，迄今已逾金婚之年。事业上的志同道合是我们共同的至上的愿望，其他诸如容貌、身高以至个性等等都不是主要的。我的被捕是一次严重的考验，我的坚贞不屈，激励了他的持久等待。他的积极营救，努力工作，也鼓励了我的坚韧不拔，持久斗争。分离两年后，在组织上决定恢复我的党籍后，我们才恢复了夫妇关系。“文化大革命”中我们双双挨整，然而我们又互相鼓励，相约不论在何种情况下决不自尽，相信总有一天党会对她的忠实的儿女作出正确的结论。当分离七年、一切恢复正常后，我们又都在“妈妈有时也会错打孩子”的认识下不计个人恩怨，继续为党工作。现在我们已先后从档案战线上退下来，离休在家，过着丰富多彩的晚年生活。实践证明我的恋爱观、婚姻观是可取的。我想我的子女和他们的同代人，是可以从中得到一点启示的。

我的这部分回忆录，实际上也从我的个人经历这一侧面反映了我们革命队伍这个集体的生活和工作活动的方方面面。这里的紧张、战斗、困苦、艰险、乐观、友爱、宽广、宁静……只有身历其境的人才会深刻体会到革命战斗生涯的这种无穷乐趣，因为它是同我们伟大高尚的理想和信念相联系的，这也是永远令人怀念和留恋的。现在已经在大城市的和平生活中度过了几十年，却仍然感到有些不习惯，似乎缺少一点往年战斗生涯中人与人之间真诚亲密的那种关系。生活是永远在发展中前进的，战斗也没有完结的时候。我寄望后来人，继续不断地努力奋斗！

附编　囚禁中的十封书信（附二封）

编者按

1943年7月，日寇在金坛、溧阳一带我游击区扫荡。程桂芬正在溧阳县协助进行夏征工作。遵照领导指示，到位于金坛县西岗、唐王北面的自醒中学暂避。其时，她的丈夫吴宝康（苏皖区党委调查研究室主任）已于同年5月在那里以该校语文教师为掩护隐蔽。1943年7月11日，程桂芬被叛徒出卖而被捕。第二天，从朱林镇押送金坛日本宪兵队。多次审问、劝降，坚不吐实。乃于7月23日打入黑牢。绝食三天后，利用敌人要她写交代的白纸，给父母写信，说：我要死了，但我没有做坏事，我对得起国家、民族、人民，对得起父母。此信未能发出。经过组织和家属、朋友营救，8月1日，从黑牢中出。因不愿为日伪做事，被囚禁宪兵队做苦工。至10月12日，被软禁于日本密探、便衣队长家中。11月，地下党员、《金坛日报》记者缪昆（坤）以采访为名同程桂芬接上头，传递信息。程桂芬利用这条线路先后给组织、领导、丈夫写信，汇报在黑牢里和软禁中的斗争和生活，商量进行营救的办法，表达自己忠贞不二、宁死不屈的决心。这些书信分别用毛笔、铅笔、钢笔写在各种不同的纸上。囚禁中发出的书信，由收信人保留下来的共十封。另有释放后写的书信两封也保存了下来。这些书信大都粘贴在一个小笔记本上，折叠成同小本一样大小。其中有一封写在比小本还小的纸片上，装入一个小袋内，贴在本上。

七十年前的这些书信，历经抗日战争、解放战争和“文化大革命”保存下来，弥足珍贵。程桂芬、吴宝康先后去世后，其女儿吴稼平、吴稼青将这些书信捐赠给中国人民大学档案学院，现保存在中国人民大学档案馆。本书按原件收录程桂芬囚禁中书信十封，获释后的两封信作为附录编入。为便于读者阅读，编者逐一作了简要的说明和注释。

书信中的 × 是原有的。书信中下加浪线的字用粗体排印。书信中辨认不清的字用方框代。错字后在方括号中写入正字。

程中原

2014 年 5 月

2012 年 11 月底，程中原在中国人民大学档案馆核对程桂芬囚禁中的书信

致吴宝康

（1944 年 1 月 30 日）

康：

我在宪兵队关三个月，在这里三个多月，这痛苦你去想像吧！如若你知道我曾经坐在牢狱里，头上白蚤爬，身上蛆虫钻，五天不吃饭，三天不喝水的日子，你会哭得昏过去。另方面，你知道我在极端的淫威痛苦下没有变节时，你又会高兴得笑起来。这是光荣的笑，也是痛苦的笑。目下大的难关已过，但还是不自由。整天独居斗室，不出闺门不［半］步。详情你问于先生[①] 吧！

你得具体帮助我，设法营救：

1. 要一万元到二万元，给翻译[②] 及我住的一家[③]，松动一下，也许有法出去。翻译处我弟弟曾送去二次钱，一次四千元。我当时还在狱中不知道。钱要人送到我家里去，凑齐了，叫弟弟一月底来，那时我再写信叫弟弟来。我家里前后花了一万多元。爸爸讲家贫没法再帮助。没办法算了。几个比我后被捕的人花了几万元，都出去了。有一个花了十三万，你想想看。他们有这弱点，我们就可用。我想钱的问题是小问题，政治问题是大问题。没钱，我怕他们会出花样。因为认识我的人多，事情闹大了，就不好办。目前他们只知道我在新四军仅几个月，不做什么大事，无大关系。你如能去我家一二次当面商量也好，你们决定。

2. 我身边一个钱都没有，买草纸肥皂都不能。你向他们要求，要于先生来时带点钱我，有衣服给我一件蓝布袍一身衬衣裤。我太脏生了蚤子。

3. 于先生为人忠恳，对我帮助很大。听说学校改组，希望于先生仍能

---

① 于先生：自醒中学教师于婉贞。

② 翻译名叫李永清，东北人，金坛城内帮会头子三师娘的干儿子。

③ 当时程桂芬被软禁在日本密探、便衣队队长钱发宜家中。

被聘留任，这事你和陈县长① 商量。

4. 目前形势如何转告我，我太气闷了。

5. 上次张先生② 沈先生③ 来，为何不详细多谈谈。你这人糊涂，糊涂透了。既不给信我，也不详细问问人。看你将来如何见我。目下你身体如何，望安心做事，注意康健。不要过分相信我。我虽然远离着你们，但我的心还是随时追随着你们。我们的结合是有着远大的目标、强固的基础的。目下虽我如此遭难，但是我想你相信我还是不改当初，正和我相信你一样。朋友啊，得到我活着的消息时，你欢呼吧！别哭泣，小程是不会使你失望的，像你不会使我失望一样。拉你的手！

匆匆　小程于年初六

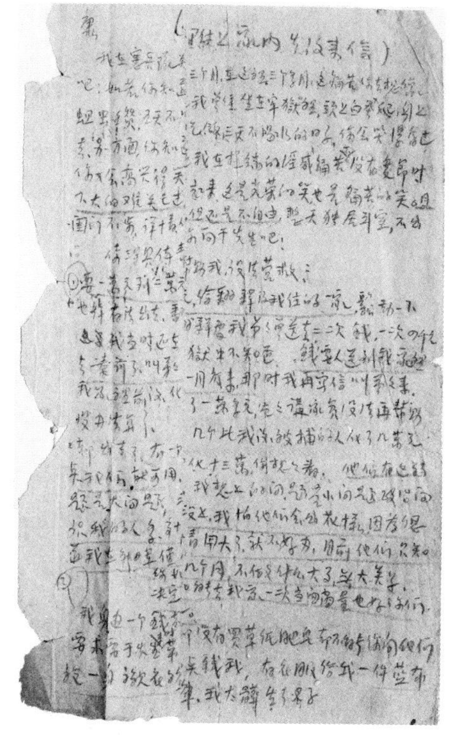

《致吴宝康(1944 年 1 月 30 日)》手迹(部分)

在狱时，我弟弟④ 已来城数次松动，目下家内倾家荡产，一贫如洗，为状至惨。我要他去亲戚家及上海朋友家借贷（葛先生是葛涛，倍学未遇），但来信一无所遇。你上海是否有可靠朋友，给予帮助，出去后再设法偿还，要一二万元。

编者说明：1943 年 10 月 12 日，程桂芬被从日本宪兵队移送日本密探、便衣队长钱发宜家中软禁。11 月，《金坛日报》记者缪昆前来接头。缪昆带来了吴宝康给她的信。吴宝康在信中说：你的情况知道一些，现正通过各种渠道设法营救。可能要物色人物来城与他们谈判。你家庭也在设法营

---

① 陈县长：溧阳县民主政府县长陈练昇。

② 张先生：自醒中学校长张炳元。1927 年毕业于复旦大学中文系。开明士绅。

③ 沈先生：不详。

④ 弟弟：程中民，时在家乡无锡严家桥小学任教师，中共党员。

救。金坛城内的老师、学生、地下工作人员统统在帮助你、支持你。要继续坚持立场，保持气节，不能动摇，我就在城外。当晚，程桂芬给吴宝康写了回信。信的内容是：“第一封信我只能把埋在心里最重要的话写上。一是要对方立即离开金坛周围，敌人在窥探我们的关系，以防不测。其次是我不愿意公家花钱来赎买。我们的钱来之不易，敌人贪婪，挥霍无度。以有限的钱投无底之渊不上算。还有与敌人谈判是与虎谋皮，是很危险、靠不住的事，我们不能乞求。再有讲到我的态度：坚持到底，拒绝敌伪提出的一切条件，不干任何伪职务，至死不屈。”

上述来往信件都没有保存下来，信的内容都据程桂芬在回忆录《人生不是梦》中的忆述。写于“年初六”的这封信，是保存下来的第一封囚禁中的书信。此信用铅笔写在一张64开白纸的两面。经查：阴历正月初六，阳历为1944年1月30日。过年前，程桂芬曾去于婉贞家。于谈到自醒中学要改组，她愿意留校。要程给溧阳县政府写信，由她带去。此信中具体帮助之三，有此内容。此信第一段又说，“详情请问于先生吧！”据此可知，此信是托于婉贞带给吴宝康的。

致李坚真

（1944年2月5日）

大姊：

今天能正式给信你，我想哭也想笑，我要把详细的情形告诉你，你了解了我，虽死无恨。我是没有辜负你对我数年来的教育和希望。

七月十三日被捕到宪兵队，我只承认，是自醒中学的小学教师，虽参加过新四军，但时期很短（不能完全不承认，被捕时有叛徒黄锡义[①]认识我的），（一直生病。）家庭地点及人物我讲的都是假的。到十五号又讯问，问题就严重了。（1）他说我家庭地点不确实，地图上找不到。（2）他说吴志清[②]是我丈夫，是新四军重要人物，你第一次讯问不承认，有意放他跑了。（3）他说李官一[③]过去和你们一起的。你到过后周、竹箦桥。（4）他说你曾经跨过长江……我知道有叛徒在里面捣鬼了。我一样不承认，他们骂我，恐吓我，威胁我，另一方面欺骗我，他说和你过去一起的人，现在在做官了，如若现在你见到了会大吓一跳。我当时疑心是李官一被捕了，……我一切还是不承认。当天一连讯问了三次，最后一次是半夜了，由队长田中亲自来审（过去是班长斋藤），而且换了一种方式，很客气，态度是用软的。请我喝汽水……但是我的口供还是不变。他们冷笑了，说我是把他们当小孩子玩，欺骗他们……我觉得问题严重了。自那天起东西不吃，我只想死，一天，二天，三天……。他们看看我不像人了，就来游说，（1）你说了可以无性命危险。（2）你可以做事发财……（3）你不要

---

① 黄锡义，应为王锡虞，金坛唐王人，曾是我方溧阳县县大队队员。后叛变在朱林镇当伪军。程桂芬被捕就是他指认出卖的。

② 吴志清，吴宝康的化名。1943年5月精兵简政，组织上把时任苏皖区党委调查研究室主任的吴宝康交给自醒中学校长张炳元掩护。他化名吴志清，在自醒中学当教员，教初中一年级语文。程桂芬被捕后，任命为溧阳县政府文教科长。1947年9月，苏皖区党委调查研究室恢复，吴仍任主任。

③ 李官一，即李贯一，苏皖区党委调研室干部，被捕后不屈牺牲。

受新四军的欺骗等等……。有一次他们对我谈了很久，我不开口，他们发脾气了，说："你把我们的话当放屁吗？你是没有好处的。不讲，没人同情你。"一直到廿三日（七月）我还是这样。因此重新审问，我的口供不变。（1）吴，我只承认是自醒同事。（2）李官一不认识……。（那时身体也不大好）那天又审问二三次，他们发怒了，于是关到监牢里去。（过去关的是一间破房子还可以透气）监牢只有一个几尺方的一块地。四壁上都是血痕，粪污，上面有二个小洞，人进去了气也透不出，有铁门关着。进监牢时裤带鞋子都拿掉。过了半天放出来问我，这味道如何，你说不说。我说我想死了，没有什么可讲，我的话完了以后不要再问我。又关进去。当天给我三张纸要我把新四军的情形写上去。我不写，人昏昏沉沉病了，只求速死。第二天开出牢门看看我不写，又讲你要死，就写了死岂不好……我又三天不吃东西了，人病了，满头长了蚤，一地的蛆向身上爬。又是月经来，正是痛苦万分。最后，我实在太难过，我觉得死要比"活着"好过些。死吧！没法死。我就把三张纸写起来，一张写信给我家里说我死了，但死得对得起国家民族，一生没有做过坏事。一封给宪兵，我说没有话讲，但求速死。一张画了几个人。他们拿到后大怒。李翻译说："好，完了，没人同情你。你要死，你死得一个钱也不值。"我说："我死我成功了，你们失败了，……"我在监牢里病了。天热，不洗澡，蛆爬……天天听得外面打人骂人狗叫皮鞋响，我只求死。同时我想起了任迈①、袁先风②……一流人。我想，求仁得仁我快成功了。我又想起了大姐……一直到八月我蓬头赤脚不大像人的样子，透不过气来，见过［我］快完了，就把铁门开一点透透气……我发脾[气]，大唱歌，不许我唱，我还唱，铁门又关起来……出监牢门时我是累得像半死人了。于是他们给我洗澡，吃药，关到第一次

① 任迈，江苏丹阳人，1938 年在南昌加入中国共产党。1939 年年初到达茅山地区，历任苏南特委委员、丹南县委书记、丹南县委书记兼组织部长。1941 年春节，在宝埝下隍村参加溧武路北特委扩大会议时，因汉奸告密被日军逮捕，不屈牺牲。

② 袁先风，应为袁先锋，四川人，曾任东南局青年部长，后调任茅山第二游击区青年部长。1941 年春节，在宝埝下隍村参加溧武路北特委扩大会议时，因汉奸告密被日军逮捕，不屈牺牲。

进来时的房子里。以后就没讯问过。这是八月里。身体略好一些时就来谈判。起先要我领他们出发，我拒绝，我又要死了，于是不迫我。又谈，要我做秘书，换名字叫张雪治，我不肯，我说我姓程，大丈夫行不改姓坐不改名。他们又迫我出发宣传，我不肯。他们说给你五百元一月做事，我不要。他们做衣服我穿，我不穿，我一直穿进去时那件破衣差不多背上有洞了。他们给鞋子我，我不要我赤脚。他们要我唱歌，我唱了军歌[1]，石臼湖[2]……他们发怒了，于是做苦工。我洗过犯人冬天穿的几十件棉衣服，我要洗几十斤菜，烧十担水的浴锅……但是浴水给我煮开了，饭给我烧生了……他们觉我是个怪人。那时可以看看报了。我见了意大利的拉倒，把特里奥元帅的出现，我很高兴。又见了德军在斯莫陵斯克的撤退……我格外坚定了。到了十月十二日从宪兵队放出来，关到这里来，起初我不了解

《致李坚真（1944 年 2 月 5 日）》手迹（部分）一

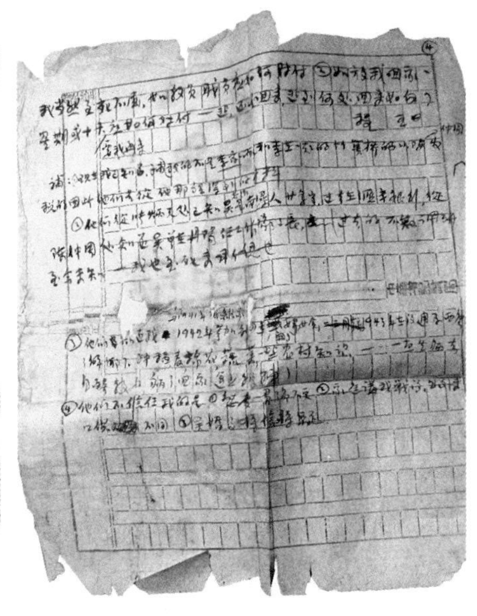

《致李坚真（1944 年 2 月 5 日）》手迹（部分）二

① 军歌，即新四军军歌。

② 石臼湖，在江苏溧水、高淳与安徽芜湖交界。此处指石臼湖渔歌。这首歌描写石臼湖的美丽富饶和新四军战士抗战到底，“唱到东方现朝阳”的信心。

是什么人家（现在了解了）。我三个月来不出闺门一步，闷死了。有几次这里主人试我，要我帮他抄情报。我拒绝了，也了解了这是什么人家。我拒绝后，他们虽不叫我抄，但也什么也不给我知道了。目下是生活上折磨我，一天到晚看人家颜色，倒像做了小媳妇一样。

前天李翻译对我说，队长① 还有廿卅天回来（在南京），但你不肯做事，恐还不放你回家。你几个月来不动声色，我等也难于帮助，你若肯做事，不谈收获与成绩，至少有点表示，就得有办法了。我只说身体不好，心绪不宁，无心就业。

但我看见好多人比我后被捕都前后释放了。如恽邦杰……等等，大概他们钱花得多，一方面态度亦有关。我是宁死不愿在彼等面前摇尾乞怜的，何况已经知道我是新四军了。

家内来过几次，花了一万多元。但家贫已山穷水尽，无法再继续用钱。何况钱给这些野种用我也不高兴。因此目下的事仍搁置着，有几月不提起了。目前中心问题是在廿天后队长回来时（1）如强迫就［做］事该如何——如有反动色彩的政治团体我当然至死不屈，如教员职员应如何对付。（2）如放我回家一星期或十天，要我再来，应如何对付——逃，还是回来，逃至何处，回来如何？

程　五日

补：（1）现在我已知道被捕的不是李官一而是和李在一起的竹篑桥的小陈（仲周），收税的，因此他们是从他那里得到的材料。

（2）他们从张炳元处已知吴志清是南浔人，廿多岁，过去在汇丰银行。从陈仲周处知道吴曾在丹阳任工作队队长，（过去的不知）调研至今未知——我也至死未承认也。

（3）他们知道我1941年底离家，1942年参加新四军，开了妇女会，1943年在后周及西塘了解乡下种稻、麦、棉花、蔬菜，一些农村知识……一直生病，去自醒教书，病了回家，途上被捕。

（4）他们不信任我的是①态度一贯强硬②家庭讲我战后出外未归，口

① 队长，指日本宪兵队队长田中。

供不同。③吴婚事将信将疑。

编者说明：此信用毛笔行楷在“中华增记书局”印制的可折页的方格稿纸（20 字 ×6 行）横写。未按格书写，每页实际写 11 行。全信用 4 张稿纸，共 8 页。收信人大姐，即李坚真。“新四军三大姐”中的大姐（二姐章蕴、三姐邓六金）。李是参加过长征的老干部，一直是程桂芬的直接领导。李坚真任东南局妇委书记时，程桂芬是她的秘书，并被提拔为东南局妇委委员。皖南事变后，李从茅山地区到东路六师十八旅，即由程桂芬接送。程桂芬被捕时，李是苏皖区党委组织部长。故此信实际上也就是写给组织的报告。程桂芬后来在此信旁注：给李坚真信（亲启）1944 苏南区党委书记李坚真（李大姐）。

致吴宝康

（1944年2月7日）

康：

亲爱的伙伴，建筑在政治基础上的恋爱是不可毁灭的，合理的恋爱会增加政治上的强固与坚定，这是辩证的。几月来的非人生活充分证明了这一点。天哪！当你听到了我关在暗无天日透不过气来满身爬着虮虫的牢狱里时，你会颤抖。当你见到我蓬头垢面，大热天一月不洗澡，满身污泥，一天吃几□冷饭，手臂像树枝一样粗时，你会惊慌得昏过去。当你见我在毒日下劳动操作，做一个健康男子不能做的苦役时，你会伤心得哭起来。亲爱的朋友啊，一个一贯来在人情与温暖中长大的女孩子来受这世界人类少受的极刑，这是历史的创举。我不相信世界上再有第二个国家对被俘的女孩子会加上这些极端的非人承受的痛苦。天哪！没有你们给我伟大的教育，没有你对我一贯来的鼓舞鞭策，我恐怕老早就不能支持而拉倒了。你高兴吧！我拒绝了金钱的引诱，我拒绝了所谓“升官发财”、“荣华富贵”的欺骗名词，我拒绝了一切物质的引诱与享受，我在死亡与痛苦中挣扎着保持了我一贯的纯洁。你歌唱吧！亲爱的朋友。目下我过着成天看人颜色受人讥讽的清苦生活。人人觉得“不肯做事让他活受罪让他去苦”。二流走狗觉得这人“奇货可居”“在他身上捞不到一批”而失望。我是如此孤助啊！我这样的生活又过了三个多月了，正是度日如年。痛苦万分。

老朱① 给我的帮助是很大的，一方面感到组织的伟大，另一方面这样急公好义的人在一般人中还是不可多得，你向他致谢吧！应该升［伸］出兄弟的革命的友谊的手，这是我们的好朋友啊！不要忘记了。

目下有几个中心问题：(1) 队长回来，可能回家，如何找你？(2) 万一

① 老朱，指茅山地区（第二游击区）专员朱春苑。他曾先后派朱者赤、李士英同程桂芬联系，商量营救事宜。

只允许回去十天八天又如何？（3）要你做事如何？（4）家乡环境不好，忠救[①]活动（从前包汉生的队伍到处暗杀我军），我是有很多人认识的。万一不好住久，只得去上海暂时[住]，小陆[②]是否回家，通讯处如何。(5)他们没有一刻放弃对我们的侦察进攻，你行动留意，万事小心。

匆匆　chen　七号

编者说明：此信用毛笔行楷在“中华增记书局”印制的可折页的方格稿纸（20字×6行）上横写。未按格书写，每页实际写11行。全信用一张稿纸，共2页。左上角有程桂芬后来注：1944年2月1日？给吴宝康。信末英文签名后有中文写的日期“七号”。据此确定此信写于1944年2月7日。

① 忠救，即忠义救国军，国民党顽固派部队。

② 小陆，陆培学，上海姑娘，1942年3月，与程桂芬一起从苏北江（都）高（邮）宝（应）地区调至新四军六师政治部调查研究室工作。

致吴宝康

（1944 年 3 月 5 日）

[前缺]

安心工作，不要因我而有丝毫消极，保持健康，反对不正常的变态心理而拼命或疯狂。我们是有保证的。“别离”空间时间在所不顾。我们不要染上一点一滴的小布尔乔亚[①]悲观失望的气息。为了事业，为了我们自己的前途，虽然我想念你，但另一种伟大的政治目标驱使我，使我平静，忍耐。我在开始锻炼我更坚韧，更顽强，你安心向前走，海角天涯，在所不息［惜］。小程不是小孩子了，小程永远不会使你失望。一切我有把握的，你走吧！

目前的情形还是冻结着。曾对我说清明可以回家了。我想这是骗骗我，因为去年曾经说过年可以回家了，过了年又说队长回来可以回家了。但我知道队长已去郎溪，不回来了。也许是钱的问题。最近周民化、成正桃被捕，化了六万元出去了。在我，他们亏了本，养了我九个月一无所获，所以不放。我估计政治上不会有什么大的威胁了，这几个月他们不再向我提做事，因为明知我一定要拒绝的。我已去信家里准备一批钱一二万元，一批礼物，要他们再来金坛运动一次。但至今不来，也许钱无把握，呜呼。

住在这里不是办法，女主人骂人了。她说“养了条狗还会看门，养了她几个月还是什么事也不肯做。”天天看人家颜色，真要命。但是我还是忍受着，只要不叫我做事，生活上痛苦些没问题。这里有两个要求：(1) 家属来时若能释放钱不够时要你们帮助，我想不会有其他政治条件的。(照他们释放看，保人都是马马虎虎只要钱多) (2) 要有人来和他们谈判接洽，但

① 小布尔乔亚，即小资产阶级。

是面目要灰色一点的。朱[①]的面目太红，人家都注意他恐怕不行。（3）我回家后一定来浙江找你们，你们要接我。（4）送衣服来说是张先生[②]或于先生[③]送我的，带点钱我。（你对外少公开我们的关系，这对我不利的，因为我一直不承认。）如可能告诉我一点目前形势：（1）1944 世界形势的特点。（2）战争结束时世界各国前途估计。（3）各流亡政府的积极行动，各中立国的纷纷参战，对战局影响如何？（我想战争结束时有几个苏维埃共和国产生了，如北非，法国，波兰等等）（4）目前我们的方针任务若何？……

世界形势好转，有利，江南亦然。但别胜利冲昏头脑，朋友啊！细心，谨慎，沉着脚步，件件留神，莫道[蹈]我的覆辙啊！我被捕，虽然能不动摇，但对工作是不利，我应该受批评。

这是我在母亲忌日[④]偷偷的和这里的小姑娘拍的照，你善藏之，别丢了。一波未平，又生一波。他们至今不放我大概也有点为了你的缘故。你安心去吧！朋友啊，我不会忘记你的。你们去打基础，我来盖砖瓦，走吧！我会飞跑的跟上来。

我们在演着可歌可泣的戏剧，不，这不是做戏，人生本来是有意义的，让我们大踏步向前，在历史上留下点东西来。

你好，祝福你，握手吧！我的朋友。　Chenguifeng　5/3

（我应该赶快离此才好因为金坛有好多人认识我的，如陈大戈（她过去在大姐处）等。）

编者说明：此信用毛笔写在 32 开红线公文纸的两面。程桂芬后来注：1944 几个月后　给吴宝康，1944　5/3。1944 年春，第二次世界大战中盟军在欧洲西线战场实行反攻。信中说到“世界形势好转”，“各中立国纷纷参战”等，即指 1944 年事。可见信末署的 3 月 5 日是在 1944 年无疑。

---

① 朱，似指专员朱春苑。

② 张先生，指张炳元，自醒中学校长。

③ 于先生，指于婉贞，自醒中学教员。

④ 程桂芬母亲于 1930 年 2 月 × 日去世，忌日应是 1944 年 2 月 × 日。

致吴宝康

（1944 年 3 月 22 日）

钱信收到勿念。

今天见李翻译——队长在南京约过廿卅天回坛，我的问题在卅天后定夺。但是回家的可能性很小，他这样说："能够做事顶好，谈不上收获与成绩但至少有点表示。你至今尚不动声色，要我等帮助亦困难。"因此问题的中心是思想问题了。我想要进有政治色彩的机关或团体，那我只有一死了之。我不愿如此，你也不愿我如此。第二个问题是如若要我当教员或商店职员，应如何处理。过去尚一度谈过但我屡次正面拒绝。因此他们说为什么你在乡下肯做教员，在城不肯做教员。——日本人是一把糖一把刀，大概只有此两条路。

你快来信，如若无可如何时可以当教员或职员则勉强过几月再回来，如若正面拒绝一事不做我也一死了之。求仁得仁无所怨恨也。

十日内来信定夺——去上面商量请示。

编者说明：此信用铅笔写在一张年画裁开的狭长纸条（8 公分 ×27 公分）背面。程桂芬后来注：给吴宝康信程银娥已去信上海给穆千里（平大教授）要求协助。可见此信是在收到程中民 3 月 17 日信后写的。又，此信中说宪兵队长在南京约过二、三十天回金坛。4 月 12 日信末说"所谓队长者也已回来"。可推断此信写在 4 月 12 日前二十天（3 月 22 日）或三十天（3 月 12 日）左右，现暂定为 3 月 22 日。

致吴宝康

（1944年3月24日）

信、钱收到

事情是这样：(1）这里主人[①]答应等宪兵队长田中准尉回来时（他目前在郎，广[②]）负责保释回家。他一定绝对帮助（我的案子是田中审的，所以要等田中结束，其他班长、翻译无权释放也）。那时再通知家属前来领取。(2）李[③]讲钞票尚在乡下等队长回来，谈判有把握时再交款。这里我发急的是这里主人只能帮助讲好话，绝对有把握还是不能做到。过去李翻译曾对我说队长回来我有二个可能，一个是放，一个是非做事不放。因此我想后者的可能性还存在（万一队长坚持这一点）。这是一个政治问题，也是个原则问题。他们如一定要坚持非做事不可（他们甚至要我做教员之类亦可）我是会坚持一定不做事。何况我已忍耐苦熬了八个月了。寡妇到六十岁再出嫁这是笑话。至于要我这里主人放我现在出城，这是无论如何不答应的。那末就这样（1）田中回来，要这家主人保释，同时要家内来(已去信他们目前不要来，来亦无补于事)。(2）如田中不放我走，再叫穆千里[④]来(要他来我想不容易)。(3）如仍无办法，我会溜之大吉。(4）走不掉时只[好]继续目前状态拖延。(5）最后真正威胁到十二分严重时一死了之。

你应回到你原有工作地区做本位工作，别为了我尽在城外转。出毛病不是玩的。我接到了关系，有组织就什么［都］有办法。我是一切有把

---

① 这里主人，指日本密探、便衣队队长钱发宜。时程桂芬仍软禁在钱家中。

② 指安徽的郎溪、广德。

③ 李，指翻译李永清。

④ 穆千里，日本友好人士，文化界名人，曾任北平大学教授。程桂芬的大姐程银娥曾在北平大学读书。穆是程银娥及其同学陶虞孙（著名左翼文人、秘密工作者陶晶孙之妹）的朋友。程中民曾持程银娥从重庆写的信到上海找陶虞孙，请穆千里到金坛为程桂芬保释。

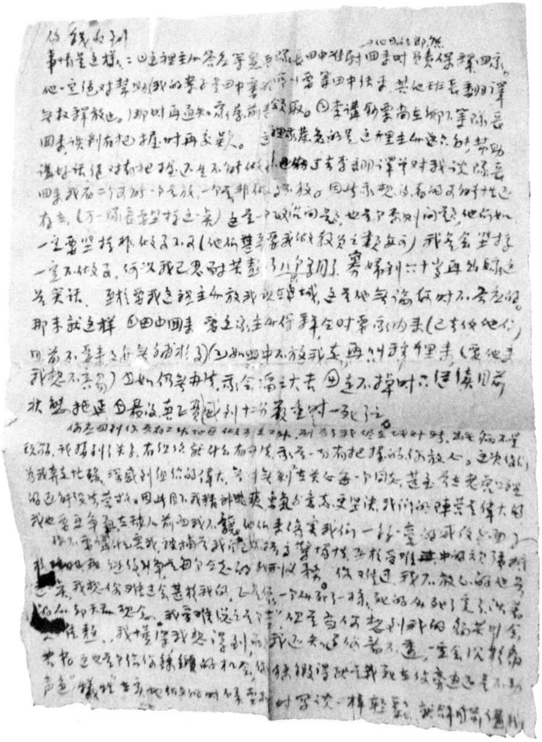

握的，你放心。这次你们为我奔走忙碌，深感到组织的伟大，无时无刻不在关心每一个同志，甚至是在老虎口里的还能设法营救。因此目下我精神略爽，勇气与意志更坚决，我们的阵营是伟大的，我也要更争气，在敌人前面我不让他们来伤害我们一丝一毫的威信与面子。

《致吴宝康（1944 年 3 月 24 日）》手迹（部分）一

你不要讲什么害我，被捕是我自己不提高警惕性，至于受难中的顽强抵抗继续斗争，是每个同志的权利义务。你难过，我不放心的也是这一点。我想你难过会甚于我的，正像一个人死了一样。死的人死了完了，活着的人却天天想念。我受难总之是个“苦”，但是当你想到我的痛苦时会更难熬。我懂得，我想得到，而且我还知道你看不透，一定会沉于痛苦中。这也是个给你炼锻的机会，你要炼锻得就是我死你旁边还是不动声色！“牺牲”在实地做的时候要和平时写说一样轻松。就拿目前讲我死的可能性还是存在的。只有抱着不怕死的决心才能应付一切了，否则完了。你走吧！你做得很好，我也安心了，至于如此挚热的帮助，我恢复自由后会用工作来答复你的。春天来了，国际间一切好转，我们的地位在每一个国家在提高，我也很高兴。朋友！你应该快活，让我们再能幸福的见面吧！

春天，上帝会使我们这对患难的好朋友再度紧密的合作。

你好啊！再见。

小程　廿四

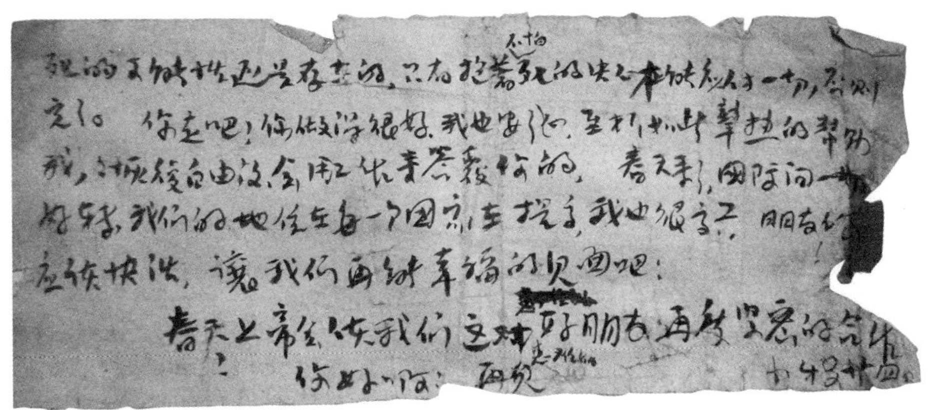

死的可能性还是存在的，只有抱着不怕死的决心来解决这一切，否则完了。你走吧！你做得很好，我也安心了。至于如此挚热的帮助我，待恢复自由后，会用工作来答覆你的。春天到了，国际间一切好转，我们的地位在每一个国家都提高了，我也很高兴。朋友们应该快乐，让我们再得幸福的见面吧！

春天上帝会使我们这对好朋友再有安宁的生活。

你好啊！再见

《致吴宝康（1944 年 3 月 24 日）》手迹（部分）二

编者说明：此信写于 1944 年 3 月 24 日。程桂芬的大弟程中民于 1944 年 3 月 17 日在一张粗糙的灰纸上给桂姐写信。程桂芬给吴宝康的这封信，绝大部分就写在程中民来信的背面。最后部分自“死的可能性还是存在的”起写在另一张纸片上。程中民来信中提到请穆千里说项事。中民说，大姐程银娥有信给北平大学同学陶虞孙，请她们的日本朋友、北平大学教授、著名文化人穆千里到金坛来设法保释。他过几天到上海找陶联系后同须士雄一起来金坛。程桂芬在此信中表示了看法：“如田中不放我走，再叫穆千里来（要他来我想不容易）。”中民信末说：“不要丧气，春天已到，我但愿你能在春天更生，像花朵一样。”此信也作了回应。

致吴宝康

（1944年4月12日）

康：

今天，是个不会忘记的日子。不过我想，也许你已想不起来了。1942年的今天，几个青年孩子簇拥着你，在××蓬子开第一次扩大会议，心领神会你的报告。也是给我们伟大深入教育的一天。充实的内容，清晰的条理，你滔滔不绝的讲述着使我们惊奇。这比我们仅仅大一岁的青年人会懂得这样多。也是从那时起，我们衷心的佩服你，相信你……1943年的今天，我们生活在烽火连天的×山，在机枪步枪的交响曲中，在森林里过着夜生活，月亮出来了，从松叶的空隙中瞧着我们这群露夜的人。内心是紧张与充满了对敌人的仇恨愤怒，但是看到四周的青年孩子愉快的面，听到胜利的消息，空气里荡漾着野花的香气……这是多么美好而富有诗意的生活啊！二年来我在幸福中生活着，但恨我那时为什么想不到自己是幸福的，不抓紧这幸福的机会呢？离开了你们，我才发现没有了你们我的生命也空虚起来了。是的，一支伟大的力量在控制着我的终身。离开它，我会软弱得无法生活下去啊！我们相识的日子中没有一个月以上的分离，我淡漠地拾取了每个宝贵的相会，（也许某些时候我还会把会面看成厌烦）我也曾任意的把美好的光阴虚度着。我以为这相遇是不会分离的。这是美好的光阴幸福的机会是不会消失的。你温厚正直的性格反使我自傲暴躁，你的至诚的情感也曾报以难堪的压迫，但是一年中你没有减少一点对我的关顾和热爱。你忍耐，你宽大，你始终如一的爱着我。天哪！难堪的离别中才会体验到过去的相遇是幸福与愉快的。你会原谅我的，原谅我过去没有善待你，因为我毕竟还是个热心肠的女孩子。在将来的相会时，我用最大的努力来补足一切。听到朋友们说你憔悴，忙碌，想念我……我在想像一个瘦长的幽静的多思的青年人。是刚强的，也是多感的，想到不幸的好朋友受着人世间痛苦惨酷的厄难时，他会痛不欲生，他会哀伤欲绝……天哪，担心你为我伤感而损伤健康会甚于担心我自己的生命。我怕你吐血流夜汗的病复发，我怕你会轻惜自己的生命而做各种盲动冒险的举动，我怕你因暂时失掉我而变得脾气粗鲁，和朋友弄不好，做事不安心生活马虎。但是我想你不会这样。因为我们不是普通人，我们是有修养有锻炼经得起波折的人物。这难关过了，以后过得更好。

不敢多写，怕你受刺激，怕你更不安，但是我不能压制我想念你与日俱增。野兽出发了，我担心你们的安全；关城门了，我担心有朋友在城内会受惊；天下雨了，我担心你们移动；月亮出来了，我想你看了会难过；最近疫病猖獗，担心你的清洁卫生……是的，我从小在你们中长大的，你们抚养我培植我，我和你们血肉相关的……我不能忘记你们每一个人，大姐的仁慈，二姐的干练，邹 ×① 的宽大……小六② 的活泼大方聪明……你不要笑我太感情，我却觉得互助互爱是我们的本能，而且日常生活工作中的帮助与伟大人格的感化会影响一生的。这并不坏，相反只会启示人们向上。我记得在极端痛苦中我拿你们平日对我的一言一语、一举一动来鼓励支持自己。就是大姐的一滴眼泪想不到无形中会浸入我的心的深处啊！你们不要讨厌我啰嗦，有着丰富爱人类的热心肠的人才会跑到我们的阵营里来。那末具有这种好心肠的人们对自己的爱人当然会关怀与想念的，不过出发点与方法不同而已。一、我离开了你们像没有了娘没有了太阳，……在这里只有漆黑一团，乌烟瘴气。我看到的是赌钱，（伪团长王志贤输卅二万，有的一输廿多万）抽鸦片吸白粉，嫖女人，敲竹杠。（这些，将来我会给你们写材料的）我差不多活在地狱里，……只有一个希望，丢了的孩子重回到娘身边，在娘的保护下好好做人。

我现在的情形是这样，还是住在这里，带个五岁的小孩子。有时也出

① 指邹毅，青年工作者，曾在东南局青年部工作，1940 年秋调茅山地区青年部工作，1940 年 10 月，在丹阳高庄附近战斗中被日军逮捕，不屈牺牲。

② 小六，即小陆，陆培学。

门跑跑。翻译过几天会来的。因为所谓队长者也已回来，设法保释。

4.12

编者说明：此信用毛笔行楷写在红线公文纸的两面。无落款，只写了写信时间。

致×××

（1944年4月14日）

我是在想念你们中过日子。我在回想每个盛大的节日。我在回想每个大朋友的讲演，每人对我的谈话，甚至每个姐妹的面貌，每个文件的内容。我变得可以一天不开口，白天闭着眼睛想，夜晚张着眼睛想……看到伟大的红军已到比萨拉比亚，雅西，罗马尼亚。看到北非，捷克，南斯拉夫，义大利政权的进步……苏联红军及外交的伟大成功胜利直接鼓舞着我。我只有默默地偷偷地笑。看到我国在各国地位的增高威信的增强，我欣喜，我觉得无上光荣。听到你们的胜利时格外使我有勇气。我觉得我的坚持是有价值的。如□□□的胜利，我快活得一夜睡不着。但看到你们奔走终日而我不能多走一步时我惭愧，我懊丧。听到野兽们下乡这是最使我惊慌的。是的，你们的胜利也是我的胜利，你们的损失也是我的损失，我不要你们中再有一个像我同样受难。朋友呀，这味道不是人尝的，是比死还要痛苦的极刑呀！……你们要警惕，要慎重，情报要正确灵通呀！我希望你们只有胜利没有一丝毫损失……城里谣言频传——“汪死了”，“汉口失守了”。人心浮动。居民都讲□人今年要走了，而放人的表现也如此。临走时房子统统拆了。我还可以告诉你们一点材料但不敢多写……

1．我现住房子隔壁，去年年底有个日本小兵自杀了。这是个日本勤务兵，没钱，因偷了长官的啤酒瓶出来卖给附近居民，又偷了长官的手表。发觉后打一顿，晚上用枪自杀。偷偷埋了。后来，那长官的中国姘妇来讲我们听的。2. 我关在宪兵队罚苦工时，那个日本伙夫偷偷的拿他老婆的信给我看（可惜我不懂），还有小孩的照片。他真的哭了。听到长官来他吓得躲起来。他给我看他想念妻子的日记，满纸都是老婆的名字，他偷偷的烧了。又有一本日记本上全画着赤条条的女人，他叫我看了烧饭时烧掉，不给长官知道。3. 我关在宪兵队时不是夏天吗，小兵吃南瓜，长官吃罐头食品。有一天长官放在井内作冷饮的罐头全部不见了。不知是小兵吃了呢还是给他们气愤丢了。查了一黄昏也没影踪。4. 日本长官可以带了妓女进来玩，小兵吃大饼油条都不敢。我做苦工时（那算较好的生活了，要下午二时才有饭吃）小勤务员买了油条。大家听见长官来了，他紧急藏起来。他说，我们大家都是朋友，他们（长官）是坏东西，见了要糟糕的。5. 烧咖啡给长官吃，小兵把烧开的自己吃。和了冷水的表面上很恭敬送上去。我看了大发一笑。6. 小兵不大懂为什么到中国来，很迷信，身上有千人针或小菩萨一类的东西。7. 上下级是很隔阂的。我关了三个月，小兵不懂我为什么关进来。我说我是 ×××，他只说不好但说不出所以然……我想见面后我会告诉你们更多东西……。

4、14

（1）赶快请人与李翻译谈判目前不释放中心问题在何？若是钱，则多少钱可释放？

（2）你去他地后姓名均改，对外少公开我两关系，郎溪日宪队长即由金派去，认识我。我们关系在猜测中。切记，切记。

编者说明：此信写在 4 月 12 日信的下面，分双栏，毛笔行楷。角上标号③④。最后两点 3 行，写在同样的纸裁下的纸条上。此信无落款，只写了写信日期。从信的内容看，是程桂芬写给工作过的集体的。但信末附言是交待吴宝康的。

致吴宝康

（1944 年 4 月 14 日）

一切在进行中，但事情不会如此简单。

（1）正面和这里主人[①]谈判一面交钱一面交人重返旧地。我想，不会答应。如返家也许可能。因，此地主人尚顾及他自己饭碗而人亦非简单者。

（2）这儿天我弟弟[②]、雄弟[③]可能来此。前几天来信，[④]他们已得银姐信，去沪求日人穆千里君来此，为我保释。穆是我姐朋友，昔平大教授。在中国文化界有名。如我走，雄等来此被扣则事情弄大。他们年轻无经验怕敏久见怪也。所以，只能一面给钱他们，一面要他们负责保释返家。

现在一切在进行中。

你得安心去浙。我释放后当由沪找你。

给我一些零用钱我穷死了。

匆匆

程

十四日

编者说明：此信用毛笔行楷书写在一张破损的蓝线公文纸上。这张纸右半页只留一角与左半页相连。信的末句和落款都写在残留的一角上，显得格式不同一般。信缺前面一部分。从信中说“你安心去浙”可见，是写给丈夫吴宝康的。吴当时奉上级调派赴浙江长兴浙皖边区工作。

---

① 这里主人：指日本密探、便衣队队长钱发宜。

② 弟弟：程桂芬的大弟程中民，共产党员，时在无锡严家桥小学当教员。

③ 雄弟：须士雄，程桂芬的妹夫，共产党员，时在无锡严家桥经商。

④ 参见本书收录的 1944 年 3 月 24 日致吴宝康信及编者说明。

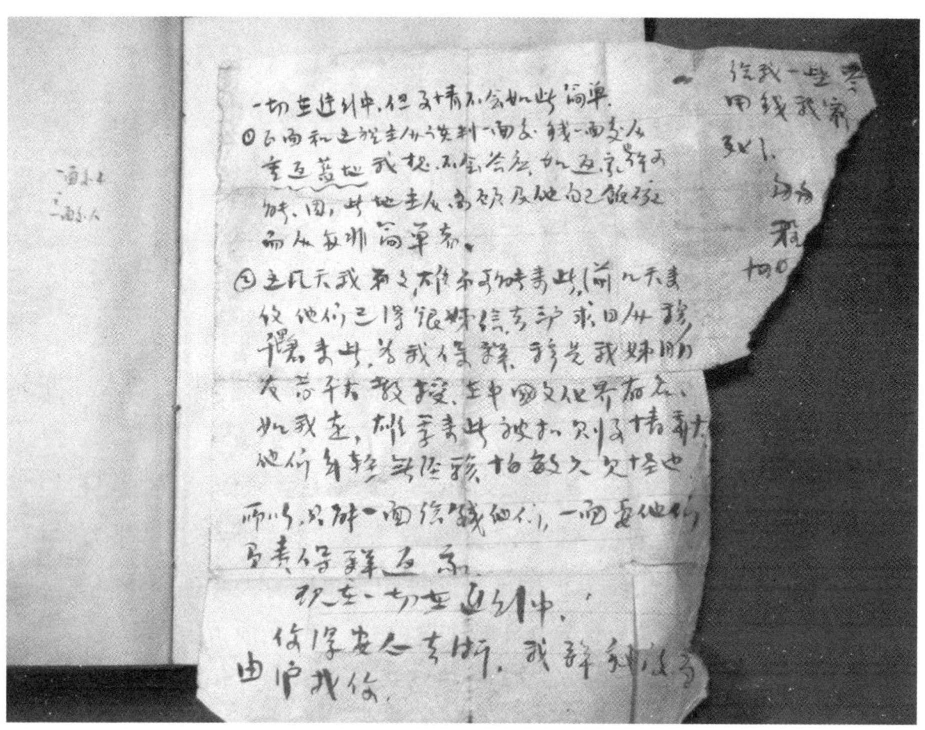

一切在进行中，但事情不会如此简单。

现在一切在进行中。

《致吴宝康（1944 年 4 月 14 日）》手迹（部分）

致钱震宇

（1944 年 6 月 18 日）

震宇先生：

光荣的脱险是无产阶级性的高度的弘扬。这里我看到了一个顽强坚决勇猛直前伟大人格的表现。我为你欢呼庆幸。我要伸手向你致崇高的革命的敬礼。你鼓舞了我们，你给全金坛的民众刻下了不可磨灭的印象。中国是有希望的。威胁利诱，甜酸苦辣各种手段，相反增强了抗敌的情绪。先生，你这惊天动地的浩举，使敌人颤抖，使我们五体投地。

你这模范的行动我应向你学习，我来坛近一年。这一年中的熬煎格外使我坚韧了。但是我处境和你不同，我整日有人看守，正是一刻不离。何况在目下紧急情况下格外监视严密。除了晚上，白天是寸步不离。这是水深火热的日子。

我的目的和你相同，早出苦海，重过自由的日子。我再不能这样活下去，我有血有肉，我要革命，我要重振旗鼓啊！

但是，我的处境为难，我只有用第二个方法走（用了钱走）。这里已讲妥了，差不多还少一万多元。去年毛病一出，我在牢里时，家庭奔走了几次已弄得山穷水尽。欠了些债。这次家属来又奔走了廿多天，但仍少一万多元，事情延搁而不能结束。组织上原答应帮助的，但是组织上经济困难恐怕也是力不从心。这里，只有向你们几位地方先生多多帮助，要你同连升先生[1] 等尽力设法，公家无办法时家庭或亲戚朋友处零星移借，甚至同志们面前捐募，能有一万五千元就差不多了。让我出来后，设法偿还。我家里父母已年老，弟弟尚幼，姐姐远在重庆。家里已去信四川，大概姐姐不久可寄批钱回来，等姐姐钱来了偿还。大家是一条线上的朋友，何况我们是受过敌人极度残酷压迫摧残死里求生的人。我们要重新携手向

① 连升先生：指陈练昇，溧阳县民主政府县长。

前。先生，这日子使人窒息，苦闷，……我不能再这样挨下去，世界革命快成功了，外面闹得这样响，但是我是生活在地狱里。

先生平日为人，慷慨好义，这次希望你能全力帮助我。(我要自由啊!)

接信后不能担搁，不能拖延，用无产阶级的精神，救我于苦海中。

程　十八日

过去用钱如下：

李翻译处　第一次　4000（去年）我在牢里

二次　4000（目下）

这里主人钱发宜　5000（李宗英付的）

1000（家属给他）

张炳元　5000（我家属给他）

1000 左右（吴志清给他，不明）

他花的钱不明，我弟弟给他五千元不知如何用法，还是去年给他的，将来算账

共二万多

准备再付：

钱发宜处再给饭钱，李翻译处给一些已差不多了。

编者说明：在此信天头，程桂芬后来批注：1944 年 6 月、7 月　给钱震宇信（被捕近一年）。程桂芬被捕在 1943 年 7 月 11 日。近一年的 18 日应为 6 月 18 日。抬头为“震宇先生”，可确定为写给钱震宇的。

钱震宇，先后任溧阳县县大队大队长、溧阳县民主政府副县长。被捕关押在金坛。后经营救逃离金坛城。

附：

致吴宝康

（1944 年 10 月 16 日）

表哥：

我回来快一星期了，想念你，再［最］想见你，我的心简直无处安放。人们都儿女成群了，我们呢？天各一方，各自东西，我们的青春被剥夺吞噬将在痛苦中消逝了。表哥啊！虽然你是这么沉默寡言，你是清冷不敢相接，但是你内心决不会如此平静吧！人类不是木石，人是血肉之躯啊！何况我们呢？我担心你，你的学业，你的身体，我们的表哥常为了学业而不顾一切的，你也许会过分用功而累得生病，也许会因学校营养不良而旧病复发。今年天冷，冷得出奇！你的旧棉袍是否能御寒。过冬，有帽子否，棉鞋呢？我什么都想起来，下雪落雨了，学校里还出操否？总之，我的生命里有着永远不能分离的你的一部分。是的，我还有着几千年来传统的女孩子的封建习气。我想念你，我永远想念你，直到我死了为止。你也不会忘记这倒霉的表妹吧！虽然表妹是如此粗笨无能，但毕竟还是个好姑娘。二年来恶魔缠着我，我挣扎了二年。我尽了女孩子的本分了。我没有被金钱或势力迷糊。你骄傲吧！你的表妹是如此勇敢啊！如今我的生活是这样，这里是亲戚家租的房子，相当漂亮。他们来城做生意时就住在这儿。目下我借住着独自一个儿。买了米，买了柴，自已烧，自已吃。没事做，看看书，这儿有的是中学生大学生的教科书。寂寞时去同学家玩，但是知音难遇。我在怀想着朋友们。过几天如天温暖，妹妹们会上来看看我。物质生活过得还不苦，虽生活程度高，有妹妹们维持还可以的。你如何了，学校忙否，可以来接我吗？你自已来或表妹来都可，否则我来你那里好否，你和舅舅商量。如若我在此，那我为了生活还得找职业，目下也在托人想法，因为不生产生活将无法维持的，坐吃山空啊！

最好是阳历年假时来接我。我们多时不见了，相见该多么高兴啊！如若舅舅要你看病或休养，你来此亦可。

拉手

表妹　澄手上　十六日

编者说明：此信是1944年12月12日程桂芬从常州特工站保释回到无锡后于12月16日写给吴宝康的。这时，程桂芬经妹夫须士雄安排，暂时租住在无锡城里光复门内南阳里7号东边的一所平房内。此信用钢笔写在一张16开白纸的两面。

致吴宝康

（1944 年 12 月 20 日）

表哥：

这是给你第三封信了。我在计算你给我第一封回信应该在途中。两三天后一定会看到表哥亲笔信，但也不一定，因为家乡来城的轮船时断时续，交通是如此不便当。真要命。明天是冬至夜了，这是个不大不小的节气，家家户户要祭祖做团子。我家里也会热闹一番。然而我是孤苦伶仃。我将清清冷冷过一天。“每逢佳节倍思亲”，叫我如何把你完全忘却呢！人就是这样，在一起熟透了，生活会过得发腻，厌烦，枯燥，企求新的一面。但是变换了生活方式后，才感到以往携手合作的难能可贵。以往，你待我亲厚，我亦以上宾之礼相款。携手一年，情胜骨肉。① 岂知风城② 一别，从此天涯海角矣。是天之嫉，抑神之妒耶，呜呼！

朔风凛冽，天寒地冻，你体弱多病，每念及，衷心如焚，望珍重之。

目下我一人一室，三餐自煮，生活尚不恶。唯居人屋，食人食，失业在此，将坐吃山空矣。

阳历年后有同乡来贵地营业，妹拟随之同往谒兄，君意若何？望接信后定夺来示。妹年来遍体鳞伤，烂额焦头，望君友情再赐，使妹健康恢复，重见天日也。

表妹　澄手上　十二月廿日

---

① 程桂芬与吴宝康于 1942 年 11 月在茅山地区结婚。婚后到溧水、溧阳地区工作。吴为苏皖区党委调查研究室主任，程为调研室秘书。

② 风城：指金坛后阳培风村。自醒中学校长张炳元家住培风村。培风村又称培丰村、风村。1943 年 7 月 11 日，因叛徒告密指认，程桂芬在张校长家中被捕。吴宝康当时在场，无法求助。风城，当系风村之隐语。

编者说明：此信用毛笔行楷直行书写在两张公文纸上。程桂芬注：出狱后，1944 年 12 月 20 日于无锡。时程桂芬暂住无锡城内南阳里 7 号。

第二部分　程兰芬自述

20 世纪 60 年代，程兰芬在无锡县人民政府门前留影

序

程中原

在参加保持共产党员先进性教育活动的日子里，我捧读兰姐手写的回忆录，从早到晚，五六万字，一口气就读完了。

兰姐比我大十六岁。在我出世前一年，她才十五岁，就跟桂姐一起，投身抗日救亡运动，参加了新四军。对她的革命经历，以前知之甚少。只知道皖南事变后她回家乡潜伏，从事地下斗争。家中那种神秘紧张的气氛，我常常能够感受到。解放前夕，为策动家乡自卫队起义而剑拔弩张，那种惊心动魄的场景，更是深深地刻在我的心中。但是，兰姐走过的路，吃过的苦，立下的功劳，做出的贡献，她没有讲过，我一概不知道。

他们那一代人都是这样。似乎他们为革命、为人民所作的一切，都是份内的事，应该如此，不值得一谈。这种不计名利、无私奉献的精神，是十分高尚的。但应该看到，他们那一代人的理想追求和奋斗经历，他们绚丽的青春，对后继者来说都是宝贵的精神财富。后代需要了解前驱者走过的道路，继承、发扬他们的革命精神。收在兰姐这本自述中的篇章，就是在“关心下一代”的召唤下，或应学校相邀，向青少年讲革命、讲传统；或应媒体约请，向读者叙述战斗历程，逐渐积聚起来而形成的。

从一个人看一个时代，从一个人看一个世界。对于伟大人物是如此，对于革命队伍中的一员也是如此。兰姐是“锡流”中年纪最小的一个成员。她跟随桂姐走进了抗日的洪流，走进了新四军，加入了共产党。读这本书，我们随着她的脚步，离开无锡，走向南昌，去投奔新四军，到石塘受训，去弋阳、上饶、景德镇从事民运工作，皖南事变后又东进江苏，先在上海做秘密工作，后又回到故乡潜伏……可以说，经历了整个八年抗战。共产党为实现国共合作这一战略转变而进行的努力，新四军为坚持抗战而进行的艰苦卓绝的斗争，国民党顽固派消极抗日、妥协投降和制造磨擦，各种地区——老苏区，沦陷区，游击区，还有上海租界——遭受的灾难、破坏和人民群众的抗日情绪，都得到生动具体而带有个人独特感受的叙述和描写。在纪念抗日战争胜利六十周年的时候，读这本书，可以从一个独特的侧面，加深对抗日战争历史的认识，特别是加深对八省健儿汇成的一条抗日铁流——共产党领导的新四军坚持抗战光辉历程的认识。

读了这本书，我才真正对我的三姐有所了解。她用朴实无华的语言，讲述了她抗日战争时期从事民运工作和解放战争时期从事地下工作的经历。从这里，我看到了我的三姐，怎样从一个满怀民族义愤的爱国少年成长为一个共产主义忠诚战士，怎样从一个不怕艰苦、深入群众的新四军民运干部成长成为英勇无畏、机警干练的地下工作者。她对理想的执着，对党的坚贞，对工作的负责，遵守纪律的自觉；她坚强的意志，战胜困难的勇气和办法，令我敬佩。读了这本书，我更加敬重她，更加爱戴她。我以有这样的姐姐而自豪。我想，这本书，不仅对于我和我们的家族、后代，而且对于广大青少年，对于广大党员干部，都会有教育和启发。

2005 年 3 月 14 日于北京

我的童年、少年时代

我父亲程云路，年轻时在严家桥镇上当布店伙计，以微薄收入维持生活。到该成家时，他与人合股开了个布店，从而结束了寄人篱下的生活。我母亲出生在胡家巷，她父母过早去世，生活无着。女孩子总是人家的人，所以她小小年纪就到程家当了童养媳。父母双方家庭都穷，母亲到了年纪，就和父亲生活在一起，算是结婚了。小夫妻婚后兢兢业业、刻苦持家，感情很好，陆陆续续生了几个孩子。可我祖母看不起我母亲，经常对她打骂。我母亲吃了不少苦。她的苦难在镇上是尽人皆知的。以后我父亲借了些钱，自己开了个小布店，可是债台高筑，日子很不好过。经常有人上门讨债，他整日愁眉苦脸唉声叹气。母亲终日劳累，吃的是残羹剩饭，穿些补了又补的衣服。除了平时操持家务忙碌，一年还养两熟蚕，以补贴家用。旧社会一个普通小市民家庭，就是这样生活。

穷人的夫妻偏偏多子女。旧社会缺乏卫生知识，也请不起医生，我母亲一连生了六个孩子，夭折了四个，仅剩两个女孩，就是我的两个姐姐。1922 年 2 月 28 日生下了我，已经是第七胎了。一看又是个女孩，母亲就不想留我了。幸好我大姨妈在旁，对我母亲说："别弄死她，也是一条命啊！怪可怜的。你就给她奶吃，断了奶我带回家去养。"就这样，我这条命留下了，也才有了我的今天。我是旧社会的幸存者啊！

虚三岁，我断了奶。大姨妈果真来领我了。坐一辆小独轮车到了黄土塘。严家桥到黄土塘有十华里，没有其他交通工具，除了步行就只有坐独轮车。大姨妈裹小脚，走不动长路。以后数年中，她带着我经常在黄土塘和严家桥之间坐独轮车来来往往。这条弯弯的小路和坐独轮车的感觉，在我脑海里留下了十分深刻的印象。

大姨妈家对我非常好，因为她家没有女孩子，只有一个比我年长十多岁的表兄，叫葵生，而且已出外学生意了。家中还有个表嫂，我叫她姐姐。姨夫不大讲话，也没什么正当职业，而且还抽大烟。可他们都十分宠爱我这个小外甥女。据说我小时候不仅乖，还聪明活泼讨人喜欢，所以我虽然离开了爸妈，但生活却比在家里称心。

大姨妈家姓姚，住在一幢又大又破旧的大宅院内。这宅院前后四造，住了许多人家。我记得的有阿男嫂嫂。她男人在外当伙计。她帮人家烧饭洗衣服。她有个男孩叫邹宝忠，后来常同我玩。还有个祥嫂嫂。她男人叫祥男，在外做道士。祥嫂嫂整天在家织布。阿男嫂嫂和祥嫂嫂对我最亲热，我经常到她们家里玩。祥男的弟弟叫二男，我叫他“二大大”，是个农民，在家种田，娶了个媳妇也种田织布，我叫她“二嫂嫂”。后院还有个叫小阿弟的木匠，他家里没什么人。最后面一家是文嫂嫂，她家人最多。前前后后全是穷人家，可大家都十分亲近和好，只是同我玩的小孩不多。

黄土塘是个比严家桥还小的小集镇。姨妈家住在南街梢。她家门前就是稻田、桑田，我常跟附近的孩子们到农田里玩。春天捉蝴蝶，夏天赤脚在田埂上走，到水田里捉蝌蚪、青蛙……清晨和夜晚一阵阵青蛙叫，秋天听到的是“叫哥哥”的声音，还有“纺织娘”的叫声。姨妈说：“兹兹兹”的声音是“纺织娘”在纺纱，“唧扎扎”是“纺织娘”在织布。童年的夜晚，我常常是在想象着“纺织娘”们如何在织布，并在“纺织娘”及其他昆虫的阵阵鸣叫声伴奏中渐渐入睡的。姨妈家大门外有一棵花椒树，又高又大，撑开了像把大伞。夏天我们常常在树荫下乘凉。旧社会经济条件差，老百姓生活十分简单，谈不上讲卫生。房子外面放粪缸。小河里洗衣服洗菜还刷马桶。夏天蚊蝇满处飞。我的脸上每年要生痱子、疖子，一痛就哭。姨妈不懂得请医生看，听人说用丝瓜汁擦擦会好，就用这种土法子给我治，当然也用些迷信办法治。我就在江南的农村里，在清苦的生活中一天天长大。

以前女孩子很小就许配人家，否则长大了难找男家，我也不例外。由姨妈做主，把我许配给镇上一个姓李的人家。那时我还只有四岁。“订婚”那天，只见有人提了大红灯笼，拿了礼品，到我姨妈家。姨妈热情地请他们吃团圆。我高兴得跑来跑去，喊大家来吃团圆，根本不知道这是在给我订婚。这门婚事一直持续到我参加革命。1941 年我从新四军回来探望父母，家里人告诉我，当我 16 岁离家去参加新四军后，男方曾几次来催我父亲要我回家完婚。有一次，据说是李家当伪镇长的亲戚带了枪来讨人逼婚。我父亲断然拒绝，并当场退回了聘礼六十银元。从此解除了束缚在我身上的封建婚姻。

在我 8 岁那年的春天，母亲去世了。那时我已有了两个弟弟：中民、中孚。母亲是在生第十个孩子后病死的，她才 43 岁。母亲一走，家里像倒了擎天柱，一大群孩子无人照料。为此我父亲在第二年就续了弦。我有了后母，回家时家中姐弟人多，在一起热闹好玩，我就离开了姨妈家回严家桥读书了。在小学里，我的成绩一直很好，每年都得第一名，还有奖品。那时我的大姐程银娥上大学了。她 12 岁就去苏州女子师范读书。我母亲受尽不识字的苦，决意把她送出去上学。上师范不要学费。后来大姐又上大学，她得到了奖学金，还得到同学的帮助。我二姐后来也要上高中。由于家庭经济困难，父亲不让她上。她是偷偷去考的。上学的钱是大姐设法和亲戚帮助的。轮到我要上初中了，家中自然无法负担。我心里想：一定要上中学，一定要读书。到报名时，我的毕业文凭不见了，是父母藏了起来。我就暗暗想办法。听说若无文凭，仍可以同等学历去报名。我就到姨妈家要到两块钱作路费，跟弟弟一起去江阴报考省立南菁中学。身上没钱，饭也不敢吃。到了江阴，姐弟二人只能买个大饼充饥。我们在江阴无亲无友，无处投宿，又没带席子，只能蜷缩在学校的棕床上坐了一夜，打了个瞌睡。苦归苦，但总算可以参加考试了。我格外努力，又有平时好的成绩做基础，轻轻松松地考完了初中入学考试。姐弟二人均被录取了。1936 年秋天开学，我们俩进了南菁中学。

参加“锡青”、“锡流”

一、参加“锡青”

1937年七七事变，抗日战争爆发。时局紧张，南菁中学停课。暑假后，我就跟我的二姐程桂芬（桂姐）到无锡城里小娄巷竞志女中借读。

这时，地处太湖之滨的无锡县广大青年学生、教师、职工及少数上层爱国人士纷纷投入抗日救亡运动。竞志女中读书的人越来越少。桂姐和她的同学严永洁、宋品珍等人也经常参加各种抗日救亡活动，时常开会，写宣传材料，学唱抗日歌曲。桂姐给我讲抗日救亡的道理，有时我也跟她们一起外出活动。后来学校课也不上了，我干脆参加了他们的组织“锡青”，一起开展活动，从此跨出了投身革命的第一步。那年我才15岁。

“锡青”是“无锡青年界抗敌后援会”的简称。是7月在“无锡学社”的基础上成立的。后援会的理事有李伯敏、陈佩三、钱秋苇（钱敏）、王祜照（王新）、宋犁夫、蔡翔云（女）、陈云霞（女）、许小轩、孙顺（女）等。李伯敏、陈佩兰、钱秋苇、王祜照、宋犁夫等是常务理事。他们领导无锡广大青年的抗日活动。此后，共产党方面派来了吴志明，建立了党组织。从此，我们“锡青”的工作就在党的领导下开展起来。在很短的时间内，团结了各阶层人士二百多人，利用各种形式，开展宣传组织工作。例如，通过职工业余学校对工人进行宣传教育。当时，有的学校已停课，许多大、中学生也纷纷参加“锡青”。大家以县中（解放后改为市八中）、锡师等校为活动场地，开大会，作演讲，练唱抗日歌曲，排演活报剧，然后再分别走上街头演出，把抗日气氛搞得轰轰烈烈。

这年秋天，敌机轰炸锡城。不少房子被炸毁，群众亦有伤亡。这时，伤兵从前线接连不断地撤下来，周新镇（即东绛）伤兵医院人手缺乏，“锡青”的同志纷纷投入救护工作。我们紧急学习了抢救、包扎、担架等基础护理知识，不少人去周新镇为伤兵服务，替他们换药，写家信，出墙报，教唱抗日歌曲……我们除了做好医院的服务工作外，每天还去附近的农村和集镇宣传。我们到河埒口等地演出《三江好》、《放下你的鞭子》、《对口山歌》等节目。当时流行的《义勇军进行曲》、《流亡三部曲》等救亡歌曲，我们几乎逢人必唱，逢会必唱。那生动感人的话剧表演，那高昂雄壮的歌声，激发了当地群众的抗日爱国之心。“锡青”中的共产党员及先进分子还向青年们传播抗日救亡及劳苦大众翻身求解放的真理。夜晚，大家在伤兵医院楼上轻轻地学唱《国际歌》，组织学习《大众哲学》。几位年长的同志如李伯敏、钱秋苇、王祜照、孙顺等奔忙于城乡之间，经常开会讨论局势，准备应变。10 月，日寇在浏河登陆。前线形势起了急剧变化，昆山附近的青阳港失守，沪宁线吃紧。11 月，昆山、苏州相继沦陷。国民党军队节节败退。我们在无锡城里不断听到隆隆的炮声。县长已经逃之夭夭，“锡青”怎么办？几个负责同志研究后决定全部撤离。

11 月 25 日，我们离开无锡，步行到锡西陆区桥集中。党组织安插在匡村中学当教师的孙克庭来到陆区桥，和李伯敏、钱秋苇、陈佩三、王祜照等会合，一起开会讨论今后行动计划。当时设想到宜兴、溧阳山区打游击，因为那里有大革命时的群众基础，有大刀会等民间组织，也有一部分革命的知识分子力量。会后，队伍就朝那个方向出发。在一片战乱中，我们“锡青”一行七八十人，身背简朴的行装，胸怀抗敌救国的大志，告别了亲爱的家乡——无锡。

二、从“锡青”到“锡流”

离开无锡后，日寇的小钢炮一直在我们后面轰鸣，敌机常在我们头上盘旋投掷炸弹，并用机枪疯狂扫射。沿途难民络绎不绝，他们扶老携幼，面容憔悴，神色仓惶。此时，国民党部队已溃不成军，遍地散兵游勇，拉夫抢劫。当时，我们“锡青”在撤退前，每人领到一件灰布棉背心和一块毛巾，有少量绒毯，几个人合用一条。还在“后援会”拿了一部分现款和金银首饰，以备全体队员途中生活之用。领导上怕仅有的钱物失散或遭败兵劫掠，就将金银首饰分给了几个女同志收藏。

在流亡途中，吃饭是个大问题。当时规定一天两餐，菜金三分，但因路过的村镇几乎空无人烟，粮菜极难买到，有时一天仅能吃上一餐。加上敌机频繁骚扰，我们往往只能以半生的粥饭糊口。实在买不到粮食，就弄点生萝卜、生山芋啃啃。晚上常找个破庙或学校，几个人合条毯子席地而睡。谈不上交通工具，我们搭乘小船渡过滆湖以后，就一直步行。

11 月初，到了溧阳的周城。“锡青”整顿了组织，开了次大会，宣布将团体名称改为“无锡抗日青年流亡服务团”（简称“锡流”）。这时，溧阳也有十多名青年加入“锡流”，他们当中有张之宜、陆平东、罗涵之等人。会上，选举孙克庭为团长，周秋野、钱秋苇、吴志明为副团长。下分三个队，队长有张其南（后用名薛永辉）、严文祥、李伯敏、包厚昌、王

1984 年，程兰芬与包厚昌亲切见面

祜照、张之宜。我当时被分在二队。这次大会很重要，不仅建立了组织机构，还确定了前进的方向——到江西南昌去找新四军。

三、向南昌进发

离开溧阳经东坝到达高淳县，在一个大庙里住了一夜。第二天步行到芜湖，当晚住进江苏会馆。这时，一部分同志提出要经武汉去参加八路军，而大部分同志仍主张去南昌参加新四军。随后，由周秋野、严文祥同志带领一部分人渡江去武汉，我随大队向南昌进发。

我们从芜湖出发，在江边码头正遇敌机狂轰滥炸。眼看着我们即将搭乘的一艘大轮船被炸沉，无奈只得沿江步行。刚离芜湖仅三里，又遇敌机低飞扫射。我们走走躲躲，到傍晚才在江边小镇三山集中。两个队的同志沿着长江经繁昌、铜陵，每天走 30 至 50 里路。每到一个地方就进行抗日宣传，唱歌曲、演节目，画漫画、写大标语，经常由包厚昌、戴汉泉同志带领大家唱歌演戏，邵钟同志则手提小桶，走到哪里画到哪里。一路上还遇到别处的抗日团体，他们也流亡在外，像上海的内地服务团队长许白天等五人，由于缺乏生活经费，遂参加了我们“锡流”。

后来，我们在铜陵县的大通，弄到了一条较大的木帆船。几十人乘上后，沿江逆流而上，大家轮流在江岸上拉纤。数九寒天，朔风凛冽，是够艰苦的。可是年轻人却有一腔热血，拉呀唱呀，那种乐观的劲头，早把疲劳和困苦抛到九霄云外去了。船到安庆，正好是中午，就在江边埋锅烧饭。可敌机又当头出现，子弹雨点般地射下来，还在大江两岸投掷炸弹。饭吃不成了，只能离开大城镇继续前进。木帆船将到九江，突然刮起大风。船在江心，水面宽阔，一时波涛汹涌，激起的浪花溅进舱内，我们的衣服被淋湿了。这时，领导上沉着地布置我们安坐舱内莫动，并在船家指点下，驶进港湾避了一夜。不久，风顺了，木船驾起风帆，又重新破浪前进了。

在那次大风浪中，到了吃饭时，大家仍端坐着不能动，每个人肚子都饿得咕咕地作响。没东西做饭菜，不知谁在安庆弄来几条咸鱼，就递给坐在船艄的同志，连汤带水煮了一锅，然后一碗一碗传给各人。大家多时未尝到鱼味了，吃得可香呢！因为人多，盛到后来鱼块不够了，前面分到的就让给后面没分到的。而在船艄上烧饭的同志自己却坚持喝鱼汤，还笑着说："营养都在汤里呐！"在"锡流"队伍里，数我最小，大家都照顾我，待我一偏头，不知谁把一块鱼放进了我的碗里。这些感人的情景，至今还萦回在脑际，令人难忘。

船抵九江，我们稍事休整，即改乘火车前赴南昌。战时乘火车是十分困难的，我们好不容易找到了一节铁皮车，四面没有窗户，只开了几个透气的小洞，但能让大家席地而坐就很满足了。在车上，孙克庭团长抓紧时间教大家学拉丁字母。车厢铁皮就是黑板，粉笔写上去黑白分明。我虽是个 15 岁的女孩，但大声朗读，起立答问，学习还挺认真呢！这为我后来进一步学习英语打下了基础。

经过长途跋涉和舟船劳顿，我们这个战斗集体终于到达有着光荣革命历史的名城——南昌。

四、参加新四军

到南昌的第二天，我们就在大街小巷进行抗日宣传。包厚昌、戴汉泉、邵钟、谢志诚、刘兆珍等同志经过一番奔波，联系到了剧场，我们登台演出了《重逢》等剧。"锡流"的出现，给沉寂的南昌城带来了一片生机，掀起了抗日宣传的热潮。当时的国民党报纸也用大幅标题报导了"锡流"的活动情况。当地一部分进步青年学生纷纷前来参加我们的团体，一起进行活动。

第三天，全国各界救国会领导人罗琼来到我们住处——江西中学，向我们作了抗日形势报告。孙晓邨、薛暮桥等同志也向我们作了关于抗日救亡运动的进展及苏联援助我们抗战情况的讲演。吴志明给我们讲了游击战争的战术。

这时，新四军驻南昌办事处的盛震叔同志也来和我们联系。他要我们好好休整，然后再安排我们参加新四军。当时决定一部分同志先到赣东铅山县石塘镇集中学习。另一部分同志（宿士平、傅一夫、郑求真、王豁、张士英、朱穆之等）由团长孙克庭带领去浙江工作。过了几天，我们又坐上火车离开南昌沿浙赣线向东行驶，没想到在东乡车站突然发生了爆炸翻车事件。

在我们前面的几节车厢里，坐满了国民党军队的官兵。我们曾派了一些同志去他们那里进行宣传，教抗日歌曲，很受欢迎。有几个营长积极主张抗日，想留我们在他们的车厢。我们的同志因要归队没有久留。不料我们的同志刚回到自己的车厢，忽然一声巨响，火车出轨，我们的车厢也翻倒在地。大家从车窗里爬出来，许多群众四散奔逃。起先大家都当是敌机轰炸，后来才知道是汉奸破坏。中间两节国民党军队乘坐的车厢已炸坏，伤亡不少。有些人脑浆迸出，血肉模糊。那位营长也被炸死了。幸好我们在后面，没有伤亡，便立即投入抢救。这样，路上又多耽误了一天。

我们到横峰车站下车，然后徒步行军到达铅山县。包厚昌、李伯敏、谢志诚等同志先去石塘联系。他们很快就回来带我们一起去该镇新四军政训班学习。

五、在石塘政训班

新四军政训班由黄道同志负责，他经常给我们作报告，讲革命道理，启发我们的阶级觉悟。

在政训班里，领导上对我们的生活照顾得很周到。当时我们都有过艰苦生活的思想准备，希望借以锻炼自己的革命意志。可领导上安排的是整齐清洁的住房，伙食标准也比一般战士高。1938年年初春节，部队战士仍吃大锅饭，而我们却菜肴满桌。过后，我们提意见，恳切要求以后要和战士一样待遇，领导上才采纳。

当时，正值第二次国共合作时期，“八省健儿汇成一条抗日的铁流”。我红军部队改编为新四军三支队的工作，是由谭震林同志领导进行的。要把红军改编为新四军是不易的。有些干部战士对脱下红军帽、拿下红五星帽徽，思想不通。有的掉了眼泪，有的“红小鬼”则放声大哭起来，也有些人发牢骚，说这是“右倾机会主义”，干脆把国民党的军帽掷在地上。这些同志确实吃够了国民党军队五次“围剿”的苦。有些同志认为同国民党合作抗日就是“投降”，不肯下山。党组织数次派人去做说服工作，有的人竟一去不复返了。为此，领导上布置政训班专门组织工作组，到附近村子里去宣传。因为群众中有红军家属，山上的同志要来拿粮食等生活必需品，这样便可通过家属劝导动员他们下山。我们还记得进行针对性宣传时，常唱的一首歌：

抗日的炮火响了，同志们下山来！
抗日的炮火红了，同志们下山来！
不要上了托派的当，分散我力量！
无产阶级要解放，先要民族得解放！

为了做好宣传工作，我们翻山越岭，走村串巷，见到许多居处深山丛林中的苦难妇女，一般十岁左右的女孩就已小脚伶仃。她们向我们诉说受剥削受压迫的苦和迫切要求获得解放的愿望。我们眼望着周围的山头，到处有十年内战、五次“围剿”时国民党构筑的碉堡，群众的房屋弹痕累累，百姓衣衫褴褛；另一方面，我们也看到经过教育的苏区（过去那里是我们的苏维埃区）人民政治觉悟非同一般，许多人进“列宁小学”读过书，不仅提高了文化水平，而且能讲一套革命理论，这使我们敬佩不已。

那时，虽说国共合作抗日，但国民党军队有的确实仍在搞我们，时有磨擦发生。有一次，国民党部队向我们进犯，领导上布置紧急集合，行军转移。我们由石塘经紫溪走向福建境内，如国民党继续进犯，我们打算搬到老苏区崇安一带开展斗争。那里有雄伟的武夷山脉，岗峦起伏，可作天然屏障，更有深厚的群众基础，到那里就什么都不怕了。

六、奔向广阔的战场

学习结束后，我们被分配到各地工作。一部分人去部队；一部分人去福建，他们是顾风、陆晋修、杨兰珍、沙仲虎等；我和大部分人留在江西，到赣东各县做抗日救亡工作。我们先到铅山县，后到弋阳县。在弋阳，钱敏、陈野萍介绍一部分同志参加了“抗日民族解放先锋队”(简称“民先”)，后又发展了一部分同志入党。以后又分配殷梅倩（殷倩）等同志去上饶，在“妇女运动指导处”工作。我和戴汉泉、孙贻禄、张君实等去上饶浔饶师管区的“同乐会”工作。我以后又从上饶调到景德镇，在“难童教养所”工作，成立了孩子剧团，归孙章禄同志领导。

无锡流亡到江西去的同志，在党的领导下，前后坚持了三年多时间，利用各种形式开展工作，同敌伪顽进行斗争，因此，“锡流”的同志大都成了国民党第三战区通缉、追捕的对象。在上饶工作的同志，不少被关进了上饶集中营。景德镇的党组织也遭到破坏。在这种情况下，我们很难立足下去了，即由组织决定，先后撤到了皖南新四军军部，分配到党政军各个部门去继续开展新的战斗。“锡流”这一抗日青年团体，在完成她的历史使命之后，宣告结束。

到铅山

在石塘学习后，我们由政训班领导分配去各地开展抗日救亡工作。我跟大部分人留下来，在1938年初先去了铅山县。

铅山是赣东北靠近福建的一个县，地处偏僻，交通闭塞，县城只像我们无锡的市镇一样大，经济并不繁荣。但政治上它是我们反对国民党五次反共围剿的前哨，也是我们红色根据地——中央苏区的边缘城镇。

我们集体住在孔庙里。这是铅山最大的建筑。前后三造，周围有红色大围墙，进门有个池塘，小桥流水，景色宜人。我们只求有个安身之处，只想早日打退日本鬼子，打回老家去，无心欣赏这里的景色。我们二三十人，男同志住在西边屋内，女同志住在东边屋内，都用稻草打地铺。陈野萍和华丽、徐明和赵勇两对夫妻另外住。后面的大殿是大家工作和活动的地方。弄些纸、笔、墨、颜料，画漫画、写标语、出壁报。供孔夫子的案桌就是我们的办公桌。有时男同志就当床睡。开会就到宿舍里坐在地铺上各人的被窝里。生活比较艰苦，反正大锅饭吃饱肚子就行了。县政府也不给我们多少经费，每人每月拿几毛钱零花钱，一发下来大家就去"改善生活"。那就是晚上吃一碗打着竹板穿街走巷叫卖的小馄饨，或者到小店去尝一下米粉汤面。这是当时最好的享受了。到现在我还记得那小馄饨里辣椒粉的香味和汤粉中香菇和香菜的鲜味呢！

我们由于每天东奔西走，爬山走路，下乡工作，白天赶路时汗流浃背，晚上钻到稻草中就躺一夜，长期没澡洗，大家身上均抓痒，我满身抓得疙疙瘩瘩。一天我们队长号召大家整理内务，做清洁工作，洗洗晒晒，我也把被子拿出去晒。谁知经太阳一晒，我的被子上爬出来许多小虫，我害怕得叫起来。包厚昌同志看到了，大笑起来，说："小鬼，你被子上爬满白虱了。"我有生以来还是第一次看到白虱。我的衬衣、毛衣里也钻进了白虱，还生了虮，真吓人。这些虱子，天天在吃我的血。我觉得没办法，干脆就把衣服丢了。后来殷梅倩等大姐来帮我消灭白虱，她们说："怎么能丢衣服呢，今后不要穿了？只要用开水泡一下白虱就死了。"实际上当时大家都生白虱，我年龄小不懂事罢了。这件事后来成了大家的笑话，直到解放后包厚昌同志看到我就要说："小兰，你那时连白虱也不识啊！"因战争环境条件恶劣，人人都生白虱，大家都叫它"革命虫"。

在铅山，我们在城里的工作不多，因为那里的县长不欢迎我们，怕我们这些年轻人"左"。我们就下乡，到山区去宣传抗日。动员青年当兵，向妇女宣传翻身求解放道理，教她们识字学文化，动员她们不裹小脚，要参加劳动，只有经济上求得独立，才能逐步求得解放。我们吃饭付钱。群众欢迎我们去，他们觉得好像红军的宣传队来了。可是，县政府的头儿怀

1996年10月12日，程兰芬在无锡市锡山区纪念长征胜利60周年大会上讲话

疑我们，不让我们下乡，分配我们干别的事。我和桂姐、杨兰珍就办了个保丁小学，教学生识字做游戏。由于我们太认真积极了，县政府一直怀疑我们，给我们设置了种种障碍，用减少生活费来压我们。我们在那里仅仅工作了两个多月，实在待不下去了，只能开辟新的战场。

在弋阳

1938 年春，我们转移到弋阳。弋阳是浙赣线上的一个县城，交通方便，虽不及我们江苏的城镇繁荣，但比铅山好多了。街道也热闹些。最大的区别是县政府似乎开明多了，对我们前去表示欢迎。县长姓张，他有两个女儿都是中学生，对抗日工作也十分热心。铅山县长是反共老手，县政府冷冰冰、阴森森，县衙门有荷枪实弹的卫兵把守着，我们都不愿意进去。而弋阳县政府我们可任意进出。严永洁、徐明等同志负责做上层工作，所以经常去找县长太太和他们的两个女儿。有几次我也跟了去，县长说，你们这些流亡学生离开家来这里，我们要关心支持你们。我同他家两个女儿谈谈天，唱唱抗日歌曲，感到很投机。后来两个女儿也出来同我们一起工作。在弋阳期间我们集中的人最多。有陈野萍、嵇仲虎、钱敏、张祖尧、戴汉泉、李侍、李英、严永洁、桂姐、殷梅倩、姚品华、嵇勉、张村农、俞耀庭、朱承煦、洪品高、杨兰珍，还有东北来的王重实、辛翼夫妇，还有妇女生活指导处的柯永仙、李玉娟、徐品芳等人。在食堂一起吃饭，很热闹。那时，领导上派朱承煦去县政府当科长，嵇仲虎去中学教书，他们有文化会交际。桂姐等去妇女生活指导处。我就留在服务团做抗日宣传工作。我们都有了合法身份，吃饭也不成问题了。

我们在市中心搞了个救亡活动室，类似俱乐部，很受群众欢迎。上面还有两间楼房，我和钱浩元等几个小青年在那里秘密填了参加“抗日民族解放先锋队”的志愿书，加入了“民先”这个革命群众组织。后来人多了，我们又搬到一座仓库的楼上去住。

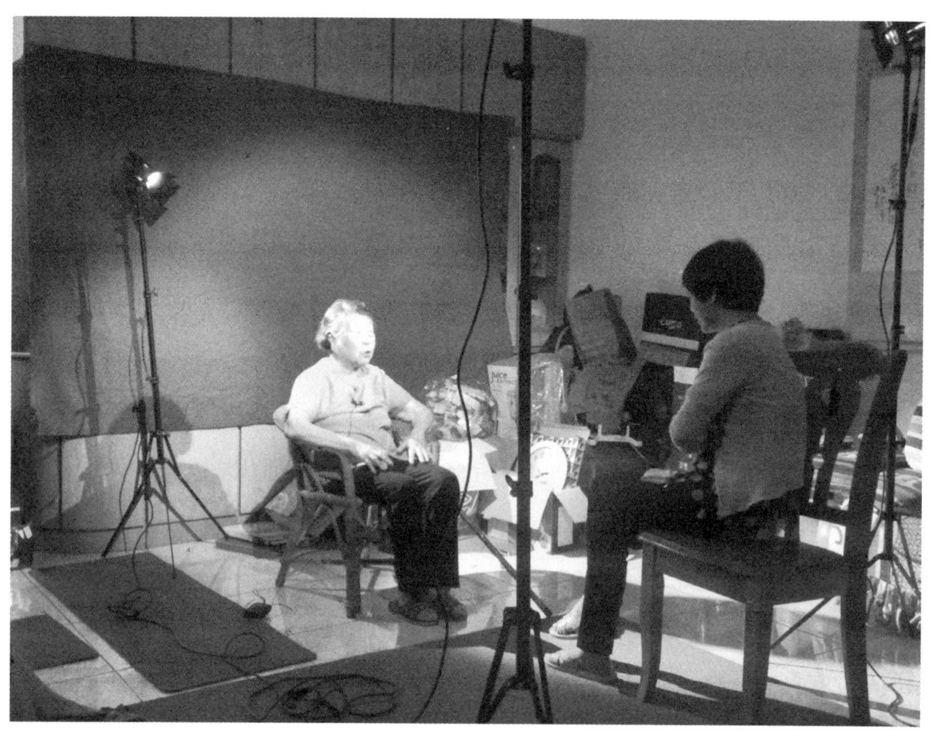

2012 年 7 月 2 日，程兰芬在家中接受安徽卫视记者采访

市中心的救亡活动室实际上也是我们的办公室。经常有小朱（朱承煦弟弟朱承杰）画漫画、写标语。大家办了壁报，还向许多来活动的群众宣传抗日意义，教唱救亡歌曲，还上街宣传。我年纪小，不怕羞，遇到集市人多，常站到桌子上，甚至卖肉的墩头上去演讲，或拉开嗓子唱一曲《松花江上》、《打回老家去》等歌曲。有时，几个人在大操场演活报剧《放下你的鞭子》等节目，把一个死气沉沉的小县城搞得热气腾腾。在弋阳，我们举行了一次规模较大的纪念抗日战争一周年的活动，以进一步激发群众抗日热情，动员全民抗战。我们赶着排戏，练歌，编写各种宣传材料、漫画、标语口号。白天我们整队上街，高举横幅标语，手拿小旗，雄赳赳气昂昂地唱歌游行。学生也被动员出来，歌声此起彼伏，口号声一浪高一浪。下午在大操场开大会，先请县长讲话，并有各界人士上台讲话。给我印象最深的是一个农村妇女，她裹着一双小脚，可讲话自然大方，精干泼辣。虽然没有什么文化，却出口成章，讲得头头是道，干净利落。她讲了

妇女解放和民族解放的关系，号召妇女同胞参加抗日救国工作。她的讲话博得全场热烈掌声，也使我佩服得五体投地。我简直不敢相信一个深山老林中的农村妇女怎么会懂得这些道理，怎么能脱口讲得如此动人。后来几个老大哥对我说，这就是过去“苏区”的妇女，是党培养出来的。我这才恍然大悟，并对党有了进一步认识，觉得我们党是伟大的，是领导人民解放的救星。晚上，我们在操场上演出，动员了远近群众前去看戏，盛况空前。我参加了三个节目，一是服务团的大合唱，唱了《救亡进行曲》、《亡国奴当不得》、《打回老家去》、《大刀进行曲》等；二是我和戴汉泉合唱了《流亡三部曲》，我唱呀唱的激动得淌下了眼泪。我想到国难深重，自己也流浪在外，什么时候能够回到老家。我无数次地演《放下你的鞭子》，每次唱到“高粱叶子青又青，中国各地来了日本兵……”我也会情不自禁的流泪，满含着热泪演完那戏。三是那天晚上我们还演出了《八百壮士》。我扮演女学生杨惠敏冲过敌人封锁的苏州河，到四行仓库楼上向驻军谢晋元团长献上中国国旗，表达了全国人民对抗日军队的支持和热爱，当国旗飘扬在四行仓库楼顶时，全场掌声雷动，“打倒日本帝国主义”的口号声像怒潮汹涌响彻夜空。我又一次深深感受到爱国主义教育。中国人民站起来了，中国人民是不会屈服的。

我们的工作，主要还是在广大农村。农民是我们的基本群众。只有把广大农民动员起来，才能更好的支援前方。我们经常去周围村庄活动，除了搞一般宣传活动外，我们还办了识字班，通过学文化进行抗日形势教育。还搞些调查研究，了解群众的生产、生活及思想情况，以便今后有的放矢的工作。我们先后去过樟树墩、汪二度、葛源、漆工镇等地。

樟树墩一带崇山峻岭，大树参天，人到那里像永远走不出来似的。生活在大山沟里的群众对外面的事什么也不知道，思想闭塞，生活困苦。我们去工作，他们还有顾虑。可能是五次“围剿”造成的恶果，群众害怕，加上我们又是外地人，很难取信于他们。

漆工镇是方志敏烈士的老家，有着光荣的革命传统，是大家仰慕的地方。漆工镇属葛源区，离弋阳远些。我们先到葛源，吃了饭再一起步行前去。一路上尽是红土小山丘，乱石满地，坑坑洼洼不好走，但不是深山密林。漆工镇在一个小山坡上，没有几户人家，有几家小店铺，卖些日用杂货，油盐酱醋，烟酒草纸火柴之类。在国民党五次“围剿”中，群众房子全被烧毁了，破坏严重。农民的房子全是用竹子搭起来的，上面盖些茅草，简陋极了。漆工镇同樟树墩完全不一样，毕竟是老革命根据地，方志敏烈士的故乡，政治气氛绝然不同。我到一个妇女家，进门一眼就看到方志敏烈士披着大衣的遗像端端正正放在堂屋里。那妇女好像叫陈翠花。我问她：“你怎么把方志敏烈士像供奉起来呢?”她很爽快的回答说：“方志敏同志过去是我们的领导人，他为革命牺牲了，我们穷人怎能不纪念他呢?我们这里家家户户都挂他的像。”我说：“区里、乡里政府不干涉吗?”她轻轻对我说：“他们来检查我们就藏起来，他们走后我们又拿出来。大家这样，他们也没办法。”她还对我讲，现在不是国共合作吗，只要他们真正抗日，我们也拥护。我真佩服这些老区妇女，政治觉悟高，懂得许多国家大事，还懂得策略，掌握斗争方法，使我这个初出茅庐的女孩子大开眼界，望尘莫及啊！我让她组织妇女上识字班，她告诉我过去这里许多妇女上“列宁小学”，后来红军走了也就停了。她拿出一只标有“列小”字样的畚箕给我看，说这个是她留作纪念的。

看到方志敏同志的遗像，使我想起了方志敏同志爱人缪敏同志。那是我在石塘新四军政训班学习时，一次去医务室看病时遇到的。她年纪很轻，不到30岁。她同黄道同志爱人一样是被红军解放出来的劳动妇女。不再裹小脚，剪了短发，现在已都是红军中的女干部了。黄道同志爱人对人热情，是个很会做群众工作、能说会道性格开朗的女同志，缪敏同志温文尔雅，是个沉着恬静的女性。那天她因儿子病了去医务室打针，不料一个针头断在屁股肌肉里。当时惊动了许多人，大家为孩子担心，因为这是烈士遗孤啊！后来送医院开刀拿了出来。我就在那次认识了缪敏同志。

葛源是区政府所在地，我们常去，但不搞大呼隆的宣传了，而是做些动员生产、征兵等工作。区政府往来人员也不少，吃饭时厨房里忙得应接不暇。江西的习惯大米饭是蒸了吃的，米汤给猪吃。我喜欢吃这种饭，一粒粒松软可口。我还喜欢吃辣椒，这是到了江西才学会的。辣椒炒茄子是十分鲜美可口的，有一种原始的香味。直到现在我自己做过几次，可就是再也吃不到那种味道了。

弋阳有个风景优美的名胜区，那就是圭峰。大家向往着很想去领略一下，倒不是那里山水诱人，而是听说山里有一条深沟，可以通往很远很远的山脉。过去红军打游击，曾利用该条秘密通道掩护过许多战友。另外，还有一个很大的回声崖。只要你对大山喊一声，对面可以同样回答你。来回叫喊可持续许多时候。再有，听说那里有个庙，里边有许多不平凡的和尚。这些都蒙上了一层神秘的色彩。后来，我们经县政府出了介绍信，到那里去了。

圭峰果然名不虚传，风景优美，环境宜人，空气清新，静静的山林，树木郁郁葱葱。奇峰异石遍布各处，有的似飞禽走兽，有的似钟乳石笋，琳琅满目，美不胜收。豁然间出现了几幢小洋楼，听说这是国民党官员夏天避暑所建的别墅，我们这些流亡学生围着华丽舒适的洋楼转了几圈，感慨万千。

到了回声崖，我们这些人处在了一片欢笑声中。爆竹声、喊声、歌声不断送往对面山崖，它就毫不间断的回应你，此起彼伏，接踵而来，有趣极了。我们这些生长在江南平原的人第一次领略到这山区风光。

接着，我们急切地寻找到那条神秘的深沟。经几位本地同志指点，我们来到那沟边。那沟壑初看貌不惊人，同一般山沟一样，并不奇特。走近一看，杂草丛生，沟底乱石堆积。既然来了，总得探个究竟。我拿了根竹竿走近，拨开两旁杂草小树向里窥看，只见一条深深小沟看不到头。我低头再向前走去，上面的同志喊住我：“别走进去了，当心长虫。”我最怕蛇，只能走了出来。其实，同志们谁不想去悟出个其中奥妙。年长的男同志也探着头弯了腰走进去看呀看的，可是走不多长被许多大石头挡住去路无法前进。再进去，洞就在前面大山底下了。那洞是通过那几座大山的。大家带着回味无穷的思绪设想着当年红军战士游击健儿们钻山沟露野营以神奇骁勇迎战顽敌的可贵精神。我们只能在上面走过去，默默的离开那里。

吃中饭时到了山间的庙里，因为我们有政府介绍信，有向导引路，他们早有了准备。也许国民党政府不信任我们，派人监视我们。这个我们不在乎，若无其事的到了和尚庙。那是什么庙啊！打扫得干干净净，窗明几净，一尘不染。庙里也没那些吓人的泥塑凶刹，倒像到了尼姑庵。接待我们的和尚也不像穷庙香火，而是衣冠端正，彬彬有礼。他们给我们每人送来香茗一杯，因为这是高山清泉自摘明前茶所煮，喝来清香津润，喝过齿洁留香，醒脑提神。品尝了深山中寺庙泉茶，真谓胜过玉液琼浆，同现在用自来水或河水所煮茶水，真有天壤之别。二桌素饭，别具一格，新鲜青菜和韭菜，山上竹林里的鲜笋炒木耳，清炒野蘑菇，还有精致的豆腐衣、豆制品等好菜，却是我们生平第一回品尝到的美味素斋，决非鸡鸭鱼肉那混浊腥油的菜肴所能媲美的。饭后，我们到庭院中漫步，到后造生活区见到了和尚的宿舍。二人一间房，板床白蚊帐，齐齐整整，方桌凳子有条不紊，桌上放了书籍报纸，还有地图等，真想不到和尚也关心国家大事。有几个年轻和尚还学文化，有历史地理知识书籍，甚至还有原版英语读物。拿起一看，竟是《天方夜谭》（即《一千零一夜》）。啊！真不简单，怎么还有如此文化水平的和尚呢？经了解，那位和尚是因受了刺激，看破红尘而出家的。但他毕竟十分年轻，怪不得见到我们大家有说有讲，愿意接近我们。他很羡慕我们，我们那些男同志们后来还动员他出来抗日呢，但谈何容易，我们都十分惋惜。

在弋阳，还有一件事使我难忘的，那就是一位苏联飞行员为支援我国抗日战争而牺牲。

1938 年夏，武汉失守前方吃紧的时候，沿浙赣线的弋阳也人心惶惶。有一天，突然来了一架飞机，在天空盘旋了几下就冲下来，栽在农田里。原来是一架苏联飞机降落在郊外。听说是苏联飞机，我们几个年轻人就跟着老乡往出事地点去。我们知道苏联是帮助我们抗战的，我们国家没有多少飞机，因此苏联为支援我们抗日而派来了空军。记得我们刚到南昌，经常看到苏联飞机在天空飞行。晚上，每当听到敌机来犯，就能很快看到苏联飞机起飞迎击，夜间空战常吸引我们观看。

我们飞也似地奔到现场，看到在一个小山村的农田里，一架飞机半截陷了下去。飞行员一个已经牺牲，他的身子埋在泥土中。两个负伤，一个头部有些伤，另一个鼻子受伤，手也受了伤，经过包扎已无大碍。当地农民把已牺牲的同志挖出来，给他清洗后抬走。我们请两个负伤的同志到老乡家休息、吃茶。见了苏联同志像见到了亲人，心里说不出的激动、高兴。男同志们上前同他们拥抱，我们同他们热烈握手。可是语言不通，用什么能沟通呢？我们带他们到山村去走走，告诉他们这里过去是“苏维埃区”。他们似懂非懂地点点头。我们的洪品高会些俄语，对他们说“达伐列希”（同志）、“普鲁列塔利耶”（无产阶级）。他们听了，举手高兴地大笑。后来我们唱《伏尔加船夫曲》。最后唱《国际歌》，这才找到了共同语言。他们和我们几个人手挽手、肩靠肩围在一起高声唱起来。请他们吃饭了，可他们不会用中国的筷子。我们教他们怎么使用，那种别扭样惹得大家好笑了一场，后来改用汤匙才打破了吃饭的“僵局”。

为了悼念死难的外国同志，我们在县城开了追悼会，和遗体告别。牺牲的苏联同志穿戴了中国的纺绸衫裤，外加一件白绸长衫，脚上穿了一双中国的黑布鞋。遗体安放在棺材内。两位苏联同志在遗体前默哀。他们轻轻地对死去的同志讲了些话。我们大家高呼“打倒日本帝国主义”的口号。我看了心里非常难过，想到一个年轻轻的同志为了支援我们打败日本侵略者，牺牲在异国土地上，他们的父母妻儿该多么痛心！我为他的牺牲而伤心落泪，对他的无私无畏精神、高尚品德、崇高的国际主义精神非常敬佩，我幼稚的心灵又增加了一分对敌人的仇恨，我发誓要为死难的同志报仇，不把日寇赶出中国决不罢休！

入 党

对共产党的认识，我是从一无所知到逐步接受进而敬仰，最后在党直接引导教育培养下，成长为一名共产主义战士的。

当我还是一个不懂事的孩子时，我大姐程银娥，她经常带一些进步的文艺小说给我们看，如鲁迅翻译的《表》、张天翼著的《大林和小林》等。早些时候我大姐还藏在家中书橱内有不少《语丝》杂志。桂姐告诉我，这些都是进步书，不好借给人家看的。我小学快毕业那年，还看到了苏联小说《铁流》、《静静的顿河》，巴金的《家》，老舍的《骆驼祥子》。我家里的书不少，《聊斋》、《石头记》（《红楼梦》），还有《三国演义》、《水浒传》等等，我也都看了。我叫我继母娘娘，她虽只读过一年书，但靠自学读了点古典文学。甚至还能背诵《红楼梦》中黛玉的《葬花词》。她常拿这些书看，还经常喜欢讲给人家听。由于文化知识读物的传布，使我们家庭中有了接受进步思想的条件和氛围，也能慢慢地分辨出好与坏、美与丑。加上我大姐有时带些同学回家，听他们谈论些革命理论，也讲到国民党与红军的事。从他们的议论中我初步了解到国民党打红军是不好的，红军是帮助穷人的。西安事变时，我大姐突然约了些同学回到家里，听说学校监视进步同学，他们把许多进步书籍藏到乡下来。我祖母还跟着市民说，“不得了，蒋介石被共产党抓起来了”，当即被我大姐批评。我印象中就开始懂得国民党不抵抗只打红军是不对的。当时，学校黑板上“一周时事”写的“× 月 × 日红军被围，打死 × × 人，朱毛落荒而逃……”我看了心里总认为这不是真的。另外，我看了苏联小说及一些进步读物，知道苏联是共产党领导的国家，他们革命胜利了，人民得到自由幸福。

“一・二八”事变后，桂姐在苏州高中参加了反对日本侵略的示威游行。这种正义行为遭到当局反对，桂姐被学校开除回家。还有我大姐读过书的劳动大学，也因为学生要求进步，要求抗日而被国民党政府查封了。国民党说他们是共产党，就开除、逮捕。这一切在我脑海中留下了深刻的印象。

抗战爆发后，我在竞志女中借读。我参加了“锡青”，同桂姐、严永洁等人一起搞抗日救亡宣传活动。这期间，我见到那些年长的同志经常秘密开会，我就知道有些人可能是共产党员了。听说顾风到过苏联，那肯定是党员了，还有钱敏、李伯敏、孙克庭等领导，大概都是共产党员，所以我一直很尊敬他们。在周新镇伤兵医院，我们躲在楼上宿舍里偷偷学唱《国际歌》，邵钟和戴汉泉的嗓子那么响亮，忘乎所以，结果受到严永洁批评。她说，怎么能如此大声唱呢？给国民党知道就不得了，弄得不好会把我们当赤色分子抓去的。我想我们这些大哥哥大姐姐们都相信共产党的，我一定跟他们走。

无锡沦陷前，我跟着“锡流”一直流亡到江西南昌，与新四军南昌办事处取得了联系，后来我们就去了赣东北铅山县石塘镇，到新四军政训班学习，这下我们才正式参加了新四军。在政训班，党对我们进行了一系列教育，武装了头脑，使我对党对中国革命在理论上有了新的认识，同时又亲眼见到了可敬的红军队伍，并看到了红军改编成新四军时的动人事例，以及广大群众对红军的信任爱戴。我对党有了更深的印象和好感，心想，中国共产党是伟大的，确实是中国人民的大救星。后来在铅山、弋阳等地工作时，见到几位年长的同志单独去开会，听说他们是党员，我真羡慕佩服他们，我常想，我也能入党就好了，可我能行吗？总之我要努力争取。

记得在石塘学习时，王道同志给我们上课时讲，党要团结各阶层人士抗日，要扩大抗日民族统一战线，还讲，党欢迎知识分子入党，党的大门是敞开的。一次，背地里听说钱敏同志作为党代表要去延安参加会议，我们都十分高兴，感觉我们流亡青年中有党代表是光荣的，盼望他早日回来谈谈延安老解放区的情况。后来还看到陈野萍、严永洁、朱承煦等同志去南昌，我和桂姐、小杨几个人坐在一起，猜测着他们是去入党了，他们都去入党了，我们怎么办？好像国民党政府都把我们当作共产党了，在铅山、弋阳都有人监视我们，但实际上我们还差得远呢。赵勇和徐明是上海来的工人，朴实老练，我们估计他们是党员了。他们二人来做我们工作，讲入党条件，问我们想不想入党，鼓励我们不要泄气，好好工作，努力学习，还要有远大理想，条件成熟党会找我们的。我听了非常高兴，暗下决心，服从分配，加强纪律性，不怕任何困苦，不怕牺牲，向大哥哥大姐姐们学习，争取早日入党。

有一次，我们下乡工作，在回来的路上，陈野萍同志问我许多问题，问我共产党好不好，为什么好？我说共产党当然好，现在她领导我们反对日本侵略，主张抗日，不妥协，将来还要消灭剥削和压迫，解放全人类，她为穷人办事，老百姓拥护她。他问我，你想不想参加共产党。我说，我们许多人都想入党，党不会要我的。他笑着对我说："小鬼，你现在不就是在党领导下工作吗？哪有党不要你的？只要你创造条件，真诚地去争取入党，而且入党后还要终身为共产主义事业奋斗，那党会欢迎你的。"他一路上同我谈了许多党的基本知识，教育鼓励我。我心里异常兴奋，好像在黑暗中见到了光明，我要朝着光明奔去。

一天，小严到我们住的仓库楼上，叫我今天不要出去，她要找我谈话。我心想也许分配我什么任务，或者要调动我的工作？可是她却开门见山地告诉我说，党组织决定让她同我谈话，主要是关于我的入党问题。她说："经过上次陈野萍同志找你谈话后，党组织开会研究了你的入党问题。大家认为你年龄虽小，但参加革命后表现很好，不论学习上工作上都有很大进步，思想觉悟也提高了许多，你能舍弃家庭跟'锡流'出来投奔革命，就是一个明显表现。尤其在石塘、铅山、弋阳这段时间里，你能吃苦耐劳，过艰苦的生活，而且表现得相当勇敢，深入崇山峻岭，住到敌人碉堡里去，还到处向群众宣传党的政策。这许多成绩大家都是肯定的。说明你经过了各种考验，因此一致同意你加入中国共产党。"我听了很高兴很激动，只觉得心在"砰砰"直跳，难道我真的能入党了吗？我已经不知道说什么好了，情不自禁涌出了热泪。小严要我填写志愿书，那是几个简单的栏目，因是秘党环境，也没有现成的表格。我照她的指点，一个人坐下来静静地写姓名、年龄、为什么要加入共产党等，写好后又偷偷交给小严。

大约在7月底，小严又来找我，她笑嘻嘻地拍拍我的肩膀说："组织上已批准你为中国共产党党员了，从现在起你就是我们的同志了，祝贺你啊！""同志"这两个字是多么庄严，多么亲切，也是十分光荣和值得骄傲的。它是来之不易难能可贵的，是多少人向往和追求的啊，我当无限珍惜爱护它。我在严永洁同志的再次教育下向她表示，我一定听党话，永远跟党走，并向老同志们学习。我很想把这个消息告诉桂姐，但这是党的纪律不允许的。我后来看到桂姐老是兴高采烈的，估计她也入党了。一天，她来告诉我说："我入党了。"我说："这是党的纪律，不能对任何人讲的。"她傻乎乎地对我笑了，我们都非常高兴。

到了秋天，有一天下午，小严来通知我到一个指定的地点去。我如期去了，只见陈野萍等同志忙着在布置会场。这是一间破旧的瓦屋，门窗也不全，地点在靠近城墙那边。我进去后默不作声，深怕被人发觉。窗户用一块破布遮住了，墙壁上挂了块红布，上面有用黄纸剪的镰刀斧头。到的还有俞耀庭、张君实、桂姐等人。我们在党旗下举行入党宣誓仪式。领导我们宣誓的是嵇仲虎（李广）。陈野萍同志讲了话，严永洁也在旁边，他们都是老党员了。宣誓时我激动得心直跳，紧握拳头向党表了决心，到现在记得最清楚的也是永远忘不了的誓言是：不怕牺牲，永不叛党，为共产主义事业奋斗终身。庄严肃穆的仪式对我们新党员来说是一生只有一次的党性教育，它让我铭记着这一天——从此我就是共产党的人了，我会把我的一切交给党，为人类解放事业革命到底。

在 上 饶

我离开弋阳，调到了上饶。上饶，完全不同于弋阳等地的县城，它是国民党第三战区首脑机关所在地，因此，它当时也是苏浙皖赣闽诸省的政治中心和军事中心。在上饶云集着各方面的军政人员。马路上到处是穿军服的人。要员们坐着小汽车东奔西驰。市场相当繁荣。各地的人正朝上饶涌去。我们一批无锡青年也先后到那里找到了工作。一部分年长些的女同志仍去妇女生活指导处工作，爱好文艺的到了国民党三战区演剧九队、政工五队等单位，我跟着孙顺、戴汉泉等同志到上饶浔饶师管区工作。我们这些共产党员，在各单位建立了党小组，属上饶特别支部，直接受赣东工委领导。党交给我们的任务是一切为了抗日，把各方面的力量动员起来为前线服务；做好统一战线工作，用合法身份同国民党合作，公开以无锡流亡学生的名义出现，不能暴露政治面目。我们在上饶可以说是到了国民党的虎口里，时时存在危险，一不小心就会遭遇不测。国民党表面上说国共合作，但实际上它手下有许多特务，处处注意着人们的行动。他们随时随地可以抓人。最阴险的是他们决不说抓共产党，而是说抓汉奸以欺骗广大群众。

浔饶师管区的司令部就在第三战区长官司令部的旁边，可说是近在咫尺。司令叫王禄丰。我们去了十多个人，他表示欢迎我们去共同抗日。他给我们的任务是要我们做士兵工作，开展些文化娱乐活动。师管区主要任务是接送和训练新兵，新兵经过训练后送去前方打仗。新兵素质的好坏直接影响到部队的战斗力、关系到战争的胜败，而在当时师管区各团的新兵几乎每天要开小差，少则数十人，多则上百人，很不稳定。为此，我们意识到这一工作的重要性。经司令部同意，我们搞了个“同乐会”，进行活动。

“同乐会”设在上饶体育场旁边，原来是一座宽敞的住宅，周围有围墙围着。我们把前面的空地搞了个球场，中间有十间活动室，其中辟象棋、乒乓、图书、绘画、乐器、歌咏、戏剧等，还设有代写书信的服务室，很受士兵欢迎。新兵一般在上午进行军事训练，下午就到“同乐会”活动。他们精神上有了依托，不再感到当兵寂寞无聊，也不再迷恋于打牌赌博。通过同他们接触，我们掌握到士兵的思想状况。尤其是代写书信室，经常挤得水泄不通。士兵们有的写信给父母姐妹，有的写信给妻子儿女，有些人在诉说家事时竟动情到失声痛哭。我们就有针对性地安慰他们，教育他们，讲抗日战争的重要，民族解放和家庭的关系，不能当亡国奴及当了亡国奴的痛苦。我们晓以利害，明以大义，使他们懂得许多过去没人对他们讲的道理，当兵也就安心了。有些人担心家中田地没人种，我们告诉他们后方有代耕队，并代他们写信给当地保甲长。代写书信，对巩固新兵部队起了很大的作用。同时，也使我们同士兵之间建立了感情，沟通了思想，更便于今后有的放矢地向他们进行教育。我们还抽时间下团和连队去活动，教唱抗日歌曲。抗战时期的歌声能起相当大的作用。一曲歌可以催人泪下，可以振奋人心，激励斗志。讲故事讲时事的形式更能起到教育作用。

我们工作了两个多月，收到了明显的效果。开小差的数量大大减少，有的连队已没有人开小差了。“同乐会”引起了周围的注意，经常有不三不四的人来我们那里转悠，观察我们的一举一动。司令王禄丰，是个顽固派。他是笑面虎，表面上对我们表示满意，找我们谈话，赞扬我们的工作。有一次晚上还请我们吃饭。我们知道必有蹊跷，事先党内开会做了安排，不管遇到什么情况，决不暴露政治面目。

有一次，敌机来空袭，王禄丰坐小轿车去郊外山头底下的防空洞躲避。轿车从我们门前开过，他把我叫上了车直开野外。我生平第一次坐上那样舒适的小车。小车飞似的奔驰，我的心也忐忑不安地直跳起来。我疑虑重重，不知司令葫芦里卖的什么药。到了防空洞里，司令问我的家庭情况，还问我其他一些同志的情况，问我平时看些什么书，政治信仰是什么。我暗暗思忖：原来你是来摸底的，你别看我年纪小，可我是受过党教育的。我胸有成竹、守口如瓶、滴水不漏，心想：你休想从我嘴里探出什么来！我说："我们流亡出来只想有口饭吃，等打走鬼子后回家去好继续读书。"他也曾叫我们几个负责人去谈话，甚至要我们参加他们的党团组织，都被我们婉言拒绝了。

后来，突然来了位当地的漂亮女青年，也来和我们一起工作。明明是上饶人，她却说浙江人。她住到我们女宿舍里来，平时表现得同我们很亲热，经常打听这样那样。最讨厌的是还偷翻我们床头桌子上的书本等东西，而且还同负责我们工作的那位男同志去谈恋爱。有时她还走出去半天不见人影。这引起了我们的注意，就开会研究，估计这是派来的女特务，必须提高警惕。事实上这已经晚了，我们年轻幼稚，不小心的地方很多。有些同志把进步书籍乱放，《论持久战》也拿出来看，麻痹大意，讲话也不留心，总有蛛丝马迹给她抓去，事情也就暴露了。

因工作需要，我在1938年冬调离上饶到景德镇去了。后来白色恐怖笼罩上饶，留在那里的一些同志不幸被捕关进了上饶集中营。有的同志在赤石暴动时逃出了虎口，有的则英勇牺牲了。

去景德镇

景德镇是全国有名的瓷都，家家户户都以做瓷器餬口。我到景德镇后，先住在一个地方党员同志家，后来住到一个瓷器工人家里。同领导同志孙章禄夫妇住在一起，秘密地隐蔽下来。以后组织上把我安排到难童教养院工作，我就以难童的身份生活在孩子中间。这些孩子大部分是江苏的流浪儿，有徐州、镇江等地的难童，战争使他们家破人亡，流离失所。他们中间最大的只有十四五岁，小的才十岁左右，再小一点的就被收容到保教部门去了。这些孩子个个面黄肌瘦，衣衫褴褛，看到我们几个大哥大姐去了，又都是江苏人，所以都兴奋雀跃，纷纷来向我们诉苦。

难童教养院的孩子确实很苦，平时无人管理，连温饱都谈不上，又如何谈得上教呢？所以我们得首先争取改善他们的生活待遇，请当地行政部门解决吃穿及平日的补助费。我同他们一起吃住，每天只供给一干一稀两餐饭，上午九时半、下午四时开饭。吃的是配给米，烧出来的那是什么米饭啊，放到鼻子底下一闻就是一阵霉味，而且还掺了不少稗草碎石等杂质，叫人难以下咽。但饥肠辘辘只能硬着头皮吃下去。下饭菜呢？一桶盐水汤里飘着些烂韭菜，或发了黄的老青菜。这叫什么伙食！但这就是难民吃的施舍饭，对幼小的孩子简直是摧残。由于营养不良，孩子们烂嘴烂脚、生疮生虱子的不少，还缺衣少穿。为此，我们通过合法手续争取到了每星期吃一次荤菜，发给每人一套棉衣和衬衣，有病的可去当地医院看病的权利。我还不会忘记，因为我同难童一起生活，领导上十分关心我，每当我向孙章禄汇报工作，他们总要买几只猪爪给我改善生活。

难童的生活安定下来后，我们设法给孩子们上文化课，不能因战争而让孩子变成文盲。我们自己当“小先生”，几个大一点的孩子我们教，小的孩子就由大孩子去教。我们又到当地书店去弄到一些教材，慢慢的教上几课。没有经费，文具用品也买不起，开始时还买些纸张、练习本什么的，后来穷得只能用大便纸来写字。孩子们很听话，生活也有规律了，心情开朗活泼起来。我们还教他们唱抗日歌曲，排些小节目自我娱乐。通过上文化课，对他们逐步灌输政治思想，武装头脑，提高觉悟。难童大部分是穷人家的孩子，他们很容易接受教育。我们根据不同对象还进行阶级教育，讲一些穷人翻身求解放的道理，孩子们很快地成熟起来，已经懂得许多事了。我们在大一点的孩子中发展了几个党员，比如孙木根、史秉直、万连生。晚上我们到楼上晒台上开会，几个懂事的孩子会自动为我们把门放哨，传递消息，发现情况，他们就高声唱《打回老家去》，也懂得如何对付外面来的人。

后来，孩子们要求为抗日做些事。根据他们对文艺活动有兴趣，我们就成立了“孩子剧团”，给他们排了几个戏。先是自己演，后来同附近的学校联系，相互以学习的形式搞些小型联谊活动。规模最大的一次是向全镇进行公演，演的节目是《一片爱国心》等。演出反映很好，“孩子剧团”的影响也扩大了。这又引起了国民党当局的注意，好像凡是坚决抗日的都是共产党，连孩子也不放过，不让他们抗日，不让他们爱国，从此不准我们对外搞活动。对此，孩子们十分愤慨伤心。由此，他们认识了国民党假抗日真反共的真面目。

我离开上饶时对外以探望父母之名，实际上则是不别而行。后来上饶的同志们出事了，我也成了国民党内部通缉的对象。组织上得到消息后，孙章禄同志紧急通知我立即撤离江西。他说，无锡人站不住了。他给了我介绍信，我就立即出发到那向往已久的皖南新四军军部去了。从此，我离别了赣东，离开了景德镇。我翻山越岭，长途跋涉，走了近一星期，总算到了皖南云岭新四军军部。我去东南局报到，组织部让我休息几天，然后去东南局党校学习。

随后不久，景德镇的那些孩子们也不能再待下去了。几个大一点的孩子先后逃离那里，来到皖南军部参了军，投入了抗日革命战争的洪流。

从东南局党校到青阳县委

到了东南局党校，在自己根据地，见到了我姐姐程桂芬。她在东南局妇委当秘书，妇委书记是李坚真李大姐。还看到了严永洁同志，她在马列主义研究小组。东南局机关设在丁家山百棵树，党校也在那里。我到了自由天地真是高兴非凡，无忧无虑。党校由李嘉林同志上马列主义课，陈毅同志上统一战线，曾山同志上党的建设，项英同志讲游击战争军事课，欧阳惠林同志上形势教育课。虽然进党校的都是党员，但由于战争环境，那只能是个特殊学校。同志间不能暴露真实身份，不能询问一切。这是铁的纪律，总之一切保密。因为学员来自全国各地，今后也要分散到各地工作，万一其中一人出了问题，后果不堪设想。在党校，团结紧张严肃活泼是教学方针。我们除了上课，还要轮流放哨站岗，早上还要出操。有时还去云岭军部陈家祠堂听报告或看服务团演出。我看过张茜等同志演的《魔窟》、《一年间》、《兄妹》。

党校学习还未结束，组织上就把我调到皖南青阳县委。皖南特委书记李步新同志找我谈了话，还遇到了她爱人马惠芳同志。青阳县委书记周平非同志，化名沈雁，我们叫他老沈。我担任青阳县委妇女部长，另外还有小方（方志坚）、左英同志。我们到了青阳，住在一个村子里，由本地干部洪涛同我们一起工作，生活上她也安排照顾我们。我们的任务是做群众工作，了解掌握敌伪顽情况，开展党的工作。青阳是边区，不能像在根据地那样活动。军装也不能穿，只能化装成老百姓，同群众生活在一起。

青阳是山区，外出工作都要爬山。一次我去东南局妇委开会，回青阳时，先爬过了军部所在的云岭山峰，后进入青阳的九华山脉。我要到九华山麓附近与同志们碰头。出门时天气阴沉沉的，不一会下起了大雪。走到半山，雪越下越大，我已不能回头了，只有继续前进。九华山脉是座大山，在山上看不清周围景物，大雪加大风，吹得我直打颤，加上积雪已很厚，看不清脚下的路，一不小心就会掉下万丈深渊。没办法，我折了根树枝探路，一步步前进。走到山顶拐弯危险处，前后左右一望无边，心里害怕了，脚一发软不敢再走了。怎么办？我干脆伏下匍匐爬行，待过了险路再站起来走。我一个女孩子，在峰峦重叠，荒山僻野一片白茫茫的大雪飞扬中孤零零的走着走着，找不到人，腹中饥饿，体力耗尽，实在走不动又不能停下来，停下来我就会冻死在山上。我心想，我还年轻，党的任务还多着呢，我还要回去传达这次会议精神，我不能就此完蛋，就是用尽力气我也要走出大山。凭着这点信念，我一个年轻的共产党员，鼓起勇气，奋力前进，花了一天时间，拼着命，走完了这十多里路的一座大山。快到目的地时，我已不像在走路，而是一个呆若木鸡样的雪人在慢慢移动。当时老百姓见了我，赶出门来，连拖带抱把我送进家里。大妈大嫂把我身上的冰雪轻轻打掉，把冰冻发硬的衣服一件件脱下来，让我睡到床上，为我四肢按摩。大妈大嫂见我冻成这样都哭了，说："姑娘你吃苦了，要是你妈看见了要心痛死了！"后来赶来的我们的一些同志也跟着掉眼泪。当天晚上我发烧了，病了好一阵子。要是那次我不下决心奋力赶路，真会冻死在山上。现在想起来真有点后怕呢！

还有一次，县委书记老沈约我和小方在一个山坡下的小坟堂内碰头。那里住着父女两人，是我们的基本群众，关系很好。碰头那天，我第一个赶到。他父女俩见我去，就把我像亲人似的迎进了屋子，亲热地问长问短。正说话间，突然听到近处有四川口音的说话声，父女俩不约而同地说："不好，国民党兵来了！"姑娘一把将我拉进灶间，叫我坐在灶下烧水，叮嘱我别讲话。我先把身上材料塞进柴禾里，打算到紧急时掷进灶膛烧掉。

不一会，四个国民党兵进来了，他们贼头狗脑地东张西望，像是在寻找什么东西似的。父女俩张罗着让兵喝茶，想不让他们进灶间来。可偏偏有个兵闯进来了，问我是什么人。那姑娘怕我说外地话露出破绽，机灵地在后面抢着说我是她的表妹。匪兵听后回过头去，见这姑娘年轻美丽，就嬉皮笑脸地伸过手去要摸她的脸。我见此情景心想糟糕，姑娘要吃亏了。只见姑娘一闪身，躲开了那兵的手，镇静地说："老总，你们不是要鸡吗？"就喊他父亲进来，把这家伙哄了出去。四个兵在外抓鸡时，姑娘轻轻对我说："小史快走！"（当时我化名史平）我不肯，说老沈、小方还要来呢。她说她会去放哨。我因这姑娘可能有危险，定要和她一起走。她坚持说："我不能走，走了老沈他们来怎么办？爸爸要打发那四个'黄壳虫'（指国民党川军），他们抓了鸡，说不定要在这儿烧了吃！"叫我快走。我告诉她我去后山嫂子家，并要她小心，就从灶间的后门出去，一口气爬上了后面的山顶。

山上的大嫂见了我，忙把我拉进屋内，自己去替我放哨。那时我既担心老沈、小方，又担心山下的父女俩，不断在门口张望。这时，大嫂突然问我："小史，你的手枪带没有？"我说："带了，在身上。"大嫂十分恳切地对我说："求你把手枪交给我放起来吧，被国民党兵发现了，我们就没命了。"我想，我们同群众是鱼水之情，为了老百姓的安全，我把枪交给了大嫂。大嫂立即找了块破布把手枪包起来，顺手塞到墙边放垃圾的畚箕里，上面再盖了一层灶膛灰。

不一会，见小方来了。她撑着一顶黑布洋伞，搁在肩上，把后面挡住，一个劲地向我做手势。我看不清什么。待见她气喘吁吁走到我面前说："你还不快走，'黄壳虫'来了。"我才看清四个兵上山了。如果我被发现，就有被抓的危险。怎么办？我正在为难，大嫂果断地把我们两人拉进房子，说："已走不了啦，快跟我来！"她进房撩起蚊帐，叫我藏在床后，叫小方躺在床上装病。我贴着墙壁，站在里面床沿上，旁边还有一叠破箱子等东西遮住。这房间既小又暗，青夏布蚊帐，从外面亮处走进来一下子看不清什么。一眨眼，四个兵闯来了。他们手里抓了两只鸡，眼睛到处溜转寻找，问大嫂见到有个女的来过没有？大嫂挺沉着地说："没看见。"两个兵走进房间搜索，听到床上哼哼声，伸手撩蚊帐，大嫂连忙说："老总，我妹子害摆子（疟疾），正淌汗，染上了可不好受啊，快上外面去坐！"那兵不信，拉起帐子一看，小方脸色惨白（她平时脸色就苍白），再加上她装着发抖，确似害病，看见躺着的并不是我，匪兵就放下蚊帐。但他还不甘心地再向床下察看，未见什么，就对大嫂说："你们可不能放外人进来，现在汉奸很多，还有女汉奸呢，抓到了立即枪毙。"大嫂连连答应，顺手捧出一饭桶鸡蛋往外走去，说："老总，你们辛苦了，我们老百姓没什么慰劳你们，这些新鲜鸡蛋你们兄弟分着吃吧!"四个贪婪的国民党兵就把鸡蛋装满口袋，带着鸡，哼着小曲下山了。一场惊险的遭遇，就凭她们的智慧和勇气而化险为夷。

这件事一直深深地刻在我的心中。这些在危难之中冒险尽力救护我们的亲人，我是永远忘不了的。

东进，东进！

1940 年春，我在中共皖南青阳县委工作。由于敌伪顽向我新四军不断挑衅进攻，环境日益恶化。特别是国民党第三战区顾祝同部队表面抗日，实际反共，开始层层设卡，包围新四军，甚至暗中杀害我们的同志，有的地方已难以开展工作。根据党中央指示，皖南新四军分批撤离，陆续东进江苏等地开辟抗日工作。我亦奉命去东南局集中，接受新任务。

东进出发前，我们一行四五十人，聚集在东南局驻地丁家山下面的一片树丛中，等待首长讲话。时近傍晚，项英军长来了，他很热情地同大家打招呼。他说："你们调离皖南，是工作的需要，是东进深入敌后开展游击区工作的需要。陈毅同志及东南局的一些领导都在那里，并已建立起了抗日民主根据地，你们去了要一如既往地努力工作。皖南这里，由我们在此坚持。"他的讲话，我们一直牢记在心。

我和军部政治部、服务团等单位的同志一起同行，还有在皖南做党群工作的同志，我所认识的仅袁先锋、洪琪、殷倩、徐雪影等同志，其他同志我都不认识。但大家志同道合，不久也就亲如一家了。我们徒步行军。当我们一行人渡过青弋江离开皖南时，有人说了声："别了，皖南！"听后大家的心就一下子沉重起来。途中都不约而同地回首观望，对这皖南的山山水水、一草一木和那朝夕相处、患难与共的人民群众，是多么留恋而难以分开。

东进江苏，必须经过国民党三战区设置的重重关卡。我们为了免受阻拦，尽量避开那些"鬼门关"，有时抄着小路并大都在晚上行军。我们露宿树丛中、草地里，由部队带领，警戒掩护，数十个男女同志急匆匆赶路。那时，行军很艰苦，但心情是愉快的。走到无人监视的地方，大家照样有说有笑，轻松如常。但在途经国民党部队驻扎的地方，心里就怄气。只见一群群“黄壳虫”散散漫漫、乱七八糟，真是一群乌合之众。还看见那些太太们一个个花枝招展，嘴里嗑着瓜子，坐着轿子，由勤务兵抬着招摇过市。她们看到我们身背背包草鞋，竟耻笑我们：“当新四军女兵好啊，还有草鞋穿呢！”当时我心想，你们这些寄生虫、卖国贼，作威作福真气人。

后来，我们被一道非通过不行的关卡拦住，国民党军荷枪实弹，不让放行，大家心里一阵紧张，感到麻烦来了。带队的同志拿了路条、证明与之交涉，硬不放行。竟然讲：“新四军不准越过这个地区！”我们被阻拦在那里。带队同志进其驻地与之说明我们是去前方慰问演出的服务团。其头头从屋里出来一看，有男有女，是像演戏的。但当见到部队，就说服务团为什么有武装部队呢？我们的回答是，怕路上遇到日本鬼子。他们又提出，既是去慰问抗日部队，那就在这里演出几场。我们说，这可以，但先要让我们去前方演出回来再慰问你们，因前方已约好日期，不能延误。经几番交涉才勉强放行。

匆匆通过关卡，我们心头仍未轻松，根据当时的紧张情势，个个提高警惕。走出关卡不远，前面不断传来“跑步前进”、“快跟上！快跟上！”等口令。这时，我们坚定沉着，屏住气息，全神贯注地向前冲，没人说话，我觉得心脏快从胸口跳出，浑身冒汗，直到脱离了他们的防区、在稍远一些的地方，我们才缓下来慢慢地前进。为什么过了关卡还要急行军呢？因为在不久前，我们的同志在这里经过，刚过不久竟被他们在后面用机枪扫射，牺牲了好几个人。他们处心积虑反对共产党、新四军的卑鄙行径，显露出国民党反动派发动皖南事变的前兆。

后来几天，我们不分白天黑夜地赶路，肚子饿了吃点干粮，困了就坐田埂上几个人背靠背、盖一条毯子休息。约走了一个星期，总算到达目的地、新四军江南指挥部所在地——江苏溧阳水西村。

我们刚到，东南局的一些同志已在屋外接我们了。妇委书记李坚真见了我们就说：“你们总算来了，我们等得好焦急啊，怕你们在路上出事了。再不来，我们要派人侦察你们的行踪。没有遇到危险就算胜利了！”我们见到了亲人，像回到了母亲的怀抱，个个开怀大笑。领导早就为我们安排了住地，先让大家洗个澡，把又破又脏的衣服换下来，穿上整齐的军装，就开始休整，等待着分配工作。

谁料 1941 年年初，国民党反动派制造了蓄谋已久、震惊中外的“皖南事变”。留在皖南我新四军部队和地方工作的同志，包括教导队等许多年轻干部在内的七千多人，惨死在反动派的屠刀枪口之下。我们听到噩耗，个个心如刀绞，仇恨满腔。我们沉痛悼念遇难的战友和同志，决心顽强战斗，努力工作，去战胜一切敌人，以讨还血债！

澄西民运工作队

1940 年上半年，抗日战争进入相持阶段。由于我八路军新四军在各条线上奋勇进击，使敌人无法得逞。日寇占领的据点也经常遭到我游击队的袭击，很难维持下去。鬼子采用的梅花桩、碉堡政策，眼见逐渐破产。而国民党部队却一味采取绥靖投降路线，甚至任其长驱直入侵占我大好山河，无辜屠杀我骨肉同胞。最可悲的是他们企图借日本侵略者之手消灭我革命力量。他们和敌人勾结一起对我们进行暗袭，使我们的活动增加困难。可是实际上恰恰相反，国民党由于不抵抗而失去人心，而我们坚持抗战，受到广大群众拥护。游击区不断扩大，抗日民主政权日益巩固，我军力量进一步壮大。同时，我新四军在陈毅和粟裕同志带领下转移东进，开辟新的根据地。我们做民运工作的党政干部也陆续随部队东进。

我于 1940 年春天离开皖南，后到丹（阳）金（坛）武（进）地区，在丹北工作队工作。5 月，我们又冲过敌人封锁线，渡过运河，跨过京(南京）沪（上海）线，继续东进，向澄（江阴）西地区发展，把丹北和澄西连成一片。

初到澄西，我们没有成立什么团体，我们跟部队行动，做宣传发动群众工作。新四军当时称江南抗日义勇军（简称“江抗”)，群众叫梅光迪“梅司令”。那时还未建立固定的根据地，主要在江阴西石桥一带流动，造声势，扩大影响。群众整夜听到脚步声，知道来了许多江抗部队。敌人摸不到我们底细，不知虚实，吓得躲在碉堡、据点不敢出来。

到澄西时我们对上级党组织的情况也不清楚，当时只看到有吴仲超、陈光、钱敏几位领导同志，后来他们也离开了。以后彭炎同志来了，我记得他是中心县委书记，后据说他是澄、锡、武工委书记。张志强同志也是工委成员，又是“三抗会”（指农抗会、青抗会、妇抗会）主任。桂姐也是工委成员、妇女部长。不久她调走，调来了凌菲同志。大约1940年秋，李中同志调到澄西，成立澄西县委，县委委员分工是：县委书记李中，强毅任宣传部长，程中任青年部长（可能他还兼组织工作），我任妇女部长。因我在搞民运工作，妇女工作是民运工作的一部分。我到澄西后，彭炎同志就让我兼搞民运工作，组建民运工作队。后来我就一直做民运工作。民运工作队实际上是直接由中心县委领导。

刚开始，搞民运工作，只有我和徐雪影同志二人，是从新四军来的。以后，中心县委给我们从西路政治部随营学校调来了几位同志，慢慢的从七、八人增到二十多人。夏天，在焦溪三河口正式成立了民运工作队（部队又叫我们服务团）。我担任队长，凌菲任指导员。我抓日常具体工作，布置队员到连队到群众中去。凌菲做思想政治工作、党的建设并同上级联系。徐雪影负责歌咏、戏剧。朱贤伟负责墙报漫画，后来同王瑜同志一起搞“前进报”，王瑜刻钢板。

工作队活动的地区，开始时主要在西石桥一带。后来各级政权建立，根据地初步形成，我们的活动也相对稳定些，可以在一个地方稍待一个时期。我们就经常到焦溪、郑陆桥、三河口一带流动，有时也分散到农村去住。如常去的有姚家头等地。1940年冬天以后，我们又向无锡玉祁、前洲、洛社一带开辟工作，主要在芙蓉圩活动。孙家村我们去过好几次，那里有张庆的地方武装。后来为我们部队收编，同我们一起行动。张庆后来做我们芙蓉区的区长。我们还分小组到洛社沿铁路线几个村庄宣传抗日。我曾根据党的指示到洛社中小学去活动过，摸敌情，配合部队锄奸工作。一次强毅同志带我到前洲附近工作，路上遇到忠救军高祖羔部队短枪班的人，我们二人被他们押到前洲。他们问强毅是否是新四军，强毅说：我们是新四军，今天本来是到你部商量一起抗日的事，你们不是也抗日吗？强毅同志同他们讲了一番话，他们还不放我们走。强毅说：你们假如不让我们回去，那么我们部队会来叫你们放的。他们不敢扣留我们，不一会就放我们回去了。强毅同志他还做敌工工作，是个很有办法的同志。

民运工作队的工作主要包括：

一、宣传发动群众参加抗日。每到一地用墙报、标语、漫画、开会等形式向广大群众、中小学师生宣传抗日救国意义，讲当前形势，阐明共产党新四军的政策，并揭露敌伪罪恶，及国民党假抗日真反共的反动阴谋，激发群众抗日热情，把他们团结到我们周围。开始时我们只用墙报做文字宣传，后来我们也搞了《前进报》，是用钢板刻的油印小报，常报道当地情况和转载《群众报》和《大众报》的消息。

二、组织农抗会、青抗会、妇抗会和儿童团。发动他们参加减租减息，有条件的地方在“三抗会”内开展学文化活动，利用学校办识字班，掀起识字热潮。

三、做好支前扩军工作。动员群众慰劳新四军，送慰问品，做军鞋、棉背心等。动员青年参军，扩大武装力量。

四、开展文艺活动，用文艺形式进行宣传教育。主要方式一是唱抗日歌曲。工作队员到连队教战士唱歌，也到群众中去教唱歌。效果相当好。许多青年往往通过学唱歌，懂得了道理，积极要求参军抗日。我们唱的歌主要有《游击队歌》、《到敌人后方去》、《太行山上》、《反扫荡》、《冲过封锁线》、《别了皖南》及《新四军军歌》等。二是演戏。这是很受群众欢迎的活动，通过形象化教育，能起很好作用。我们主要演些短剧、独幕剧，也演歌剧、哑剧。自从上海戏剧学校的徐奋、胡枫等四位同志来参加工作队后，编排了许多节目，后来还演过几次大戏，如《兄妹》、《重逢》、《一片爱国心》。我们还到焦溪、郑陆桥等地卖票演出，市镇居民奔走相告“新四军工作队来演戏了”，可说盛况空前，给群众带来了喜悦和希望。我们还利用集镇空地、农村广场演《放下你的鞭子》、《太阳旗下》等活报剧。彭炎同志也参加演出。包厚昌同志负伤后在休养，他还同我演过《放下你的鞭子》。他扮老头，我演小姑娘。我们除了在自己活动地区演出外，还曾深入敌巢附近演过戏。这是对敌人进行攻心战，并鼓舞敌占区群众情绪，争取他们靠拢我们。我们曾到江阴的申港、夏港演过戏，离敌人仅一箭之遥，附近据点及江阴敌人未敢放一枪。我们也曾到无锡玉祁镇上演过戏。因我是无锡人，又是女同志，便于行动，我一人在晚上到玉祁，找到镇长严××，说明来意，责成他为我们演出前搭好台，演出后随即拆台，并要动员群众看戏。我在镇长家住了一夜，拂晓回去。当晚演出，周围几里的群众赶来看戏。我们在演出时有部队警戒保卫，群众组织也放哨，并安排好周围交通站的情报传递工作，以防敌人侵扰。礼社、北七房一带敌人未敢出来。在演出前，我还先向群众作了抗日形势及我党方针政策的简要宣传。那时广场上黑压压的站满了群众，鸦雀无声，秩序井然。演出结束，好几个青年走上台来要求参军。记得有一位教师专门到后台找我，谈了教师如何抗日等问题。我表示：新四军的大门是敞开的，欢迎你们来参军。因我们急着撤离，未能详谈。这说明敌占区群众是十分欢迎我们去的。

五、展开对敌破击战。对敌人的通讯设备、公路交通、桥梁等进行破坏，以阻挠其对我们的侵犯。我们组织群众剪电线，挖公路，拆桥梁并散发传单标语，打击敌人，分化瓦解敌人。有一次我们在部队掩护下，发动了约300名农民深夜破坏了从江阴到武进的一段公路，我同另一同志把标语贴到敌人碉堡上，沿公路散满了传单，用砖头泥块把标语压在公路上，挂在桑树上，把公路挖得坑坑洼洼，一座桥板也拆掉了，使敌人无法行车。这在敌伪军和群众中产生很大影响，长了我军志气，灭了敌人威风。

六、建党工作。这是党的秘密工作，起初工作队里只有我一个党员。后来凌菲以工委宣传部长来兼指导员。我们陆续吸收了一部分同志入党，如赵庄、陈粹等。以后又从外地介绍来一些。地方建党是极个别的，如在三河口发展汪明荣，发展后交给地方党组织。这工作由凌菲负责。曹中是服务团发展的，西石桥印巍方是彭炎发展的。

我们工作队的生活是军事化的，贯彻“团结、紧张、严肃、活泼”的原则。白天做群众工作，晚上跟部队行军，转移宿营地；早上准时起床，集合点名出操；定时开饭，不许散漫拖拉。因为绝大部分是知识分子，特别强调组织性纪律性，执行“三大纪律八项注意”。每周开生活检讨会，开展批评与自我批评。还得听报告、学习，排戏练唱歌，写文章出报纸，生活既有节奏又轻松愉快。工作队每个队员享受供给制待遇，官兵平等。

活动经费主要依靠“三抗会”的补给，我们老向张志强同志要钱。

工作队员都是青年人，在一起过集体生活十分愉快。但也不是和平环境中开开会唱唱歌那样轻松。毕竟是战争环境，处在敌后游击区，四面有敌人，随时都有生命危险。没有坚定的信念是很难坚持下去的。

首先，三天两头要换宿营地，经常黑夜行军。晴天还好，遇到下雨路滑，可真难走，又得紧紧跟上部队不能掉队。我的眼睛不好，晚上看不清东西，有一次行军掉进水沟里，浑身湿透，像落汤鸡。“皖南事变”那阵，老天常下雪，晚上行军又冷又滑，好些大城市来的同志不会走泥路，许多人跌跟头，眼镜打破，鞋子掉了，笑话百出。而且由于经常晚上行军，都感到睡眠不足，常要一面走一面打瞌睡。在中途原地休息时，前后两个人背靠背往地上一坐，竟然呼呼入睡。只有当前面同志拉你时才惊醒再走。一到宿营地，不管到什么地方，倒下就睡，但有的同志还得值班放哨。一次到了目的地，大家都找地方睡了，后来再也找不到空地了，我和徐雪影二人总算找到一家群众家的后门口，有一块空地，在旁边还系了一头牛，这就不管了，我们就地睡下。一夜睡得很香，早上醒来，头发湿了，而且有臭味，原来是牛尿淌过来，我们都没有察觉。所以，当时队员们没有任何奢望，都希望快些把鬼子赶出去，胜利后能让我们安安稳稳睡个好觉多好啊！

其次，因为是战争环境，敌人经常来包围进犯，生活处在十分紧张的状态。一有敌情就得转移。记得有一天，我正在一个大祠堂内教队员唱《丈夫去当兵》，教导员吕彬在门口叫我，他要我去他们连队教歌，我答应下午去。可是，刚吃过中饭，鬼子来包围了，而且距离很近。吕彬一面指挥部队出击，一面赶来叫服务团集合，让我们分小组撤离，他们掩护我们撤退。刚走到竹园，子弹已嗖嗖地向我们头上身边飞来。我们跑步走出村子要过一座桥，桥高目标大，不能上去。部队叫我们赶快渡河，幸好乡村小河冬天水浅，我们不会游泳的女同志是几个男同志拉着拖着过去的。

再有，不管行军还是战斗，我们还得背东西，除了自己的行装还有公家的东西，有书籍、材料、简单的演出道具、化妆品等，大家分着背。遇到战斗，背了东西跑步急行军是极不容易的。有一次撤离时，一位同志丢了公家好不容易制的一块幕布，事后还挨了批评。最危险的一次是被鬼子包围，工作队的一个小组来不及撤退，只能东躲西藏。鬼子放火烧房子，李芹同志躲在草垛里，结果烧成重伤，头胀到笆斗那么大。有二位同志躲在墙里被房子压伤。这是干革命，不是好玩的，同志们的生命朝不保夕。伙食也是差的。因为是打仗，挨饿是常事，何况只有几分钱的菜金，能吃饱就好了。只有打了胜仗，群众来慰劳，才可改善一下生活。当然，同志们并不计较这些，但要长期坚持确实是难能可贵的。由于环境紧张，生活艰苦，也有少数同志吃不了苦，中途离开了革命队伍。

工作队最兴旺时是1940年年底到1941年春，那时丹北工作队与澄西合并，陆续过来一批同志，最多时有队员50多人。我调走后周彬任队长，李芹任副队长。

工作队建立后的一年多时间里，确实做了不少工作。它把敌后死气沉沉的局面搞活跃了，它完成了党交给的各项任务，成为党的有力助手。①同时工作队自身也得到提高锻炼。工作队培养输送了不少青年干部，有的去苏北“抗大”，有的参军，有的调往其他单位，后来有些同志走上了重要领导岗位。有的同志光荣牺牲了，程中同志被忠救军抓去，割掉耳朵挖了眼睛，惨遭杀害，牺牲在江阴石庄圩塘村。他们的英雄事迹永远留在人们心中，永远值得后人纪念。

① 澄西民运工作队（服务团）名单：凌菲（女）、狄奔、柴琳（女）、陈冰仪（女）、程兰芬（女）、王珍（女）、姚真、王瑜、周彬、姚芳（女）、侯宗荣、柯腾、李芹、梅聂、王健（女）、张洁（女）、程中、谢异、应宜权（女）、周雁、顾定祥、马浩然、陈鸥、朱义、费伦、杨大瞿、邱珍、朱贤伟、邵建华（女）、赵洪培、陈林生、邱群、宋林奇、徐雪影（女）、江明荣、徐奋、张富根、张录红、朱涛（女）、胡枫、朱联（女）、李庚林、张勇、耿××、陈粹（陈国树）、李家荣、朱毅（女）、朱明、赵庄、缪佩洁（女）、金文虎、王浩、许烈、冷克、朱鉴林（朱能）、张根生、王钰、冯云章、张明生。

在上海的秘密工作

1941 年春天，我在澄西县委工作队工作，因长期随部队流动，生活的艰苦，过度的疲劳，加上营养的缺乏，导致我体弱易病，经常发热，又患了慢性盲肠炎，需手术治疗。于是组织上安排我去上海治病。到上海后，我同东南局及新四军军部的几位老大姐在一起休养治疗。开始在英租界静安寺愚园路租了一间房子住下，共同生活在一起的有长征干部李坚真同志（邓振询同志爱人），她是我的老首长，对我十分熟悉。曾在严家桥我家住过二十多天，我到上海治病也是她向组织建议后带我走的。还有是邓六金同志（曾山同志爱人），人称三姐，她也熟悉我的。她怀孕在身，到上海检查休养。再有一位是胡平然同志（化名，是钟期光同志爱人），她患癫痫病，我以前不认识她。另外还有谢志诚同志（陈丕显同志爱人），她是无锡人，同我们一起参加“锡流”流亡出来的。我们几个人组成一个“家庭”，我以李大姐的外甥女名义为掩护，年纪最轻，是个“小鬼”，是她们照顾我爱护我才住在一起的。上海党的负责人刘晓同志常来看我们，给我们运来了家具，添置了上海人穿的衣服，还在墙上挂了一个 ×× 洋行股份有限公司的镜框，以此说明我们是做生意的人家。与之相称，还请了一位保姆刘妈照顾我们。李大姐是我们的家长。刘晓同志过一段时间就来同她谈形势和上海的情况。

有一次，李大姐叫我去联系一个同志，联系地点在法租界霞飞路一个亨得利钟表店，时间在十一点整。按预先约定，我必须站在一个最大的挂钟底下，去看钟点，嘴里要说“11 点了”。来和我联系的同志也要跟着说“11 点了”。但要注意他手里一定要拿张《文汇报》。这就是和我联系的暗号。我准时前去等着，装着看看各种钟表。到 11 点时，我站到那挂钟下说“11 点了”，果真在我身后有个人也说“11 点了”。我心想我们的同志来了。我慢慢回头去，见他手里确是拿了张《文汇报》。我想这下和我们的同志联系上了，就情不自禁地回过身来。再一看，心里突然一惊，来人原来是我认识的杨斌同志。他是在东南局青年部工作的。能在上海见面，我真是又惊又喜，心里高兴得不得了。可那时我既不能笑，也不能同他讲话。如果在根据地遇到这样熟悉的、好久不见面的同志，不单是握手谈笑，还要打打闹闹，可这在敌后租界内，我只能面不改色，强装镇静，若无其事，不声不响地慢慢尾随其后。走到法国公园（今复兴公园）无人处，两人才开始讲话。他说：“小鬼，原来是你啊！”我说：“我也不知道是你啊！”就这样，我们边走边轻轻谈工作，并约好今后见面的地点、时间。这是在上海联系的工作方式，完全以群众身份作掩护进行的。

后来，我在上海仁济医院开刀，割掉了阑尾。仁济医院是个教会医院，有许多外国医生。给我开刀的是一个叫“凯特”的外国人。手术很快完成了。可是麻药过了，我十分难受。浑身骨头像散了架似的痛，直冒冷汗，再痛就要休克了。李大姐来看我，我痛得不能讲话，一声声呻吟着，脚不能动（绑在床上），手就乱甩。李大姐看我难受的样子，握住了我的手，她也流泪了。护士就来给打了一针，估计是止痛的麻醉针，我就慢慢地睡过去了。早上醒来后，我不痛了，感到很舒服。在医院里，每天早上还跟着医院医生们唱赞美诗（教会医院的规矩）。一个星期后，小谢同志来接我出院，我又回到了“家”。在上海，我们也去看看电影，那只能到杜美大戏院去看，那里放苏联电影。苏联是老大哥，十月革命的摇篮。苏联电影，对我们有吸引力。像《女拖拉机手》，反映集体农庄的故事。有一次我们又拿到了戏票，是辣斐剧场演的巴金的《家》，由韩非主演。我和大姐等人在家“打扮”了一下，分头前去观看。在我们坐定以后，舞台上还未开幕前，我把头往旁边一瞧，谁知整整一排座位，几乎全是我们的同志。除了我们去的几个人，我还看到谭启龙和严永洁夫妇，王一凡同志等。啊呀！怎么在这里见到他们呢？太高兴了，特别是王一凡同志，多年不见了。可是谁也不打招呼，这是党的纪律，大家心里有数，再激动、再高兴也只能藏在心里。实际上，后来想想有些后怕，假如遇到叛徒、特务，这不被他们“一网打尽”吗？而且这些都是高级干部，真是麻痹大意啊！身处租界也不能高枕无忧，一不小心就会酿成大祸。突然有一次接到组织通知，说吴敏慎被捕了，关进了“76号”（指上海万航渡路76号，日伪特务机关）。这还了得！吴是泾县妇女部长，她认识我们每一个人。为安全起见，我们只得全部分散转移。我由组织安排，到谭启龙和严永洁夫妇处住下来。他们住在小沙渡路黄家沙花园一位有名的口琴演奏家石人望家的一间亭子间里。谭启龙同志当时领导浙江工作，后去浙东开辟游击根据地。石人望家经常有许多年轻人来学吹口琴，有时办训练班，来来往往进出的人不少，这样不会引起别人怀疑。

1986年，程兰芬和谭启龙（中）、严永洁（左二）、杨增（右二）、须士雄（右一）合影

那时杨斌同志仍然来同我们联系。有一次杨斌带来了几只大螃蟹，给我们改善生活。在吃蟹的时候还说：“菊黄蟹香正是秋天的好时光啊！”可惜我们身处敌区不得自由，十分惆怅。

1941 年 12 月 8 日，太平洋战争爆发。不多久，日本鬼子就进了租界。我们不可能再待在一起了，大家各自分散。我住到了我的同学张毓珍哥哥家。张毓珍后来与我弟弟中民结为夫妻，当时在上海上中学，是因乡下鬼子清乡逃到上海来的。我同他们一家全住在三层阁楼上。这时还是由杨斌同志和我联系。杨斌当时是华中局驻沪办事处主任。

不久，严永洁同志跟我谈工作。她说，是杨斌委托她找我谈的。她告诉我，组织上考虑到我刚动了手术，不能随部队行动，长期留在上海，实际上组织照顾有困难；另一方面，钱敏同志要回无锡家乡坚持工作，需要有同志帮助，说我在锡北有家庭的社会关系好掩护，所以，组织上决定派我回无锡家乡一带坚持地下斗争。至于今后如何开展工作，组织上会派人来进行联系。同时，她还给了我部分生活费。

担任东路特委特派员潜伏家乡

我接受任务，就回锡北严家桥老家，等待组织派人来同我联系。

当时我的政治身份是东路特委政治特派员。所谓东路，是指长江以南，丹阳、常州及其以东江阴、无锡直到太仓一带，包括丹北、澄(江阴)锡（无锡）虞（常熟)、苏（州）常（常熟）太（太仓）等地区。原来称“路东”，意为（南）京沪（上海）铁路东段。1941 年 3 月，谭震林同志改组，路东特委改名为东路特委，原来的东路部队新四军三支队也改编为新四军六师十八旅。六师师长是谭震林同志，十八旅旅长是江渭清同志。特委书记是张英同志。

我过去没有在锡北严安区家乡一带公开工作，从未暴露过自己的政治身份，因此，回到敌占区后，在严家桥家里定居下来，没有引起人们的注意。首先站稳了脚跟，做像了一个老百姓的样子，适应了白区的生活，等待着组织上来人联系。

1942 年年初，组织上派政治联络员姚品华同志来我家与我联系。姚品华是桂姐的同学，我们一起在“锡流”到江西去的。同我家又有点亲戚关系。她以走亲戚名义来找我。她向我传达了党的指示，交给了我任务：了解当地敌伪活动情况，进行一些青年工作。组织上要我坚持隐蔽下来，绝不暴露政治面目，进行长期埋伏，以配合反“清乡”斗争。我和上级的关系是单线领导，以后就由姚品华与我保持联系。

我从抗日战争初期就离开了严家桥老家，到我回家坚持地下工作，已时隔四年多了。对当地情况不够了解，开展工作难度较大。开始我先开展初步的联络工作，通过程中民、须士雄（两人 1941 年 5 月均参加过苏南二区行政干部训练学习，须士雄还由干训班选送去苏北抗大五分校学习，后经组织上布置回乡打埋伏）了解一些情况，并领导他们逐步把工作开展起来。当时收集敌伪情报，除了他们两人提供的以外，我还采取了以下几种方法：从街谈巷议，从各地农民上街时的交谈，了解敌伪活动情况；与亲戚朋友交往中了解各地敌伪动态；从伪政权一般人员中透露出的情况摸清敌伪动向；平时观察河道和大路上敌伪人员、武器和船只来往增减调动等情况。

自从姚品华和我联系上以后，她曾到过我家好几次。有一次她要我了解几个新党员的情况。经我多方调查和了解，有的人表现非常害怕，否认同党有任何联系；有两人参加了敌伪组织，其中一个当了伪保长；还有的生活糜烂，身染花柳病，影响很坏；另有一人已出走外地找不到。我将这些情况如实地向组织上作了反映。

在与姚品华同志联系期间，她还约我去常熟小东门外一家中药店她亲戚家谈过工作。除我们面谈工作外，我还把了解到的情况密写在文艺小说、画报的字行间隙邮寄给她。

1942 年 5 月至 11 月，钱敏同志带部队进入澄锡虞地区反清乡后，他曾和我直接联系了几个月。

1942 年 5 月，有个农民到我家送口信，说有个“先生”要我到安镇南面的嵩山小学去。我未见书面东西，不知是何人；安镇是日本人的重要据点，我对那里的情况又不熟悉，不能贸然就去。为探听虚实，就先派须士雄、程中民两人去看个究竟。

他们到嵩山小学，一见是钱敏同志，非常高兴，立即回来告诉了我。我就在第二天由须士雄陪同前去。钱敏同志是我的老上级，在“锡流”时他就是领导。两人见面，都感到非常亲切和欣慰，在当时紧张而艰险的情势下能够相聚在一起可不容易呵！接着我们就谈工作。首先他向我了解了严家桥周围的情况，并要我谈了对回家坚持地下工作的看法。我内心有些思想疙瘩。他教育鼓励我要安下心来，特别阐明这是工作需要，是革命在新形势下进行的新的斗争形式，不能急躁。要坚持下去不暴露面目，站住

1987 年，程兰芬与钱敏合影

脚跟就是胜利。

钱敏同志同爱人徐念初（化名徐燕）同志是以小学教师的身份隐蔽在嵩山进行党的领导工作的。他们的生活十分艰苦。小学是在一所破旧的祠堂里，办公室又作卧室，室内就放了一张木板床，一顶破蚊帐，身上缺少换洗衣服，而且还急需要我给他们想法搞两张“良民证”，以便取得在敌伪统治区进行活动的“合法”身份证明。

我当天从嵩山回家，就和父亲商量，要尽快解决钱敏同志夫妇的燃眉之急。我父亲一听说他们的困难，就一口答应立即想办法。因为我和桂姐都参加了新四军，我们一家人都支持革命。当新四军（“江抗”）第一次东进经过严家桥时，包厚昌、王新同志曾专程看望过我父亲。新四军第二次东进后，于 1940 年起，严家桥建立了抗日民主政权，当时是锡北严安区区公所所在地。那时，我家成了交通站，经常有新四军同志来往，有的还住在我家。如李坚真、邓仲铭、严永洁等同志都先后来过数次。李大姐在我家住了二十多天。我父母待他们像家里人一样，很亲热。彭炎同志的儿子小炎也寄养在我家一年多时间。钱敏同志更是多次来我家，我父母待他如亲人。他个子小，我母亲喜欢他，叫他“矮小弟弟”。他喜欢摄影，有一架德国阿克发照相机，抗战初期就交我家保存，直到解放后才交还给他。前后保存了十多年。根据钱敏同志的困难和急需，我父亲把原来为我

1947 年初夏，大姐程银娥回到阔别十年的家乡，与弟妹等合影，这是须士雄用钱敏留存的德国阿克发相机自动拍摄的。自左至右：须士雄、须一心、程兰芬、程中原、程银娥、程建新、程中民、程中锐；前面站立者：须旅（左）、程真艺

二姐和二姐夫准备的两张“良民证”拿去给钱敏夫妇先用。把他自己仅有的一件白香云纱长衫送给钱敏。并特为徐念初同志新做了一件花布旗袍。这是我父亲以实际行动支持革命，同时也体现出群众对我新四军同志的诚挚感情。我同士雄在自家店里包了红糖、枣子，带着他们急需的东西，像走亲戚那样送去。

我老家原住在严家桥西街，与我叔叔一家同住一起。是一所石库门老宅，比较进深，相当隐蔽。我堂兄当年曾在忠救军的税卡做事，过去他家里经常有忠救军人员来往，直到我新四军第二次东进后才绝迹。但在 1941 年我军北撤以后，他又不安分起来。不时借故骂人，耍流氓，还用枪威胁我父亲，用大刀企图行凶，闹得我家不得安宁。如再继续住在一起，就会严重影响我们的安全。为了防止发生意外，我家只得从西街老屋搬出，租住进了北街梢一个远亲李聘玉家大宅的后造楼房内。

1942 年初冬，严家桥除驻有伪警察所外，忠救军乘我军北撤而卷土重来，政治环境更加复杂。他们利用土匪头子江北阿二、阿三兄弟俩去警察所缴枪，击毙了伪警察所长杨一震，惊动了敌伪。由此日本侵略军派了一个小队进驻镇上唐仓厅，伪警察所则从原来驻地同济典当搬到北街李家大宅前造，就驻扎在我家的前面。镇上面北街两头建起了巷门，设了岗哨，戒备森严，进出活动比较困难。

就在这敌伪顽活动频繁，政治形势激剧动荡的严重白色恐怖环境中，钱敏同志因遭敌人追捕，冒着极大危险，突然到严家桥镇上来找我。他先到中市我父亲开的瑞新布店。要到我家就必须走到北街梢，经过黄石坝，通过李宅大门前的伪警察岗哨和前造的伪警察局，弄不好要出危险。怎么办呢？我母亲自告奋勇，由她负责把钱敏同志带回家中。她觉得平时进出李家大门同伪警人员经常搭讪，关系拌熟了，混进去没有问题。她先在街上买了一篮鱼肉蔬菜，然后领着钱敏同志一起走。经过门岗，她就和伪警打招呼，一边说“外甥来了，买点菜待亲眷”，一边走，从容不迫地把钱敏同志带进了伪警察局大门，让他平安无事地住进了我家。这时，敌伪在外面查户口乱抓人，我们却在里面安安稳稳地谈形势谈工作。钱敏风趣地说：“想不到我们竟真正钻到敌人心脏里来了，这倒是一个很好的‘保

1982 年春节，庆祝母亲沈宝琪八十大寿，四代人合影。
二排自左至右：程中民、须士雄、沈宝琪、程兰芬、张毓珍、冷明芝。
三排自左至右：程中原、程中锐、华重辉、顾德元、王严寒、程彦珍、夏杏珍

险箱'！”

钱敏同志向我了解了情况，传达了在新形势下地下工作要采取的“隐蔽精干，长期埋伏，积蓄力量，等待时机”的十六字方针，并反复阐明它的意义。特别指出要我学会做生意，求得“合法”身份来掩护自己。一定要反对任何急躁情绪，千万不能暴露，以便安全地长期隐蔽下来。他给我布置了任务，还同士雄、中民一起谈了时局，发展前途，并鼓励和教育他们不断进步。当时，我心里对要自己做生意不怎么想得通，认为这是中间剥削，我说：我们共产党员怎么去做生意？钱敏同志解释说，这是为了革命工作，不能以中间剥削那样认识，这是革命需要嘛！他还布置我们团结好周围青年，广交朋友，利用有利的社会关系推进工作，并要设法开展敌工工作，掌握敌情，争取和瓦解敌人。

钱敏同志在我家秘密地住了好几天，后经人前来接走，我们护送他安全地离开了严家桥。

钱敏同志走后，我的关系转到上海点线工作委员会，直接归点线工作委员会领导。我先后去过上海谈工作，进行多次联系。1944 年 9 月，点线工作委员会从上海撤往苏北，因我处环境恶劣，组织上缺乏适当人员前来我处联系，但我们的工作仍然照常进行。

1942 年冬，钱敏同志走后不久，我就和张毓珍同志（参加过苏南干训班，做过民运工作）一起在严家桥中市开了一爿文具店，以此作为职业掩护。可是由于资金不足，又无经商经验，竞争不过人家，文具店只开了一年多时间就关闭了。

在此期间，须士雄也以做生意作掩护，进行各种社会活动，调查和了解当地敌伪顽政治情况，搞好情报工作。程中民利用在严家桥小学教书的身份，在校内教唱进步歌曲，组织师生排练话剧《狂欢之夜》（根据苏联

大弟程中民与弟媳张毓珍（摄于 20 世纪 70 年代）

名著改编）和几个短剧，利用文艺形式在青年师生中开展群众工作，扩大我方影响，传播革命思想。后来忠救军包汉生、苏子初等部队经常来镇上活动，我们基本停止了公开活动，进一步隐蔽下来。

1943 年初夏，桂姐从金坛乡下自醒中学来信，要我给他们送“良民证”去。我们就通过“须益泰”南货店的学徒戴汉贻（后发展入党）等人装着有事去伪镇公所，暗中拿到了“良民证”白片，托张匡盛银楼店主张培生（外号小得灵，中民的大舅兄）用硬木仿制了“钢印”盖上。“良民证”仿制好后，由士雄送去。我们还曾多次仿制“良民证”，供给其他同志使用，掩护他们留在敌占区工作。

8 月，我们突然接到二姐夫吴宝康（在东路担任过“江南社”社长兼编辑部主任）来信，暗示我二姐程桂芬出事了，要求家里筹款前去营救。他们两人原是由党组织安排在金坛城西乡下搞农村调查，公开职业是在自醒中学任教。暑假里，他们正在张校长家里吃饭，桂姐被叛徒出卖，给伪军抓去。第二天押往金坛城内日寇宪兵队。吴宝康信上要我们携巨款去金坛托张校长找门路救援。当时我家经济情况已很拮据，就由士雄筹集款项同中民以家属名义去金坛。另一方面，由当地党组织通过打入金坛县特工队的我党敌工人员同时进行营救。

二弟程中孚（摄于 20 世纪 70 年代）

经过自醒中学张校长疏通金坛城内帮会头子“三师娘”，用巨款和礼品买通了她的干儿子、宪兵队李翻译（东北人），营救工作取得进展。不久，桂姐从日本宪兵队被转移软禁在敌密探钱发宜家。在这期间，程中民、须士雄曾几次去金坛钱发宜家，一面送钱（当时钱发宜老伸手要钱），一面和打入敌人内部的我方敌工人员缪昆同志(公开身份是《金坛日报》记者）取得联系，他是组织上让他配合我们进行营救工作的。他们在一起商量过帮助桂姐脱逃的办法，到过金坛城墙上察看地形和行动路线。1944 年夏天，桂姐突然被转解到常州特工站关禁，潜逃计划未能实行。在营救过程中，自醒中学的教员于婉贞、于世蘖两家住在金坛城中，都为此出过力。士雄、中民去金坛，开始就是住在相府内于婉贞家的。

桂姐被解至常州特工站后，中民弟曾去过两次，和我方打入该站的敌工人员叶刚同志联系上，并共同商量营救之事。经过叶刚的努力，排除了特工站内部的阻力，在由他搞了假店保之后，1944 年冬，桂姐终于获释，由中民、士雄两人去常州接回无锡。

桂姐回无锡后，在士雄为她租赁的光复门内南阳里七号东边的一所平房里住下。安顿下来后，她就积极设法与党组织联系，等待时机回解放区。对于她的回无锡，我们虽然封锁了消息，但还是有少数人知道了。有人劝她回严家桥。当时这一带正由忠救军盘踞，笼罩着白色恐怖。我严安区区长沙鸥（原名周海鳌）同志就是在敌伪清乡后回严家桥开茶馆时，于 1943 年秋突然遭到忠救军苏子初部暗害的。我们把这些情况都告诉了她。她曾在家乡公开过身份，绝不能草率从事。因此，她未回家，一直住在无锡城里。

到 1945 年 2 月（春节后)，桂姐在无锡待了近三个月之后，终于找到了关系，与党组织取得了联系。桂姐到钱桥附近，经人护送前往浙江长兴山里苏浙边区我根据地。

1945 年 5 月，接桂姐来信，我们把弟弟程中孚交托给了姚品华同志的舅舅，由他护送去苏浙边区，进了苏浙公学，参加了新四军。

抗战胜利后继续潜伏

1945 年 8 月 15 日，日本帝国主义宣布无条件投降，抗日战争胜利了。这时，严家桥当地的青年、学生也活动起来。我们利用庆祝抗战胜利的时机，由中民带头，同青年师生一起开展文艺活动。我们排练了话剧《雷雨》，我和士雄、中民、毓珍均饰演主角。演出受到当地群众热烈欢迎。演出前，忠救军的“战地青年服务团”想趁我们演出的机会，做演讲、发传单，我们当即坚决拒绝。

通过《雷雨》的演出，我们团结了一部分青年师生。我们通过程中民同志组织成立了“文化剧团”，为以后用文艺活动形式发动青年群众，开展“合法”斗争，作了初步的组织准备。

11 月，我们从无锡买到了一台能收短波的直流收音机。在每天深夜收听延安新华电台的广播。从此能及时听到党中央的声音，使我们对时局的演变经常保持清醒的头脑，并成为我们传播我军胜利消息的一个主要来源。

1945 年年底，严永洁同志从江阴河塘桥老家派人来找我，要我立即到她家去。我去了，才知道她是回家生孩子的，同时组织上通过她通知我们去苏北如皋江南办事处与李中（化名李易时）同志接头交谈工作。我 1943 年与须士雄同志结婚，当时已怀第二个孩子。我是乘轮船到黄土塘晃山桥后步行走到河塘桥严家的。严永洁同志有地下工作经验，对我说，你行动要注意衣着打扮，以后不能这样走着来，要像有钱人家一样乘船或坐轿子来，好防止暴露自己。这次谈完工作回来，她专门用轿子送我

2005 年 9 月 4 日，程兰芬佩带中共中央、国务院、中央军委颁发的“纪念中国人民抗日战争胜利 60 周年纪念章”留影

到家。

不久，我和士雄、中民同志一起雇了杏妹的小快船，还借穿了同学一件大衣，像走亲戚样子第二次去严家。严永洁讲了解放区的情况，并告诉我们如何去如皋，画了去黄家市（交通站）的线路图。我们在她家住了一夜就回家商量去江南办事处的事。

我因怀孕，长途跋涉行动不便，就决定由须士雄前去苏北。1946 年 1 月，他拿了介绍信启程过江，经黄家市到了如皋城里江南办事处。向李中同志汇报了工作，详细谈了近年来的工作情况和我们当地的敌情，交了两个人的党费，并向他提出回解放区去的要求。李中同志让士雄在如皋城里学习参观了半个月，然后交待了任务。

李中讲，蒋管区敌我斗争尖锐复杂，正需要像我们这样隐蔽下来的同志坚持斗争，所以组织上不同意我们回解放区工作。要求我们必须继续坚持下来，具体任务由他派人来和我们联系。

1946 年 3 月，沈鲁钊同志派曹仁义同志以卖纸牌作掩护来严家桥找我联系，要我到东亭接关系。那时我即将生孩子了，所以仍由士雄前往接上了关系。当时沈鲁钊同志是锡澄工委特派员。他明确我们的任务仍是搞秘党工作（即“乙种”工作），归他领导，由士雄同他单线联系。

士雄回来还向我讲了老沈的具体指示。老沈听士雄汇报，知道严家桥镇长兼自卫队长须士良是士雄的大哥，自卫队副队长仲锡荣曾是我严安区区队副队长，认为我们有较好的社会关系作掩护，有利于长期潜伏和日后工作的开展。即向士雄布置：继续同家人一起开店，以经商作掩护，利用复杂的社会关系隐蔽好自己；要团结争取群众，做好职工、学校师生和社会青年的工作，开展宣传教育活动，发现和培养积极分子；要打入三青团，对三青团人员进行分化瓦解；进行策反工作，充分利用和须士良的兄弟关系，搞好同仲锡荣的关系，做好自卫队上层分子的工作；须士雄要打入自卫队，争取当机枪手，或控制机枪班；程兰芬要接近须士良和仲锡荣及自卫队其他上层分子的家属，建立感情，要学会抽烟、打麻将，要会穿戴、烫头发、讲时髦，融合到她们中间去，以备在策反中发挥独特作用。总之，从上下两方面做工作，动员和控制，一旦时机成熟，发动自卫队武装起义。我听了以后，除不同意打入三青团这一条外，对别的指示都同士雄商量了贯彻执行的办法，取得了预期的效果。

须士雄家一直经商。父亲早亡，家中大哥二哥当家。三哥须士英参加新四军民运工作，因叛徒出卖被捕，于 1942 年 5 月被日寇活埋于苏州虎丘。1946 年中，二哥提出分家，我们即向沈鲁钊作了汇报。他认为这是一个好机会。分出来单独做生意，行动更加自由，开展活动更方便。至于资金不足的困难，要想办法克服。老沈说：不能让人说你们分了家不行了，要把生意越做越大，哪怕借了钱也要维持下去。农历年底（1947 年 2 月）分家。我们分了一爿南货店（店号为须益泰），同时也分担二百七十多担稻钱的债务。士雄做了须益泰老板以后，傍晚经常捧把小茶壶到中市与商家轧头寸，聊天，从上海、无锡当天行情到时局变化，无所不谈。从中了解情况，联系群众。谁也看不出他竟是一个共产党！

在解放战争期间，我们潜伏在家乡严家桥，利用合法身份和社会关系作掩护，按照上级指示，较好地完成了领导交给的任务。

在群众工作方面，主要做两方面的工作。

一、团结联络进步青年

主要是出版油印刊物，开展演剧活动，进行宣传教育。

我通过程中民做工作，在小学教师、进步青年中组织了“严镇学艺社”，成立了“文化剧团”，出版了《文化月刊》。1947 年，“文化剧团”排演了陈白尘讽刺国民党官场贪污腐败的话剧新作《升官图》。中民当导演，特地到上海去看了职业剧团的演出。舞台设计、人物调度仿照上海的做派。剧中的国民党官员们从舞台正中的铜钱眼里走进走出。演出轰动周围乡镇，效果非常好。不想因一点本可避免的小事引起纠纷，有署名“局外人”者在油印刊物《友声》上撰文对演出评头品足。《文化月刊》即出专刊回击。《友声》不甘示弱，予以辩驳。一来一往，形成笔战态势。我发现后，即对《文化月刊》方面做工作，立即把争论停下来，避免了事态扩大，团结了进步力量。

《文化月刊》办得很有声色。士雄曾专程到上海拜访郭沫若先生。郭沫若专为《文化月刊》题写了一首七律，同士雄写的访问记一起在该刊上发表出来。《文化月刊》除发表国际国内新闻和评论以外，对地方政府、自卫队的弊端也有讽刺、评论。有一期嘲讽自卫队及其队长，十分尖锐，惹恼了他们，引起很大危险。我动员各方头面人物说情，才算平息下来。由此感到，处在重压之下，斗争一定要讲究策略，色彩不能太红。

1948 年暑假，回乡青年组织“燕社”，发动了一场“打老爷”运动。一天晚上，把镇上城隍庙里的大老爷、二老爷及判官、土地等泥菩萨全部砸碎。第二天晚上，又到严家桥附近南古庄把华佗庙砸了。翌日清晨，贴出公告，历数华佗庙以“神水”、“仙灰”治病害人等罪状，说明理应取缔。此事闹得很大，地方上一些旧势力威胁要严加查办。我们即在暗中同各方面疏通，促使市镇当局最终作出有利于进步青年的善后处理决定：由“燕社”成员清理庙宇，把打碎的泥塑木雕埋掉；庙舍划归学校。青年人由此也得到教训，知道脱离群众的过激行动是不可取的，懂得不能脱离党的领导、不能违背党的政策。

二、组织群众反对国民党抽丁征粮

我们获悉国民党军要在严家桥镇上抽走十三名壮丁的名单之后，立即暗中透风让他们全部逃避，结果以钱代人了事。解放前一段时间，我们曾以人民政权县长张卓如的名义，写信及印发传单，给各乡镇自卫队头头，命令他们认清形势，弃暗投明。同时警告当地地主、富商不得将粮食外运，还发动党员、积极分子暗中监视河道，防止有人偷运粮食出境。

在组织建设方面，我回家乡潜伏，转入地下，深感搞革命不能孤军作战，一定要搞好建党建团工作。我注意发现积极分子，在条件成熟时发展他们入党，并交代任务给他们，在实际工作中培养他们。到解放前，我先后发展了十六位同志入党。他们是：须士雄、戴汉贻、程中民、蒋九霄、韩慕愈、周福兴、徐楚材、杨国栋、王育生、陆永生、李玺、徐建中、翟九君、周人虎、陈贵升、李文忠。除李文忠解放后自动离党而被除名之外，表现都好。

戴汉贻是“须益泰南货店”的店员，经过培养，我们发展他入党。严家桥有商店、作坊等近两百家，职工人数不少。汉贻通过组织职业青年联谊会和职联篮球队，团结、联络店员、职工。周福兴、翟九君、王育生等六名党员都是他在职工中发展的。

杨国栋当时是苏州社会教育学院新闻系的学生，在学校同地下党就有接触。假期回家，组织旅外同学会开展进步活动。《友声》与《文化月刊》笔战，他写了《团结起来才有力量》的文章，呼吁停止笔战，消除隔阂，一致对付反动势力。1948 年 11 月，我们发展他入党，在本地和学校都发挥了很好的作用。1949 年春节前后，杨国栋按我们布置，邀约两位积极分子，一同油印了毛主席的《目前形势和我们的任务》、《中国革命和中国共产党》和刚刚发表的《将革命进行到底》等，发给党、团员学习。

徐建中、徐楚材是黄土塘怀仁中学高中生，也是我们发展入党的。他俩在该校学生中开展活动，发展组织。我小弟中原在该校读初一，才 11 岁。他们晚上到村子里去开会，有时就带上他做掩护。我还让小弟悄悄告诉他们，情况紧急时可以把材料、书籍转移到我大姨妈家里去。他俩除在

1949年6月上旬，怀仁中学部分地下党团员及其领导的“新生少年学习会”成员留影。此前，怀仁中学党组织骨干徐建中、徐楚材等已在新政权中任职，党、团员二十余人已于6月3日前往南京二野军政大学学习。照片中有6位高中同学，他们是共产党员或青年团员：张彬华（左一）、张裕仁（左六）、陈锡钧（左八）、王刚毅（后排右三）、陈国栋（后排右一）、孙秀琴（右三）；其余17人都是初中生、“新少”成员。站着的从左到右依次是：范让平、陆炳坤、周辑安、严瑞中、戴永康、钱逸清、李钟瑛、周行、穆和、许赞新、乔月娣；坐在地上的从左到右依次是：王耀才、翁宗德、张恺民、李树勋（上级派来的工作队队长）、程中原、戴健行、赵雪奎

高中生中秘密发展青年团员外，还在初中生中组织了“新生少年学习会”。中原成为该组织的骨干。

我们还在严家桥青年中开展建团工作。1949年春节前后，先后发展周贵山、徐井源、程彦芳（后名黄稻）、程鸿辉、李秾矣、石珏等十几人加入新民主主义青年团，主要工作是杨国栋做的。严家桥解放时，我们在当地青年中发展了程同辉、须玉康、李钟玥等七人，在小学教师中发展了潘文基、周桐涛二人。解放后，又发展了张毓珍、李钟奇、吴天矛等三人。到4月底，严家桥一共有青年团员24人。

解放初，程兰芬（左一）和战友们在一起

1949年年初，李桐明同志根据当时形势指示把原来单线领导的党员编组支部，进行半公开的活动。我即按不同情况，组建了严家桥的职工支部、青年支部和黄土塘支部共三个支部，分别由戴汉贻、程中民、蒋九霄任支部书记。上级领导对我们很信任，沈鲁钊同志交给我一个常熟西徐市的支部，有10名党员。我们去那里联系，没有见到支部书记本人，结果未能把关系接过来。解放前夕，李桐明同志要我们筹建严安区区委，我在西街一个小阁楼上召集了一次筹备会，选举了正副书记和委员。后因工作变动，迎接解放，头绪纷繁，未及上报。

在情报工作方面，我们利用士雄大哥须士良的关系，得到不少有价值的情报。前面说到的1948年秋“以钱代丁”的事，就是须士良在国民党抽丁部队到达之前把名单交给我们的。还有，1948年将近年底，张泾区自卫队从便衣探子处获得严家桥西杨木桥、宋家桥、喻家巷、南庄桥、南陆家巷等地胡辛元、胡同根、胡同伦等10名新党员的入党志愿书，匆匆来到严家桥要本地自卫队协同抓捕。须士良一面叫人备饭，拖延时间，一面亲自把10份入党志愿书交给士雄。这10人是甲种组织（武工队）发展的。按组织纪律，我们乙种组织是不能同他们发生横向关系的。因情况特殊，十万火急，士雄即抄录了十人名单和住址，要戴汉贻火速赶往西杨木桥通知他们转移。等到张泾区自卫队和严家桥自卫队吃过饭去搜捕时，扑了个空。

策反严家桥自卫队武装起义

我们做得最有成效的工作要算策反严家桥自卫队，最终起义。

我们接受了“进行策反工作，设法把自卫队拉过来”的任务以后，作了研究，认为关键在于做好争取须士良、仲锡荣的工作。于是，我们跟他们有意接近，搞好关系。随着形势的发展，我们经常把从短波中收听到的新华社关于解放战争节节胜利的消息透露给他们，促使他们认清形势，动摇他们对国民党的依赖。

1947 年 10 月，国民党乡镇政权改选，严家桥酝酿镇长候选人。须士良萌生退意，不愿参加竞选，想让仲锡荣当镇长和自卫队长。这个想法正中仲的下怀。我同士雄商量，觉得事关策反成败，必须认真对待。即要士雄立即向沈鲁钊请示。老沈和我们的看法一致，认为由须士良继续当镇长有利。他政治上倾向我们，社会基础深厚，在地方上有号召力，又能掌握住仲锡荣。士雄即按照我们的决定去做他大哥的工作，动员他参加竞选。动员成功，须士良通过选举连任。只是把自卫队长这一兼职交给仲锡荣担任。

1948 年年初，解放战争形势越来越好。按照沈鲁钊的指示，我要士雄向大哥亮明身份，说明我们同解放军的关系，向他宣传形势，讲清政策，指明出路。要他牢牢掌握仲锡荣，控制自卫队，待机起义。4 月，老沈又一次指示我们，对自卫队的策反要抓紧进行。到 1948 年 6 月，解放军大反攻的序幕已经拉开，国民党地方人员惶惶不安，人人自危，纷纷寻找出路。我认为时机已经成熟，要士雄找须士良谈话，要他接受我们地下党的领导，并提出四点具体要求：（一）及时向我方提供敌人活动情况的情报。（二）牢牢控制自卫队，只要上级命令一到，立即发动武装起义，把部队拉到指定地点集合。（三）起义前必要时供应我方枪支弹药。（四）对国民党征兵征粮要采取拖、賒、代的办法，尽可能为人民群众多做好事。须士良答应照办。他说到做到，对地下党的活动提供了不少帮助。

1948 年下半年到 1949 年 4 月为迎接解放军渡江南下，我们的武工队活跃在无锡东北乡一带。由于严家桥自卫队已经被我们控制，他们每有行动，须士良在出发前就把行动目标和路线等情报提供给我们。我们立即转告领导，避免了我武工队与其发生遭遇和冲突。1948 年 8 月，武工队外围人员顾某在严家桥南街永泰祥酒店喝酒，被仲锡荣发现，被抓进自卫队队部。须士良知道顾系我方人员，让仲锡荣放了。9 月，李桐明同志接替沈鲁钊同志工作，第一次到严家桥找士雄接关系，被仲锡荣发现，跟踪到永兴桥堍我们家里，刚好须士良也在我家。仲问：此为何许人？士良答：是“上行”（指有商务往来的城里商号派来联络的人）。掩护了我们的上级。

解放初，程兰芬（右一）出席群众大会

1949 年 4 月 21 日，人民解放军百万雄师横渡长江。21 日早晨，地下党锡澄工委领导人李桐明派联络员周福兴送来命令：立即组织严家桥自卫队武装起义！并要求于当晚在指定地点集合。

这时，镇长须士良武装起义决心已下，但自卫队长仲锡荣还犹豫不决。上午 10 时，他在唐仓厅码头准备了一条拖轮，准备率队逃跑。我要地下党同志协同须士良做仲锡荣的工作，向他交代政策，指明方向，把他稳住。与此同时，地下党的同志立即采取行动，进入镇公所，把电话机控制起来。中午前，周边的集镇东湖塘、黄土塘等自卫队头头一再打电话来，探询严家桥自卫队的动向。为排除干扰，我们干脆把电话线切断了。

经过须士良做工作，仲锡荣终于同意率领自卫队起义。下午 3 时，须士良、仲锡荣命令自卫队全体人员在唐仓厅后院集合。士雄公开了地下党的身份。他代表中共地下党讲话，说明现在解放军已经胜利渡江，江阴、无锡不日就要解放。讲了解放军对国民党武装人员“首恶必办，胁从不问，

解放初，程兰芬和战友刘良（左一）、许丽娟（中）在一起

立功受奖，破坏受罚”的方针政策。须士良正式宣布严家桥自卫队实行武装起义。须士雄命令自卫队员们晚饭后集合，由他代表共产党指挥，开赴指定地点。

当晚6时，起义部队在双板桥堍春源布庄前的广场(称布庄场）集合。为做到万无一失，我们派地下党员周人虎（周海鳌烈士之子）加入起义部队，武工队的勇志强同志参与领导；让戴汉贻留守严家桥，协助我掌握本地动态。

部队由须士雄和勇志强带领，行军至严家桥北面的长浜岸村，与等候在那里的武工队长李国清等会合，就地宿营。第二天（22日）一清早，起义部队又立即开拔，于上午10时赶到张泾桥北面斗山张巷的一家大宅院，等候上级接收。当天傍晚，李桐明和先期过江的解放军代表陆富泉、方杰两同志来到张巷会师。当晚宣告无锡县张泾区人民政府正式成立，陆富泉任区长，方杰任副政委，勇志强任区常备队队长。23日，士雄将严家桥自卫队的两挺机枪、40支步枪、20支短枪点交给解放军部队。后来上级对起义的自卫队进行了改编，根据愿留则留、愿回则回的原则，把须士良、仲锡荣和一部分起义人员送回了严家桥。

在严家桥自卫队起义的影响下，我们还收缴了乔柳乡自卫队步枪13支，羊尖镇自卫队步枪8支。

天亮了！

临近解放时，我们把宣传品通过轮船上的职员带到无锡各码头，把解放军胜利消息传播出去。1949 年 4 月 21 日晚，获悉解放军百万雄师已经渡过长江。中民等人连夜撰写“中国共产党人民解放军江南游击军政治部敬告江南商界民众书”，刻印七百多份，散发投寄各地，宣传我军胜利消

解放战争时期，程兰芬（前排右一）与战友们合影

解放初，程兰芬（后排右三）和战友们在一起

息和党的方针政策。我们还写信通知外地的青年团员，凡是在无锡的严家桥人，要求无锡城一解放立即回来，接受新的任务；现在南京、上海、苏州等地的，就地参加工作，等解放后把关系转去。

严家桥一解放，我们就协助镇上建立新政权，指导青年团支部开展宣传活动。教唱《解放区的天是明朗的天》等革命歌曲，学习扭秧歌、打腰鼓，到处张贴欢迎解放军、庆祝解放的标语、布告，程彦芳、李秾关、程鸿辉等青年团员们把小镇上的气氛搞得很热烈。

4月末，沈鲁钊通知我带领一批人到张泾桥接受任务。这时，老沈担任无锡县委常委兼组织部长。我即带领须士雄、程中民、杨国栋到张泾区委。沈鲁钊部长同我们一个个谈话，分配工作。我担任无锡县委委员、妇联主席。士雄参军，到解放军苏南独立营任指导员。中民任张泾区人民政府文教科长。杨国栋任无锡县团委书记（对外称青年会长）。从此，我又从地下走到地上，开始了新的革命征程。

在胜利的喜悦中，我们也还有忧虑：不知道桂姐和二弟中孚怎么样了？

得到他们的音讯还是在一年之前。那是1948年6月中旬一个星期天的上午，父亲突然接到中孚的来信。寄出地址是河南扶沟西华逍遥镇。父亲看过信后，立即要三弟中锐到北街臧宗璜先生家去借地图，同时把信揣到小弟中原的怀里，叫他送给我看。当时正是街市最旺的时候。中原在拥挤的人群中穿行，经过热闹的中市和南街，来到永兴桥西堍南侧须益泰南货店找我。我和士雄把中原领到卧室，连忙读中孚的信。知道他在解放军某部卫生部工作，和桂姐时有联系，他们一切都好。心里悬着的一块石头落地。又找出地图，翻到河南省那页，在京汉铁路东侧，许昌旁边，找到扶沟、西华、逍遥镇三个地名，用钢笔划

1949年冬，二弟中孚回乡探亲时与须士雄（右）留影

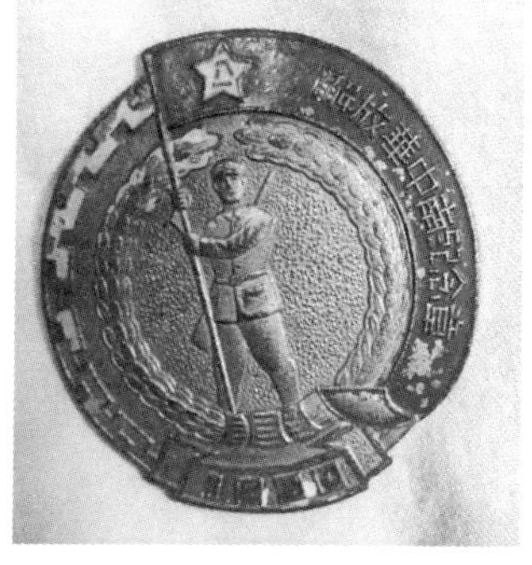

二弟中孚参加解放战争的纪念章。自左至右：淮海战役纪念章、渡江胜利纪念章、解放华中南纪念章

1956年，程兰芬在中共江苏省委党校学习期间留影

上横线。真是“烽火连三月，家书抵万金”啊！中孚自1945年5月到浙江长兴仰峰界参加新四军，一去三年，杳无音信。这时看到他的笔迹，知道他和桂姐平安无事，感到无限欣慰。

现在家乡已经解放，我们心上的疑云很快消散。1949年5月上旬就接到中孚从南京来信。他参加了渡江战役，直捣国民党反动派的老巢南京。现在部队驻扎在南京东郊孝陵卫。中民即前去同他见面。过不久，中孚回无锡探望。先到东门亭子桥无锡县委看我，再回严家桥西街看望母亲。他胸前挂满了参加淮海战役、渡江战役等战役的徽章，非常神气。谈起来，才知道去年那封家书是怎样发出的。

中孚当时在二十四军卫生部做政治工作。那年6月上旬，我解放军发动宛东战役，取得胜利。占领逍遥镇后，他经过邮局。问管事的：邮路还通吗？管事的说：还有一个邮包马上发走。他即匆匆忙忙写了此信。想不到给家里带来这么大的欣喜！

1949年6月上海解放，二姐夫吴宝康随华东局机关进入上海。8月，桂姐也到上海，在华东局机关工作。

中国革命的大潮把我们这个普通家庭推到了革命斗争的第一线。我们姐妹兄弟在中国革命的大熔炉里锻炼成忠诚的战士。我们的青春也焕发出了绚丽夺目的光彩。

解放初，程兰芬任无锡县妇联主任时与同事合影

后　记

时间过得真快，一瞬间我已是个 84 岁的耄耋老人了。回顾这几十年历史的沿革，它在我身上体现了时代的轨迹，可以说中国革命事业在我个人的人生道路上也曾经历了不少曲折，度过了艰辛危难的岁月。我是在党的摇篮里哺育成长的，没有党就没有我的今天。当我还是一个不懂事的女孩子时，是党引领我融入到革命洪流。我参加到部队干革命，从东到西，从部队到地方，从公开到隐蔽，走的路跌宕起伏并不平坦。虽然我在革命队伍中只是普通一兵，但这些经历是足够我回味的。

离休后我在老干部局、关工委的倡导下，先后到学校、工厂、机关等单位讲战争年代的一些经历，作革命传统教育，让年轻人了解历史，懂得幸福生活来之不易。现在我年纪大了，身体不好，也只能作罢。可是我仍然经常沉浸在那些无法磨灭难以忘怀的往事中，特别是看了电视、报纸、杂志就浮想联翩，因此我就提起笔来写它几篇。我没想出版书籍，只是写好后让子女、老战友们看看，对年轻人是教育，对老战友是温故知新。我不是刻意写文章，只是想到什么就写什么，把我心里的话从笔端流淌出来。

我只写解放前的一些经历，而且也是极简单的几篇，有的只是提纲式的提几下没有详述。解放后的我就不写了，反正大家经历过。

关于诗词方面，过去我未曾问津，但我爱好文学作品，曾浏览了一些中外文学名著，产生了兴趣。遇到高兴时，也喜欢涂上几句，实际上只是简单粗浅的打油诗而已。自从上了老年大学，经老师精心讲授，谆谆教

离休后的程兰芬，一项重要工作就是撰写回忆录（摄于 2004 年 4 月）

导，对诗词格律、平仄等的运用逐步有些认识，慢慢有所领悟并取得初步进展，现汇集以上几篇留个纪念。①

对以上两部分粗作请予指正。

程兰芬

2005 年 3 月 20 日

① 作者的诗词习作，此次编集没有收录。

编后记

1998年10月，中国妇女出版社出版了我二姐程桂芬的回忆录《人生不是梦》。她的战友、著名作家菡子为之作序。她的老领导、新四军中的大姐李坚真节录其回忆录中相关内容作为代序。新四军中的三姐购书发给子女每人一本，要他们从中接受革命传统教育。著名史学家胡绳、戴逸等给以好评。江苏金坛市史志办研究人员范学贵读后决心用相机追寻程桂芬当年的事迹。在金坛市档案馆负责同志的支持下，他沿着主人公当年的足迹考察、采访，拍下了有纪念意义的地方和当年同主人公有交往的人物的珍贵照片，记录下当事人回忆的许多珍贵史实，写成了长达一万多字的考察报告:《用相机追寻程桂芬同志在金坛囚禁的足迹》。此后，他又从程桂芬的女儿吴稼青（小米）那里读到程桂芬在囚禁中写给领导同志和亲人的书信。他写了《信念照耀青春——书信展现中共党员程桂芬的革命情怀》一文，在2012年9月27日《中国档案报》发表，高度评介程桂芬被日寇囚禁时发出的这些书信。我看到范学贵同志的文章和报告以后，深为二姐的事迹和精神感动，也为范学贵同志锲而不舍、弘扬革命事迹的精神感动。七十年前的这些书信具有很高的阅读价值和史料价值，历经抗日战争、解放战争和“文化大革命”而保存下来，弥足珍贵。读着这些书信，在心灵受到震撼的同时，我产生了把这些书信同已经出版的桂姐的回忆录放在一起再版的念头。

得到中国人民大学档案馆的支持，我和小米一起把复印件同保存在那里的程桂芬囚禁中的全部书信原件进行了仔细核对。为出版之需，我对这些书信做了一番考证，对每封信的背景、内容作了简要的说明，对信中涉及的人物、地点和事件作了注释。经与责任编辑商定，把“囚禁中的十封书信”连同获释后的两封书信一起作为程桂芬自述的“附编”付印。对前几年公开出版的回忆录也仔细校勘了一遍。

同时，我又想到，无锡市史志办在2005年曾以《无锡史志》增刊的形式印行了我三姐程兰芬的回忆录《往事散记》。当时我应约写过一篇序言，谈读后得到的教益，受到的感染。1937年全面抗战爆发，三姐和二姐一起参加“锡流”（无锡抗日青年流亡服务团），艰苦跋涉，到江西参加了新四军。她们都写了这一段共同的经历，却又有各自独特的体验和感受，可谓异曲同工，相得益彰。皖南事变前后，她们在新四军中又有完全不同的经历：三姐被派往家乡潜伏，历经抗日战争和解放战争，直到渡江战役以后才从地下走到地上；二姐跟随机关东进到茅山地区，因叛徒出卖而被捕，受尽折磨而坚贞不屈，经营救出狱后，找到组织，随机关渡海撤到大连，又南下山东，最终挺进到上海。两姐妹的不同经历都生动具体地反映了抗日战争到解放战争的壮丽历史，都显示了新四军女兵百折不挠、艰苦卓绝的斗争精神。把两位姐姐的回忆录编在一起出版，将是一件很有意义的事情。为此，我协助三姐将解放战争期间潜伏家乡最后领导地方武装起义等事迹加以展开，增写了五万多字。

我把我的设想告诉以编辑出版口述史著称的人民出版社资深编辑李春林同志，并把新编的书稿请他审阅，得到他的肯定和支持。他在审读意见中指出：“本书稿对于新四军两姐妹出生入死的战斗生活，惨苦悲壮的狱中斗争，艰险危难的地下工作，军民之间的鱼水深情，革命队伍的战友情谊、恋爱婚姻等，都有真切、细腻、独特的展示。书稿不仅记录了革命年代新女性的个人遭遇，而且描绘了20世纪三四十年代中国东南部从江西安徽到苏南茅山地区直到大上海如火如荼的革命斗争。书稿对于研究现代中国革命史和妇女运动史都有较高的史料价值。”人民出版社领导乐意出版此书。

对此，程兰芬及其子女、程桂芬的女儿，以及两姐妹在新四军中的战友及后代，都表示由衷的感谢！作为新四军两姐妹的弟弟、本书的编者，在感激之余，感到非常高兴。我能为记录我们家族中的业绩尽一点力感到高兴，我能为弘扬中华民族不屈不挠、自强不息的精神出一点力感到高兴！书中存在的不足不当之处，敬请读者批评指正。

程中原

2014 年 4 月 17 日

责任编辑：李春林
装帧设计：周涛勇
责任校对：周　昕

图书在版编目（CIP）数据

新四军两姐妹：程桂芬、程兰芬自述 / 程桂芬，程兰芬 著．
–北京：人民出版社，2014.12
ISBN 978 – 7 – 01 – 013542 – 7

I. ①新…　II. ①程…②程…　III. ①程桂芬 – 生平事迹②程兰芬 – 生平事迹　IV. ① K827=7

中国版本图书馆 CIP 数据核字（2014）第 101169 号

新四军两姐妹：程桂芬、程兰芬自述
XINSIJUN LIANG JIEMEI：CHENG GUIFEN CHENG LANFEN ZISHU

程桂芬　程兰芬　著

人民出版社 出版发行
（100706　北京市东城区隆福寺街 99 号）

北京新华印刷有限公司印刷　新华书店经销

2014 年 12 月第 1 版　2014 年 12 月北京第 1 次印刷
开本：710 毫米 ×1000 毫米 1/16　印张：20.75
字数：303 千字　印数：0,001 – 3,000 册

ISBN 978 – 7 – 01 – 013542 – 7　定价：50.00 元

邮购地址 100706　北京市东城区隆福寺街 99 号
人民东方图书销售中心　电话（010）65250042　65289539